DES PACTES

SUR

SUCCESSION FUTURE

EN DROIT ROMAIN

ET EN DROIT FRANÇAIS ANCIEN ET MODERNE

> Le présent n'est jamais notre but ; le passé
> et le présent sont nos moyens ; le seul avenir
> est notre objet.
> (*Pensées de Pascal*, art. vi, 5.)

THÈSE

PRÉSENTÉE A LA FACULTÉ DE DROIT DE POITIERS

POUR OBTENIR LE GRADE DE DOCTEUR

Et soutenue le mercredi 31 juillet 1867, à 2 h. du soir

DANS LA SALLE DES ACTES PUBLICS DE LA FACULTÉ

PAR

Stanislas FAURE

Avocat à la Cour impériale de Poitiers

POITIERS
IMPRIMERIE DE A. DUPRÉ
RUE DE LA MAIRIE, 10.
1867.

DES PACTES

SUR

SUCCESSION FUTURE

EN DROIT ROMAIN

ET EN DROIT FRANÇAIS ANCIEN ET MODERNE

> Le présent n'est jamais notre but : le passé
> et le présent sont nos moyens ; le seul avenir
> est notre objet.
> *(Pensées de Pascal*, art. VI, 5.)

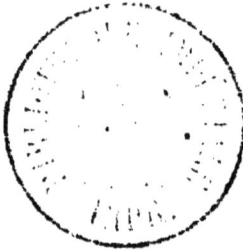

THÈSE

PRÉSENTÉE A LA FACULTÉ DE DROIT DE POITIERS

POUR OBTENIR LE GRADE DE DOCTEUR

Et soutenue le mercredi 31 juillet 1867, à 2 h. du soir

DANS LA SALLE DES ACTES PUBLICS DE LA FACULTÉ

PAR

Stanislas FAURE

Avocat à la Cour impériale de Poitiers.

POITIERS

IMPRIMERIE DE A. DUPRÉ

RUE DE LA MAIRIE, 10.

1867.

COMMISSION.

PRÉSIDENT,　　M. ADEL PERVINQUIÈRE, ✳.

SUFFRAGANTS, {
M. BOURBEAU, ✳, doyen,
M. LEPETIT,　　　　} Professeurs.
M. RAGON,
M. THÉZARD,　　　Agrégé.
}

A LA MÉMOIRE DE MON PÈRE,

HOMMAGE D'ÉTERNELS REGRETS.

A MA MÈRE,

Faible témoignage de la plus vive reconnaissance.

A MON FRÈRE,

GAGE DE SINCÈRE AMITIÉ.

DES PACTES

sur

SUCCESSION FUTURE

PREMIÈRE PARTIE.

DROIT ROMAIN.

PROLÉGOMÈNES.

Bossuet, voulant donner à son illustre élève une
idée vraie des Romains, lui disait : « Ils n'oublièrent
rien pour se réduire eux-mêmes sous de bonnes
lois (1). » Des développements bien intéressants pourraient être consacrés à démontrer la justesse de cette
réflexion. Mais, le sujet que je me suis imposé m'obli-
geant à n'aborder qu'une très-faible partie de cette
grande thèse, j'indiquerai seulement avec quelle sol-
licitude le peuple romain se préoccupait du *respect
des lois* et du *culte des bonnes mœurs*, qui en sera
toujours le plus ferme appui. Nombreux sont les
textes qui mettent en évidence ce trait caracté-

---

(1) *Discours sur l'histoire universelle*, 3ᵉ partie, § 6.

ristique de l'esprit dont étaient inspirés les législateurs romains. En voici quelques-uns concernant particulièrement les lois : « *Jus publicum privatorum pactis mutari non potest* (1). » — « *Privatorum conventio juri publico non derogat* (2). *Non... juri publico derogare cuiquam permissum est* (3). » — «*Privatorum cautione legibus non esse refragandum constitit* (4). »

J'ai dit que les Romains désiraient autant protéger les *bonnes mœurs* que les *bonnes lois*. Une des sentences de Paul suffirait pour nous édifier sur ce point; tels sont, en effet, les termes dans lesquels il s'exprime : « *Neque contra leges, neque contra bonos mores pacisci possumus* (5). »

Qu'est-ce donc que les *bonnes mœurs (boni mores)*, et quelles raisons ont pu conduire les Romains à les mettre en parallèle avec les lois ?

Les mœurs (*mores*), nous dit Julien, sont de très-anciens usages « *inveterata consuetudo* (6); » d'après Ulpien, « *diuturna consuetudo* (7); » suivant Hermogénien, « *ea quæ longa consuetudine comprobata sunt* (8). »

Or, les *bonnes mœurs (boni mores)* peuvent être ainsi définies : « *Boni mores ii, qui sunt cum honestate conjuncti, vel potius cum natura et jure gentium; quibus sequimur id quod natura rectum et honestum est, quod ex gentium jure* (9). » C'est ce que Papinien

(1) L. 38, D., *de pact.*—L. 20, D., *de relig.* L. 1, § 9, D., *de mag. conv.*
(2) L. 45, § 1, D., *de regul. jur.*
(3) L. 13, C., *de testam.*
(4) L. 15, § 1, *ad leg. falc.*
(5) Paul, Sent. I, 1, 4.
(6) L. 32, § 1, D., *de leg.*
(7) L. 33, D., *de leg.*
(8) L. 35, D., *de leg.*
(9) Hug. Don. op., ed. Flor., 7, c. 129.— Cujas, ad l. 6, C., *de pact.*

formulait de la manière suivante : « *Quæ facta ledunt pietatem, existimationem, verecundiam nostram, et (ut generaliter dixerim) contra bonos mores fiunt : nec facere nos posse credendum est (1).* »

L'orateur de l'antiquité confirme l'exactitude de ces définitions, en parlant du droit naturel, dans son beau traité sur l'art de bien dire : « *Naturæ quidem jus esse, quod nobis non opinio, sed quædam innata vis afferat, ut religionem, pietatem, gratiam, vind'eationem, observantiam, veritatem (2).* »

Les mœurs (*mores*) sont justement considérées comme des lois : « *Inveterata consuetudo pro lege non immerito custoditur..... Nam cum ipsæ leges nulla alia ex causa nos teneant, quam quod judicio populi receptæ sunt : merito et ea, quæ sine ullo scripto populus probavit, tenebunt omnes : nam quid interest, suffragio populus voluntatem suam declaret, an rebus ipsis et factis (3)?* »

Non-seulement les bonnes mœurs (*boni mores*), de même que toutes les coutumes (*in genere*), pour lesquelles a été écrit le texte que je viens de citer, équivalaient à des lois, mais elles avaient certainement une auréole de plus que les coutumes vulgaires, qui leur donnait droit à une plus grande fidélité et à un plus grand respect.

Rien n'est donc plus facile que d'expliquer comment certains textes, et notamment l'édit du préteur (4), en prohibant les conventions contraires aux lois, n'ont pas fait une mention expresse des *bonnes mœurs* :

(1) L. 15, D., *de cond. inst.*
(2) Cicero, l. 2, XXII, *de inventione.*
(3) L. 32, § 1, D., *de leg.*—Conf., l. 33 et 35, *de leg.*
(4) L. 7, § 7, D., *de pact.*; l. 29, C., *de pact.*

« Nam qui legem dixit, vi ipsá, omnia quæ legis vim habent est complexus (1). »

On comprend que les conventions contraires aux lois et aux bonnes mœurs peuvent être aussi multipliées, affecter autant de formes diverses que les mauvaises inspirations qui germent et s'agitent dans l'esprit humain. Aussi me contenterai-je de me livrer à l'examen d'une seule de ces conventions illicites : *les pactes sur succession future,* qui sont contraires aux lois et aux bonnes mœurs, tantôt parce qu'ils portent atteinte à la liberté de tester, tantôt parce qu'ils font faire des vœux pour la mort de quelqu'un et peuvent entraîner au crime. Le principe qui interdisait formellement les pactes de cette nature n'était pas sans recevoir quelques exceptions. Cette règle et les dérogations que la loi romaine autorisait à y apporter vont faire l'objet de deux chapitres distincts.

CHAPITRE PREMIER.

DE LA PROHIBITION DES PACTES SUR SUCCESSION FUTURE.

Est quasi corvina conventio
(CUJAS, t. 1, c. 1026.)

On lit dans Pothier : « *Bonis moribus civitalis adversari videtur si quis ita de sua hereditate paciscatur, ut indirecte sibi testandi licentiam auferat.*

. . . .

. . . .

---

(1) Hug. Don. op., ed. Flor., 7, c. 125.

» *Adversus bonos mores censentur etiam ea pacta quæ mortis alicujus votum quoddam continere videntur, aut saltem huic voto causam aliquam præstare* (1). »

Il me paraît utile de diviser ce chapitre en trois sections. J'étudierai dans la première les pactes dans lesquels la personne de la succession de laquelle il s'agit figure à titre de partie contractante ; la seconde sera consacrée aux pactes faits sur la succession d'un tiers ; et je parlerai dans la troisième de la sanction mise par la loi à la prohibition de ces pactes.

SECTION PREMIÈRE.

DES PACTES DANS LESQUELS LA PERSONNE DE LA SUCCESSION DE LAQUELLE IL S'AGIT EST L'UNE DES PARTIES CONTRACTANTES.

On peut distinguer ces pactes en pactes de succession *(de succedendo)* ; de non-succession *(de non succedendo)* ; et de succession mutuelle *(de mutua successione)*.

ARTICLE PREMIER.

PACTES DE SUCCESSION *(de succedendo)*.

Il résulte des prémisses par nous posées au commencement de ce chapitre qu'un citoyen ne pouvait, à Rome, disposer par pacte de sa propre succession : d'abord, parce qu'il abandonnait par là même, en tout ou en partie, la faculté de tester, si chère aux Romains ; ensuite, parce que semblable convention

(1) Pothier, tit. XIV, *de pact.*, sect. V, art. III, § III, LXI et LXII.

pouvait faire naître dans le cœur de celui qui était appelé à en profiter le désir de voir mourir promptement l'homme dont l'héritage ne devait plus lui échapper : « *Cupiet enim qui se bona certo habiturum esse scit, illum decedere de cujus bonis agitur, ut celerius bonis potiatur; atque etiam vitæ ejus insidiari magis audebit, dum se id secure moliri posse intelliget* (1). » Ces motifs furent certainement ceux qui déterminèrent les empereurs Valérien et Gallien à déclarer sans valeur la promesse faite par un père à sa fille, dans son contrat dotal *(instrumento dotali)*, qu'elle aurait dans sa succession une portion égale à celle de son frère : « *Ex æqua portione..... cum fratre heres patris sui esset* (2). »

On considérait comme immoral que quelqu'un pût acquérir une hérédité à l'aide d'une convention, au lieu de chercher à la mériter par ses bons offices à l'égard de celui dont il ambitionnait les biens, et l'on estimait comme aussi condamnable le fait d'enchaîner dans les liens d'une obligation un droit qui ne devait dépendre que du bon plaisir du donateur : « *Est indignum pactionibus non officiis alienam hereditatem promereri, indignum hereditatem obstringi vinculo obligationis, quam conveniebat ex mero dantis arbitrio proficisci* (3). »

Il n'est pas besoin de nouveaux arguments pour démontrer que si, lors de leur mariage, il avait été convenu entre deux époux que le mari succéderait à ceux des biens de sa femme qui ne lui étaient pas

(1) Hug. Don. op., ed. Flor., 7, c. 189.
(2) L. 15, C., *de pact.*
(3) Cujas ad l. 15, C., *de pactis.*

engagés à titre de dot, cette convention devait demeurer complétement inutile. C'est, du reste, ce qui fut décidé par les empereurs Dioclétien et Maximien (1).

Les Romains considéraient le droit de tester comme si précieux, qu'ils défendaient de l'abdiquer même lorsqu'il s'agissait d'assurer l'existence d'une société. Ulpien enseignait ce principe en disant : « *Societatem non posse ultra mortem porrigi; et ideo nec libertatem de supremis judiciis constringere quis poterit* (2). » Cujas a ainsi commenté cette doctrine : « ..... *Injusta (stipulatio) dicitur, si inter socios convenerit, ut societas continuaretur cum filio, vel cum fratre, vel patruo, ita ut necesse sit eis relinquere bona, non de his disponere, ut voluerit, quia constringit hæc omnis conventio libertatem testandi, quam constringi non est æquum, nisi cum major ratio suadet* (3). »

Pour résumer ce qui concerne cet article, je dirai que, quels que fussent les termes dans lesquels un citoyen eût promis sa succession, un pareil engagement le laissait entièrement libre : « ..... *Nec ad implendum promissum hereditatis propriæ pollicitatione quisquam adstringitur* (4). »

ARTICLE II.

PACTES DE NON-SUCCESSION *(de non succedendo).*

De même qu'il était interdit de disposer par pactes de sa succession, de même aussi on ne pouvait amener

(1) L. 5, C., *de pact. conv.*
(2) L. 52, § 9, D., *pro socio.*
(3) Cujas, *loc. jam cit.*
(4) L. 31., C., *de trans.*

sés héritiers présomptifs à renoncer légalement à leurs droits successifs (1).

C'était inutilement qu'un père établissait dans un *pacte dotal* qu'il n'avait doté sa fille qu'à la condition qu'elle ne revendiquerait plus rien dans son hérédité. Cette clause restait sans effet : « *Pater instrumento dotali comprehendit, filiam ita dotem accepisse ne quid aliud ex hereditate patris speraret ; eam scripturam jus successionis non mutasse constitit : privatorum enim cautionem legum auctoritate non censeri* (2). » « *Pactum dotali instrumento comprehensum, ut contenta dote, quæ in matrimonio collocabatur, nullum ad bona paterna regressum haberet : juris auctoritate improbatur, nec intestato patri succedere filia ea ratione prohibetur. Dotem sane quam accepit, fratribus qui in potestate manserunt, conferre debet* (3). »

Il était logique d'assimiler à la renonciation à des droits successifs l'abandon d'une faculté destinée à protéger les héritiers *ab intestat* contre les dispositions injustes des testateurs, et qui portait le nom de *plainte d'inofficiosité*. Aussi lisons-nous dans les Sentences de Paul : « *Pactio talis ne de inofficioso testamento dicatur, querelam super judicio futuram non excludit.....* (4). »

Justinien a dit à son tour : « *Illud etiam sancimus : ut si quis a patre certas res vel pecunias accepisset, et pactus fuisset, quatenus de inofficioso querela adversus testamentum paternum minime ab eo moveretur ; et post obitum patris filius, cognito paterno testa-*

(1) L. 91, D., *de adqu. vel omitt. hered.*
(2) L. 16, D., *de suis et. leg. her.*
(3) L. 3, C., *de collat.*
(4) Lib. IV, tit. V, § 8, *de inoff. quer.*

mento, *non agnoveril ejus judicium, sed oppugnan-
dum putaverit, vetere jurgio exploso, hujus modi pacto
filium minime gravari*..... (1). »

On peut donc dire avec Doneau d'une manière générale : « *Ita fit ut, ad hoc ne sim tibi heres, omnis
pactio, ut est contra jus, ita sit et inutilis* (2). »

Les pactes de non-succession diffèrent essentiellement des pactes de succession, en ce que, contrairement à ces derniers, ils ne portent aucune atteinte à
la liberté de tester, et ne peuvent donner lieu au *votum
mortis*. Ces conventions sont cependant, elles aussi, et
c'est la raison de leur interdiction , contraires *aux
lois* et *aux bonnes mœurs*. Elles sont contraires *aux
lois* par ce motif que les unes font naître , en dehors
de tout testament, des dérogations à l'ordre ordinaire
des successions *ab intestat*, tandis que les autres ravis-
sent aux héritiers *ab intestat* le seul moyen que leur
donne la loi d'éviter le grave préjudice que pourraient
leur causer des testaments inofficieux. Elles sont toutes
contraires *aux bonnes mœurs*, parce qu'elles ne tiennent nul compte des devoirs d'affection qui doivent
naturellement exister entre parents. Pour les pactes de
non-succession proprement dits , il est certain qu'il
répugne de voir un père dépouiller à peu près complétement un ou plusieurs de ses enfants au profit des
autres. Quant aux pactes relatifs à la renonciation au
droit d'exercer la plainte d'inofficiosité , sollicitée par
ceux qui sont inquiets sur le sort de leurs dernières
volontés, le jurisconsulte Paul explique ainsi leur prohibition : « *Meritis*..... *liberos magis, quam pactioni-*

___

(1) L. 35, § 1., C., *de inoff. test.*
(2) Hug. Don. op., ed. Flor., 7, 239.

bus *adstringi placuit* (1). » Justinien a cru devoir
également insister sur cette raison, en rappelant une
réponse de Papinien, conçue en ces termes : « *Merilis
magis filios ad paterna obsequia provocandos, quam
pactionibus adstringendos* (2). »

ARTICLE III.

PACTES SUR SUCCESSION MUTUELLE.

Deux personnes ne pouvaient pas plus par pactes se
constituer mutuellement héritières l'une de l'autre,
qu'elles n'avaient le droit de transmettre ainsi leur
succession à quelqu'un n'usant pas à leur égard du même
procédé. « ..... *Si convenerit inter duos de mutua successione, puta ut qui supervixerit alteri, alterius sit heres:
ea voluntas mutua est inutilis, inutilis est conventio,
quia constringit utriusque libertatem testandi...* (3). »
Pothier considère surtout ces pactes comme contraires
aux bonnes mœurs, parce qu'ils peuvent faire naître
le *votum mortis* (4). Des conventions de cette sorte, ont
dit les empereurs Dioclétien et Maximien, ne valent
même pas comme donations à cause de mort (5).

Un auteur interprète ainsi cette partie du rescrit
impérial : « *In donatione..... mortis causa præsens
præsenti rem dat, etiam si donatio non ante perficiatur
quam mors donatoris insecuta fuerit. Hic nihil datur
in præsentia; sed ut post mortem obtineatur, pactio
est* (6). »

---

(1) Sent., lib. IV, tit. V, § 8, *de inoff. querel.*
(2) L. 35, § 1, C., *de inoff. test., in fine.*
(3) Cujas ad l. 15, C., *de pact.*
(4) Loc. jam cit.
(5) L. 19, C., *de pact.*
(6) Hug. Don. op., ed. Flor., 7, c. 190. — Voir les modific. apport.
aux donat. à cause de mort par la l. 4, C., *de donat. caus. mort.*

On mettait autrefois au même rang que les pactes sur succession future les conventions faites par des fidéicommissaires avec ceux que le défunt avait chargés de leur remettre le fidéicommis (*fiduciarii*). Ainsi, cela avait lieu dans le cas où le *de cujus* avait créé entre les fiduciaires et les fidéicommissaires une substitution mutuelle (1); c'était là, ainsi que nous le verrons plus tard, une doctrine qui n'avait pas sa raison d'être, car il n'était en réalité question que de pactes sur une succession ouverte.

SECTION II.

PACTES SUR LA SUCCESSION FUTURE D'UN TIERS.

Les pactes sur la succession future d'un tiers changent de caractère suivant qu'ils se forment avec ou sans le consentement de ce tiers, et qu'ils ont pour objet une succession déterminée ou indéterminée (*certa vel incerta*).

Les pactes se référant à la succession d'une personne déterminée, qui y demeure tout à fait étrangère, sont les seuls dont je puisse m'occuper dans cette section, les autres devant trouver place dans le chapitre des exceptions à la règle prohibitive des pactes sur succession future.

Circonscrit dans les limites que je viens d'énumérer, le pacte sur la succession future d'un tiers était prohibé par les lois romaines comme pouvant inspirer le vœu de la mort d'autrui. « ..... *Non dubium est quin, si certum sit me aliquam partem ex ea (hereditate)*

_____

(1) Paul. Sent., lib. iv, tit. I, § 13.

esse laturum, ego, si me amem ut homines solent, opta-
turus sim ut is de cujus bonis agitur, quam primum
moriatur, quo celerius ejus bonis potiar ; quod invita-
mentum est ad illius vitæ insidiandum (1). »

C'est ce qui faisait dire à l'empereur Justinien : « *Sed*
nobis omnes hujus modi pactiones odiosæ esse viden-
tur, et plenæ tristissimi et periculosi eventus : quare
enim, quodam vivente et ignorante de rebus ejus
quidam paciscentes conveniunt? Secundum veteres
itaque regulas sancimus, omnimodo hujus modi pacta,
quæ contra bonos mores inita sunt, repelli, et nihil ex
his pactionibus observari (2). »

Peu importait l'aspect sous lequel se présentaient
ces conventions ; elles tombaient toujours sous l'empire
de la prohibition ; à moins cependant, comme nous le
verrons bientôt, qu'elles ne se référassent à des droits
préexistants.

En effet, s'agissait-il d'une donation, Papinien nous
dit : « *Donationem quidem partis bonorum proximæ*
cognatæ viventis nullam fuisse constabat (3). »

Par argument à *contrario* tiré de la loi 3, au Dig.,
§ 1 et 2, *pro socio*, combinée avec la loi 30, au Code,
de pact., on décide également qu'on n'aurait pu constituer valablement une société ayant pour objet l'hérédité de telle ou telle personne nommément désignée.

De même on n'eût pu transiger ni faire aucun pacte
sur les biens de quelqu'un dont l'existence était incertaine (4).

En un mot, comme je l'ai déjà dit, tous contrats se

---

(1) Hug. Don. op., ed. Flor., 7, c. 236 ; ad 1. ult., C., *de pact.*
(2) L. ult., C., *de pact.*
(3) L. 29, § 2, D., *de donat.*
(4) L. 4, C., *de postl. revers. et redempt.*

rapportant à la succession future d'une personne déterminée étaient sévèrement interdits, ainsi que le déclare si formellement l'empereur Justinien : « *Jubemus etenim, neque donationes talium rerum, neque hypothecas penitus esse admittendas, neque alium quemquam contractum : cum in alienis rebus contra domini voluntatem aliquid fieri, vel pacisci, secta temporum nostrorum non patiatur* (1). »

SECTION III.

SANCTION DE LA PROHIBITION DES PACTES SUR SUCCESSION FUTURE.

Nous avons, je crois, suffisamment démontré que les pactes sur succession future sont contraires *aux lois* et *aux bonnes mœurs.*

Or, à ce titre, ils sont entachés d'une *nullité absolue.*

L'empereur Antonin n'a-t-il pas dit : « *Pacta quæ contra leges constitutionesque, vel contra bonos mores fiunt, nullam vim habere, indubitati juris est* (2). »

Les empereurs Théodose et Valentinien ont proclamé le même principe dans les termes suivants : « *Nullum enim pactum, nullam conventionem, nullum contractum inter eos videri volumus subsecutum, qui contrahunt lege contrahere prohibente.*

. . . .

. . . .

» *Secundum itaque prædictam regulam, qua ubicunque (non) servari factum lege prohibente censuimus,*

(1) L. 30, C., de pact. in fin.; l. 2, § 2, D., de vulg. et pupill. subst.
(2) L. 6, C., de pact.—Conf., l. 28 pr., D., de pact.

certum est nec stipulationem hujusmodi tenere, nec mandatum ullius esse momenti, nec sacramentum admitti (1). »

Paul a écrit dans ses Sentences : « *Pactum contra jus aut constitutiones aut senatusconsulta interpositum nihil momenti habet* (2). »

D'après Pothier : « *Ea pacta omnino irrita sunt* (3). »

Voici comment Cujas entend cette nullité : « *Pacta..... quæ contra leges, consuetudines, vel bonos mores fiunt, nullam vim habent, id est, neque jure civili, neque prætorio, neque naturali jure : ergo nec actionem, vel obligationem ullam pariunt, nec exceptionem.....* . . . .*æ ecivili actione, jure prætorio exceptiones, sed nihil ex his suppeditatur his, qui contra leges, vel bonos mores pacti sunt* (4). »

Appliquant directement aux *pactes sur succession future* les règles que nous venons de passer en revue, les empereurs Dioclétien et Maximien ont donc dit avec raison : « *Ex eo instrumento nullam vos habere actionem [in quo] contra bonos mores de successione futura interposita fuit stipulatio, manifestum est : cum omnia, quæ contra bonos mores, vel in pactum, vel in stipulationem deducuntur, nullius momenti sint* (5). »

Les conséquences de la nullité dont nous nous occupons en ce moment peuvent être particulièrement

---

(1) L. 5. C., *de leg. et const. pr.* et § 1.
(2) Sent. 1, 1, 4.
(3) Tit. xiv, *de pact.*, sect. v, art. iii, l.iii.
(4) Ad l. 6, C., *de pact.*
(5) L. 4, C., *de inut. stip.* — Conf. l. 30, C., *de pact.*

envisagées au point de vue de la validité des pactes ou stipulations unis accessoirement à des conventions sur succession future.

En droit romain, lorsque dans un contrat le *principal* était considéré comme n'existant pas, l'accessoire suivait généralement le sort du principal: « *Cum principalis causa non consistat, plerumque ne ea quidem, quæ sequuntur, locum habent* (1). »

Entre les différentes applications de cette règle, je choisis, à titre d'exemple, et comme étant l'une des plus importantes, la *stipulation pénale* qui, lorsqu'elle accompagne un contrat *nul* par n'importe quel motif, sauf cependant par absence d'intérêt, est toujours entachée de nullité. Mais, si cela est vrai en principe, il faut spécialement le dire de la *stipulation pénale*, destinée à rendre valable une *convention sur succession future.* C'est ce que nous apprend la loi 61, D., *de verb. oblig.* : « *Stipulatio hoc modo concepta, si heredem me non feceris, tantum dare spondes? Inutilis est : quia contra bonos mores est (hæc stipulatio).* » Une pareille stipulation devait être nécessairement prohibée, car elle a évidemment pour but de frauder la loi en rendant ses défenses vaines et inutiles : « *Est in fraudem legis; quia per eam id fit, quod lex fieri non vult*..... (2). »

La *nullité* n'était pas la seule sanction mise par les lois romaines à la prohibition des pactes sur succession future. Les auteurs de semblables conventions devenaient, de plus, *indignes* de la succession à laquelle ils étaient appelés, et qui avait été de leur part l'objet d'un honteux trafic.

(1) L. 178, D., *de reg. jur.*—Conf. l. 129, D., *h. tit.*
(2) Hug. Don. op., ed. Flor., 7, ad l. 61, D., *de verb. oblig.*

Cette peine de l'*indignité* infligée aux héritiers assez cupides pour spéculer sur la mort de leurs proches ressort très-clairement de plusieurs lois du *Digeste*. On y lit, en effet : « *Si quis vivi ignorantis bona, vel partem bonorum alicujus cognati donaverit :..... quasi indigno (hereditas) aufertur* (1). » Papinien, ayant été consulté sur ce point, tint le langage suivant : « *Donationem quidem partis bonorum proximæ cognatæ viventis nullam fuisse constabat : verum ei, qui donavit, ac postea jure prætorio successit, quoniam adversus bonos mores et jus gentium festinasset, actiones hereditarias in totum denegandas respondit* (2). » Marcien a dit de même : « *.....Ei ut indigno aufertur hereditas* (3). » Cujas fut plus énergique encore, lorsqu'il voulut exprimer le sens et la portée de ces lois : « *Hic est indignissimus qui retineat cognati successionem, quia contra bonos mores festinavit, et in re cognati, eo vivo, se gessit pro domino* (4). »

CHAPITRE II.

EXCEPTIONS.

Parmi les diverses conventions auxquelles s'applique notre chapitre, apparaît au premier rang, dans la législation romaine, le partage fait par les pères et mères entre leurs descendants. C'est là un de ces actes qui,

(1) L. 2, § 3, D., *de his quæ ut indign.*
(2) L. 29, § 2, D., *de donat.*
(3) L. 30, D., *de donat.*
(4) Ad l. 2, D., *de his quæ ut indign.*

dans certaines circonstances, s'imposent à tout chef de famille qui connaît ses devoirs et tient à y demeurer fidèle.

Aussi cette institution fut-elle en honneur chez la nation qui reçut ses lois du maître du monde (1), et porta le beau nom de peuple de Dieu. Celui qui douterait de la vérité de ce fait n'aurait qu'à ouvrir nos saintes lettres pour y voir adressé au père de famille le sage conseil de diviser ses biens entre ses enfants : « .....*Substantiam inter filios suos dividere*..... (2). » On lit, en effet, dans l'Ecclesiastique : « *Ne dederis maculam in gloria tua. In die consummationis dierum vitæ tuæ, et in tempore exitus tui distribue hereditatem tuam* (3). »

L'étude du *partage d'ascendants* chez les Romains va faire l'objet d'une première section.

SECTION PREMIÈRE.

1ᵉ *Exception*. — DU PARTAGE D'ASCENDANTS.

Les Romains, si jaloux de régler eux-mêmes tout ce qui concernait leurs successions, ne pouvaient négliger ce puissant moyen de faire régner, après leur mort, la paix et l'union entre leurs enfants. Cependant, aux premiers temps de leur histoire, le partage dont nous voulons parler, se manifestant par des dispositions entre-vifs et ayant un caractère tout à fait distinct et

(1) M. Duruy, ministre de l'instruction publique, avait bien raison de dire, dans la séance du Corps législatif du 2 mars 1867 : « *Je ne connais pas, quant à moi, deux morales; je n'en connais qu'une : c'est celle qui est descendue de la montagne que vous connaissez !* »
(2) Lib. Deuteron., c. xxi, 16.
(3) C. xxxiii, 24. — Conf. lib. Proverb., c. xvii, 2.

2

spécial, était complétement inconnu des Romains. Sans doute, la loi des Douze Tables, qui leur laissait la plus grande latitude quant au droit de disposer par testament : « *uti legassit super pecunia..... ita jus esto* (1), » comprenait en même temps, et pour tout citoyen romain, le droit d'user de ce mode de disposition pour faire le partage de ses biens. Mais cela n'avait évidemment rien de commun avec le partage d'ascendants, que nous rangeons dans la classe des pactes sur succession future exceptionnellement autorisés.

La distribution de leurs biens, faite par les ascendants entre leurs descendants en dehors de tout testament, avec ou sans écrit, ne fut d'abord qu'un simple usage dont la pratique fut tolérée, grâce à la faveur que paraissait mériter ce règlement anticipé de droits successifs. Primitivement même, cette faculté n'était laissée aux ascendants qu'à l'égard de ceux de leurs descendants qui étaient sous leur puissance.

Ce partage ne pouvait être attributif de droits, puisque nul texte de loi n'en consacrait l'existence. Les enfants ainsi apportionnés ne devenaient propriétaires des lots qui leur étaient échus qu'à la mort de leur père. D'après les principes du droit romain, il était impossible qu'il en fût autrement, « puisque les enfants en puissance ne pouvaient, dans l'origine, rien avoir en propre, et que même plus tard, après l'introduction des pécules, les acquisitions réalisées par eux *ex re patris* revenaient au père (2). »

C'était le juge chargé d'effectuer le partage qui, en se conformant à la distribution faite par l'ascendant,

---

(1) Tab. quint.
(2) Genty, *Trait. des parts d'ascendants*, intr. 3.— Inst. Just. *per quas pers.*, § 1.

transférait par voie d'adjudication à chacun des ayants droit les objets indiqués par l'acte qui lui servait de guide (1).

En un mot, ce partage était en réalité l'œuvre du juge, et ce qui émanait de l'ascendant donateur devait être considéré comme n'étant à proprement parler qu'un projet de partage.

Cependant ces dispositions n'étaient pas dénuées de tout avantage, se réalisant du vivant même de l'ascendant.

Car les enfants pouvaient recevoir, et recevaient le plus souvent, des mains de leur père, les biens dont il leur avait fait partage. Ce fait se produisit surtout à partir du moment où les fils de famille reçurent de leur auteur, à titre de pécule, la jouissance et l'administration de ses biens (2).

Mais le père conservant la propriété et la disposition des biens qu'il avait ainsi abandonnés pouvait toujours revenir sur sa libéralité.

Non-seulement, comme nous venons de le voir, l'*arbiter familiæ erciscundæ* devait respecter les volontés du père de famille, mais encore il n'était pas permis d'attaquer les actes faits par les enfants, alors que leur jouissance des biens paternels était entachée de précarité.

C'est avec intention que je n'ai parlé jusqu'à présent que du père de famille, parce qu'au commencement lui seul avait le droit de procéder au partage dont nous nous occupons (3).

---

(1) L. 16 et 21, C., *fam. erc.* — L. 39, § 5, D., *fam. erc.*
(2) L. 39 et 8, D., *de pecul.* — L. 20, § 3, D., *fam. erc.*
(3) Arg. des l. 20, § 3, et 39, §§ 1 et 5, D., *fam. erc.*

Constantin fut le premier qui concéda à la mère le
droit de faire *ab intestat* le partage de ses biens entre
ses enfants (1). Suivant cet empereur, les enfants pouvaient avec l'autorisation de leur mère, *præcipiente*
matre, se partager ses biens de son vivant. Les différences qui distinguaient les droits de la mère de ceux
du père, et l'empêchaient de pouvoir faire un partage
direct, disparurent plus tard complétement (2). Dès
cette époque, le partage fait par la mère et celui fait par
le père étaient identiques au point de vue de leur révocabilité : « *Videlicet ne hujusmodi pactione cuiquam*
auferatur libera testandi facultas, quæ imminuta
debet esse et integra; ejusque libertas nulla pactione
minui tollive potest, nequidem dotali (3). »

Ce qu'il faut remarquer encore, c'est que pendant
longtemps le partage ne revêtit pas plus que par le
passé une forme particulière, puisqu'il se pouvait faire
quibuscunque verbis, qualicunque indicio (4).

L'importance que l'on attribuait à la puissance paternelle devait logiquement disparaître à mesure que
l'on comprit mieux que les liens du sang doivent passer
avant les liens civils.

Enfin Justinien se préoccupa de traiter avec le plus
grand soin tout ce qui concernait notre partage d'ascendants. Par suite de l'absence de règles précises
relativement à la forme à adopter pour ces partages,
bien que créés pour éviter toutes dissensions, ils avaient
souvent donné lieu à de grandes difficultés sur le point
de savoir quelle était la nature et la valeur des dispo-

(1) L. 2, C. Theod., *de fam. erc.*
(2) Nov. XVIII, c. VII.
(3) L. 2, C. Theod., *de fam. erc.* Note de Godefroid.
(4) L. 16 et 21, C., *fam. erc.*

sitions qui avaient été faites. Le but était manqué, puisque, comme le dit Justinien : «..... *Putantes mox substantiam dividere, ut a fraterno certamine eos præser-
vent : ad majores adhuc et sæviores eos contentiones
adducunt* (1). »

Ce fut pour rémédier à cette situation que Justinien
imposa aux ascendants qui auraient voulu faire un partage par simple acte, des prescriptions dont il ne devait
plus être permis de s'écarter. Elles consistaient dans
l'obligation de faire dresser par écrit un état complet
et précis des objets composant chacun des lots du partage, lequel état devait être signé par l'ascendant donateur ou par tous les descendants prenant part au partage : « *Si quis voluerit suas res filiis aut dividere aut
omnes, aut etiam aliquas forte relinquere præcipuas :
.... dicat in testamento..... si autem hoc non agat.....*
. . . .
*licet..... descriptiones facere rerum quas partiri volue-
rit : et suscribere omnibus aut ipsum aut filios univer-
sos suscribere præparare, inter quos res dividet, et ex
hoc causæ dare indubitatam fidem et quod secundum
hanc fit speciem, ratum fit atque firmum, aliaque cau-
tela non indigens* (2).

Nous trouvons dans la novelle cvii, c. iii, la confirmation de cette partie de la nov. xviii, ainsi formulée : « *Si
quis..... dividat proprias res, et ipsos filios evocans faciat suscribere divisionibus ipsis, et ratas eas judicare,
et profiteri filios hoc secundum hunc habere modum :
sit et hoc firmum in hujusmodi rerum divisione secundum nostram constitutionem quam ob hoc posuimus:*

(1) Nov. xviii, c. vii.—V. l. 1, C. Theod., *de fam. erc.*, *in fine.*
(2) Nov. xviii, c. vii.

quam in omnibus, quæ in ea continentur, firmam esse
per hanc legem sancimus. »

Un examen attentif de la novelle XVIII, c. VII, paraît
démontrer que Justinien, en ne parlant que du partage
écrit, a voulu interdire le partage non écrit, comme
n'exprimant pas d'une manière assez sûre la volonté
de l'ascendant. Les termes de la novelle CVII , c. II :
« aut in non scripta perfecta voluntate, » s'appliquent
évidemment au testament nuncupatif régulièrement
fait.

Nous savons que ces partages comprenaient, au gré
des ascendants, tout ou partie des biens dont ils pouvaient disposer. Lorsqu'ils laissaient dans l'indivision
une portion de leur héritage, elle appartenait aux descendants proportionnellement à l'étendue de leurs
droits à la succession *ab intestat* de leur auteur : « *Quæ
pater inter filios non divisit..... ad singulos pro here-
ditaria portione pertinent* (1). »

Le partage pouvait porter aussi bien sur le passif
que sur l'actif (2).

Il n'était pas indispensable de faire régner l'égalité
entre les copartagés; seulement ceux dont la légitime avait été entamée par le partage avaient le droit
de ne le laisser subsister que jusqu'à concurrence de
ce dont il était permis de les priver (3). Lorsqu'il y avait
inégalité dans le partage, et que l'ascendant ne s'était pas
expliqué sur les dettes, elles devaient être réparties

(1) L. 32, D., *fam. erc.*—L. 21 et 11, C., *eod. tit.*
(2) L. 20, § 3, D., *fam. erc.*
(3) L. 10, 16, 21, C., *fam. erc.*—Faber, *decad. 35, error 2 :* « *Cum
ab intestato eam æqualitatem lex ipsa constituit, quid prodesset factam
esse a patre divisionem eamque a lege comprobari, si non aliter valeat
quam servata inter liberos æqualitate ?* »

entre les descendants suivant leur part héréditaire, sans qu'on dût avoir aucun égard à l'inégalité résultant de la distribution des biens. C'est du moins ce qui était vrai pour les testaments, et il y a même raison de le décider ici (1).

L'action en garantie naissait toujours du partage fait par le père de famille (2), et cela se comprenait d'autant mieux que ce partage, ainsi que le partage ordinaire, était considéré comme une sorte de vente entre les copartagés (3).

SECTION II.

2° *Exception.* — DONATION DES BIENS PRÉSENTS ET A VENIR.

Lorsque les donations entre-vifs s'effectuaient par la *mancipatio*, la *cessio in jure* et la *traditio*, elles ne pouvaient s'appliquer qu'aux biens présents. Mais, dès qu'elles devinrent parfaites par le seul consentement des parties, rien ne les empêcha plus d'avoir pour objet les biens à venir. C'est à Justinien qu'on fut redevable de ce nouvel état du droit relativement aux donations. On en trouve la preuve dans la loi 35, § 4, C., de donat., où il est dit: « ..... *Si quis universitatis faciat donationem, sive bessis, sive dimidiæ partis suæ substantiæ, sive tertiæ, sive quartæ, sive quantæcunque, vel totius, si non de inofficiosis donationibus ratio in hoc reclamaverit, coarctari donatorem*

---

(1) L. 35, § 1, D., *de hered. inst.*
(2) L. 20, § 3, 39, § 5, D., *fam. erc.* — L. 77, § 8, D., *de leg.*, 2°. — Contr. Furgole, *Tr. des test.*, chap. VIII, sect. 1, n°° 165, 166 et 167.
(3) L. 1, C., *comm. utri. judic.*

legis nostræ auctoritate tantum quantum donavit, præstare..... »

Cujas nous a laissé de cette loi un excellent commentaire, dont j'extrais les passages suivants : « *Id..... valde notandum est..... donationem omnium bonorum valere. . . . .*

. . . .

Si quis quærat, an etiam valeat donatio futurorum bonorum, hoc est, an omnino valeat donatio omnium bonorum præsentium et futurorum? dicam, si donatio perficitur nudo consensu, vel stipulatione, ut voluit Justinianus in hac lege, procul dubio etiam futurorum bonorum donatio valet. (1). . . . . . .

. . . .

At si donatio perficitur traditione corporali, ut voluit Constantinus, et veteres voluerunt, ut usus magis probat, evidentissimum est, non consistere donationem rerum futurarum, quia rerum quæ nondum sunt, nulla fieri potest traditio..... »

La règle établie par Justinien sur la validité des donations par le seul consentement des parties a encore été inscrite par lui dans ses Instituts, où nous lisons : « *Perficiuntur... cum donator suam voluntatem scriptis aut sine scriptis manifestaverit* (2). » Constantin nous apprend qu'Antonin le Pieux avait déjà donné l'exemple de cette innovation pour les donations *inter liberos et parentes* (3).

Justinien explique en ces termes le caractère attribué aux donations par sa constitution : « *Et ad exemplum*

(1) Les biens futurs (*bona futura*) comprenaient évidemment ceux que le donateur pouvait acquérir par succession.
(2) Inst. Just., lib. ii, tit. vii, § 2.
(3) C. Theod., viii, 12, *de donat.*, 4.

venditionis, nostra constitutio cas etiam in se habere necessitatem traditionis voluit, ut etiamsi non tradantur, habeant plenissimum robur et perfectum, et traditionis necessitas incumbat donatori (1). » En d'autres termes, le mot *perfectum* « ..... ne signifie pas que la donation transfère de plein droit, sans tradition et par elle-même, la propriété au donataire, mais seulement qu'elle engage le donateur, qui peut être actionné pour qu'il livre. La donation devient ainsi, et entre toutes personnes, non pas un contrat ..... mais elle devient un pacte obligatoire, pacte légitime. Du reste, ce sera la tradition seule qui rendra le donataire propriétaire (2). »

SECTION III.

3e *Exception.* — HYPOTHÈQUE DES BIENS PRÉSENTS ET A VENIR.

Grâce au droit prétorien, l'hypothèque jouissait, chez les Romains, bien longtemps avant les donations, du grand avantage de pouvoir être constituée par le seul consentement des parties (3), ce qui permettait également de l'appliquer aux biens à venir (4).

Justinien consacra ce principe en insistant particulièrement sur ce point qu'il ne serait pas nécessaire que, dans la constitution d'hypothèque générale, on eût fait mention des biens à venir pour qu'ils y fussent compris : « *Si quis in cujuscunque contractus instrumento ea verba posuerit, fide, et peri-*

(1) Inst. Just., *eod. loc.*
(2) Ortolan, Inst. Just., 5e éd., t. 1, p. 479.—L. 35, § 4, et § 5, *infine, C., de donat.*
(3) L. 17, § 2, D., *de pact.*; l. 12, § 7, D., *qui potiores in pign.*; l. 1, D., *de pign. et hypoth.*
(4) L. 29, Princ., et § 3, D., *de pign. et hypoth.*; l. 31, § 2, *eod. tit.*; l. 9, C., *quæ res pign. obl. poss.*—L. 11, C., *de remiss. pign.*

culo rerum ad me pertinentium, vel per earum exac-
tionem satisfieri tibi promitto: sufficere ea verba ad
rerum tam earum quas in præsenti debitor habet,
quam futurarum hypothecam, sancimus. . . . .

. . . .

Cum sit justum, voluntates contrahentium magis,
quam verborum conceptionem inspicere. Super qua
generali hypotheca illud quoque ad conservandam
contrahentium voluntatem sancimus, ut si res suas
supponere debitor dixerit, non adjecto, tam præsentes
quam futuras, jus tamen generalis hypothecæ etiam
ad futuras res producatur (1). »

Un auteur a cherché à expliquer pourquoi les biens
à venir étaient sous-entendus dans le pacte constitutif d'hypothèque générale, tandis qu'en matière de
donation une mention formelle de ces mêmes biens
était indispensable ; et il a trouvé à cette différence
une très-judicieuse explication, qui peut se résumer
ainsi : un créancier n'a jamais trop de garanties ;
quant aux largesses d'un donateur, elles ont ordinairement pour mobile et pour base les mérites du donataire : « *Cautionis æquitas quæ exigit ut creditori*
omnimodo cautum sit, hoc postulat, ut et cautum sit
omnibus rebus debitoris, tam futuris quam præsenti-
bus. In rebus autem donandis et alienandis longe
diversa causa est cur quis præsentes datas velit, quam
cur velit futuras et nondum quæsitas. . . . . . .

. . . .

. . . .

Nam qui dignus est centum aureis, non continuo
dignus est mille (2). »

(1) L. ult., C., *quæ res pign. obl. poss.*
(2) Hug. Don. op., ed. Flor., 9, c. 1131.

SECTION IV.

1° *Exception*. — DE LA MISE EN SOCIÉTÉ DES BIENS PRÉSENTS ET A VENIR.

La société universelle *omnium bonorum* (1), *totorum bonorum* (2), comprenait, chez les Romains, les biens présents et à venir. Or, parmi ces biens à venir, figuraient sûrement ceux provenant de successions futures. C'est ce que démontre surabondamment la lecture de plusieurs lois du Digeste : l. 3, § 1, D., *pro socio* ; l. 73, *eod. tit.* Je puis invoquer à l'appui de la même thèse le paragraphe IV du titre XXV du livre III des Instituts de Justinien, *de societate.* Pour les biens présents, contrairement aux règles ordinaires du droit, la tradition n'était pas nécessaire. Au moment même où se formait le contrat, ce qui appartenait à chacun devenait la propriété de tous : « *In societate omnium bonorum omnes res quæ coeuntium sunt, continuo communicantur* (3); *quia, licet specialiter traditio non interveniat, tacita tamen creditur intervenire* (4). »

Relativement aux biens à venir, il n'y avait plus, comme dans le premier cas, remise de la tradition. Mais le contrat de société la rendait, au contraire, indispensable et obligatoire pour tous les associés (5). Comme l'a dit Zœsius : « ..... *Postea vero acquisita non sint communia, sed judicio societatis communicanda per traditionem. Ratio differentiæ est, quod*

---

(1) L. 1, § 1, D., *pro socio.*
(2) Inst. Just., lib. III, tit. XXV, *de societ. princ.*
(3) L. 1, § 1, D., *pro socio.*
(4) L. 2, *eod. tit.*
(5) L. 71, *eod. tit.*

tradilio rerum in universali initio sit difficilis, ut lex eam pro facta habeat, non etiam sit difficilis earum quæ postea acquiruntur (1). »

Ce qu'il importe surtout de remarquer, c'est que la société universelle ne pouvait s'appliquer qu'aux successions *indéterminées*. C'est ce que nous révèlent très-clairement ces expressions du jurisconsulte Paul : « *Ut si qua justa hereditas alterutri obvenerit, communis sit* (2). » Suivant Godefroid : « *Pacisci de hereditate viventis generaliter licet, at non specialiter* (3). » Cujas explique de même la validité des sociétés *omnium bonorum*, au point de vue des successions futures, en disant : « *Quia non est hæc conventio de successione hominis certi, sed incerti* (4). » Enfin Voët a dit également : « *Sed dicta hactenus non impediunt, quominus de hereditate tertii incerti, ut ut viventis, ineatur conventio : societatem enim universorum bonorum contrahere concessum est; in quam tamen futuras hereditates, quomodocunque sociorum uni obvenientes, contineri, constat* (5). »

Une autre conclusion doit être tirée de ces diverses citations : c'est que la distinction entre les successions *déterminées* et *indéterminées* était bien devenue une règle générale, dont la loi 3, § 2, D., *pro socio*, n'était qu'une application particulière; de même que les donations et les hypothèques de biens à venir.

---

(1) Ad Dig. lib. xvii, tit. ii, *pro socio.*
(2) L. 3, § 2, D., *pro socio.*
(3) Notes sur la loi 3, § 2, D., *pro socio.*
(4) Recit. solemn. in D., lib. xix, tit. i, sub l. 23.
(5) Ad Pandectas, lib. ii, tit. xiv, 17.

SECTION V.

5ᵉ *Exception*. — CONVENTIONS RÉCIPROQUES SUR SUCCESSIONS FUTURES, INTERVENUES ENTRE MILITAIRES.

Nous avons vu précédemment que les pactes sur succession mutuelle étaient particulièrement interdits, et nous avons donné les motifs de cette interdiction. La loi 19, au Code, *de pactis*, nous apprend que les militaires avaient été, à cet égard, dotés d'un droit spécial. Il n'y a rien là qui puisse étonner ; car, « du moment que les soldats commencèrent à pouvoir faire ou défaire les empereurs, et que ceux-ci, de leur côté, commencèrent à pouvoir donner par leurs édits des faveurs et des priviléges, les priviléges ne manquèrent pas aux soldats..... (1). »

Les empereurs Dioclétien et Maximien font du reste allusion, dans le rescrit que j'analyse, aux faveurs importantes déjà concédées aux militaires au sujet de leurs testaments: « *Tamen cum voluntas militum, quæ super ultimo vitæ spiritu, deque familiaris rei decreto, quoquomodo contemplatione mortis in scripturam deducitur, vim postremi judicii obtineat.* »

L'hypothèse prévue par notre loi est celle de soldats marchant au combat. Au moment de s'exposer à un péril commun, deux soldats peuvent convenir qu'en cas de mort, les biens du défunt appartiendront au survivant : « *Proponasque te ac fratrem tuum ad discrimen prælii pergentes, ob communem mortis fortunam, invicem esse pactos, ut ad eum qui superstes fuisset, res ejus, cui casus finem vitæ attulisset, pertinerent ;*

_____

(1) Ortolan, Inst. Just., liv. II, tit. XI.

*existente conditione, intelligitur ex fratris tui judicio
(quod principalium constitutionum prompto favore
firmatur) etiam rerum ejus compendium ad te dela-
tum esse.* »

Les auteurs ne sont pas d'accord sur le point de savoir quel peut être la nature de la convention que je
viens d'examiner. D'après Cujas et Doneau, Dioclétien
et Maximien, en approuvant ce pacte, n'ont fait qu'affirmer l'existence d'un des nombreux priviléges conférés au testament militaire : « *Si in ipso mortis peri-
culo inter se paciscantur, ut qui superfuerit heres sit,
rata est pactio, non quasi pactio, sed quasi ultima voluntas, quod consentit cum constitutionibus impera-
torum, quæ jura singularia in testamentis militum
constituerunt, et statuerunt, ut quælibet voluntas mi-
litis esset pro testamento..... (1).* » — « *Observandum
est, quæ conventio inter paganos tanquam conventio
non valet, eam inter milites pro suprema voluntate
valere, si in ea ad extremum usque permanserunt;
idque ex constitutionibus, quibus cautum est ut, quo-
cunque modo voluntatem suam milites testati sint de
eo quod post mortem suam fieri velint, voluntas rata
sit (2).* » Bruneman est, au contraire, d'avis qu'il est
ici question d'un véritable pacte et non pas d'un testament, aucun doute ne pouvant s'élever sur la validité
d'une semblable convention, si elle ne devait produire
d'effets qu'à titre de testament : « ..... *Notandum,
hanc legem loqui de casu, quando in vim pacti relin-
quitur hæreditas; nam si in vim testamenti reciproci
se mutuo instituere velint, de eo dubium non est, quin*

(1) Cujas ad l. 15, C., *de pactis.*
(2) Hug. Don. op.. ed. Flor., 7, c. 200 et 201.

possint (1). » C'est la première opinion qui a été adoptée par la majorité des commentateurs.

SECTION VI.

6ᵉ *Exception*. — PACTES SUR LA SUCCESSION FUTURE D'UN TIERS NOMMÉMENT DÉSIGNÉ.

Les pactes sur la succession future d'un tiers nommément désigné sont, en principe, nous l'avons déjà dit, prohibés par la loi. Cette règle comporte des dérogations que nous croyons pouvoir diviser utilement et naturellement en deux catégories comprenant, la première : les pactes conclus sur la succession future d'une personne déterminée et sans son consentement ; la seconde : les pactes conclus sur la succession future d'une personne déterminée, avec son adhésion.

ARTICLE PREMIER.

PACTES CONCLUS SUR LA SUCCESSION FUTURE D'UN TIERS NOMMÉMENT DÉSIGNÉ, SANS SON CONSENTEMENT.

§ 1.—*Pacte conclu, au cas de l'adrogation d'un impubère, entre l'adrogeant et une personne publique.*

Nous savons, par la loi 18, D., *de adopt.*, que celui qui voulait adroger un impubère ne le pouvait faire qu'à la condition de donner caution à une personne publique, afin de garantir la restitution de tous les biens qu'il tiendrait de l'impubère à ceux qui y auraient eu

(1) Ad l. 19, C., *de pactis.* — Opin. conf. des glossateurs, glose ad leg. licet, C., *de pactis.*

droit si l'adrogé n'avait pas changé d'état. Nous rencontrons dans les Instituts de Justinien une explication complète de ce point de droit, ainsi formulée : « *Cum quibusdam conditionibus adrogatio fit, id est, ut caveat adrogator personæ publicæ, hoc est tabulario, si intra pubertatem pupillus decesserit, restiturum se bona illis qui, si adoptio facta non esset, ad successionem ejus venturi essent* (1). »

C'était bien là, à n'en pas douter, une convention sur la succession future de l'impubère adrogé. Nous expliquerons, à la fin de cet article, comment la loi avait pu non-seulement autoriser, mais encore prescrire une pareille convention en demeurant fidèle à son système de prohibition.

§ 2. — *Pacte sur la succession d'un esclave affranchi par son vendeur.*

Lorsqu'une personne ayant vendu un de ses esclaves l'avait affranchi postérieurement à la vente, mais avant la tradition, sans laquelle la propriété n'était pas transférée, elle devait donner à l'acheteur une caution qui pût lui assurer que son vendeur lui remettrait tout ce qu'il recueillerait dans la succession de l'affranchi. Marcellus, dont la loi 23, D., *de act. emp. et vend.*, nous fait connaître l'opinion, en même temps que celle de Julien, remarque fort judicieusement que le vendeur ne pouvait être tenu de fournir à l'acheteur que ce qu'il aurait eu si l'esclave n'eût pas reçu le bienfait de l'affranchissement : « *Si quis servum, quem cum peculio vendiderat, manumiserit, non solum pe-*

(1) Inst., lib. 1, tit. xi, ♯ 3, *de adopt.*

culii nomine, quod servus habuit tempore quo manu-
mittebatur, sed et eorum quæ postea adquirit, tenetur,
et præterea cavere debet, quidquid ex hereditate liberti
ad eum pervenerit, restitutum iri. Marcellus notat :
illa præstare venditor ex empto debet, quæ haberet
emptor si homo manumissus non esset : non contine-
buntur igitur, quæ, si manumissus non fuit, adqui-
siturus non esset (1). »

Quel est donc l'esprit de ces deux lois, et pourquoi le
législateur n'a-t-il vu dans ces deux hypothèses rien
de contraire aux bonnes mœurs, alors qu'elles ont cependant pour objet des pactes sur succession future ?
C'est que, dans l'un et l'autre cas, les parties contractantes, au lieu de traiter sur de simples espérances,
comme dans les pactes sur succession future prohibés
par la législation romaine, pactisent sur des droits
qui leur appartiennent incontestablement et ne relèvent en aucune façon des conventions dont nous parlons : « *Heredibus..... impuberis arrogati hereditas*
impuberis debetur, etiam citra stipulationem. Et emp-
tori, cui servus venditus non traditur, omnia actione
ex empto præstanda sunt, quæ emptor habiturus esset,
si servus esset illi traditus : consequeretur autem ejus
servi hereditatem, si eum acceptum, et suum factum
manumisisset. Quid mirum igitur, si quod citra pac-
tionem illi deberetur, etiam interposita pactione, illi
jure debeatur (2)? »

Bien loin de mériter la réprobation, les deux conventions que renferme cet article et toutes celles qui
pouvaient avoir avec elles quelques traits de ressem-

(1) V. 1. 24, § 4, D., *solut. matr.*
(2) Hug. Don. op., ed. Flor., 7, c. 235.

3

blance, ont été justement protégées comme étant au service du droit et devant prévenir les effets de la mauvaise foi.

ARTICLE II.

PACTES SUR LA SUCCESSION FUTURE D'UN TIERS NOMMÉMENT DÉSIGNÉ, AVEC SON ADHÉSION.

Justinien proclame la validité d'un pacte fait sur la succession d'un tiers nommément désigné, lorsque les parties ont obtenu son adhésion : « *Nisi ipse forte, de cujus hereditate pactum est, voluntatem suam eis accommodaverit, et in ea usque ad extremum vitæ suæ spatium perseveraverit : tunc etenim, sublata acerbissima spe, licebit eis, illo sciente et jubente, hujus modi pactiones servare* (1). »

De prime abord on est tenté de se demander si le consentement du tiers sur la succession duquel on pactise a réellement pour conséquence de faire disparaître les inconvénients graves qui ont motivé la prohibition des pactes sur succession future. Deux arguments d'une certaine importance semblent même militer en faveur de l'opinion contraire : « *Multo minus valere debeat, accedente ejus consensu, ob eamdem illam causam videlicet, quia hoc consensu spes paciscentium confirmetur, et periculum consentienti augeatur. Nam, quo plus sperabunt paciscentes, eo magis audebunt adversus eum, ex cujus morte sperant aliquid.*

» *Altera est, quod qui ipse pacisci de re aliqua non potest, is aliis de ea re paciscentibus consentire non potest* (2). » A cela on répond logiquement que l'adhé-

(1) L. ult., C., *de pactis.*
(2) Hug. Don. op., ed. Fl., 7, c. 237.

sion du tiers ne le lie pas, et qu'il n'est pas plus obligé
après qu'avant. On dit, en outre, que celui qui a ainsi
connaissance des conventions dont sa succession est
l'objet peut facilement éviter le danger auquel elles
l'exposent, en déclarant qu'il retire le consentement
qu'il avait donné, ce que ne pourrait pas faire le tiers
à l'insu duquel on aurait agi : « *Falsum est confirmari
hoc consensu spem paciscentium; cum hic consensus
non magis obliget consentientem ut pasciscentes heredes
instituat, quam ante fuit obligatus. Periculum.....
non modo illi non augetur, sed etiam maxime minuī-
tur..... Etenim, si is de cujus bonis agitur, sibi quid
metuat a paciscentibus, licet ei evitare, testando se illis
jam amplius non consentire; quod facere is non potest qui ignorat pactionem de suis bonis esse interpo-
sitam* (1). »*

Le raisonnement d'après lequel, lorsqu'on ne peut
pactiser sur une chose, on n'a pas davantage le droit
d'adhérer aux conventions faites par d'autres relativement au même objet, n'a rien à faire dans notre question. Car donner son adhésion à celui qui promet votre
hérédité, pour le cas où elle lui arrivera, est un acte
dont la nature est telle, qu'il peut toujours se faire
impunément : « *Quod..... dicitur eum qui ipse pacisci non potest, non posse aliis de ea re paciscentibus
consentire, ad hanc speciem non pertinet, in qua is de
cujus bonis agitur, assentitur ei qui promittit illius hereditatem sub conditione, si ea ad promittentem vene-
rit; sub qua conditione quivis hereditatem suam alteri
impune promittet* (2). »*

(1) *Id.*
(2) *Id.*

En résumé, de la loi 30, au Code, *de pactis*, ressort
cette règle nouvelle et générale que, sous quelque forme
que ce soit, le pacte sur la succession future d'une personne déterminée est parfaitement licite, pourvu qu'il
se soit formé avec son adhésion.

Je rappelle aussi, en terminant cette section, que
notre loi a en vue ceux qui ont la légitime espérance
d'hériter de la succession objet de leurs pactes, et cela
à un titre quelconque, c'est-à-dire soit par testament,
soit *ab intestat*: « ..... *Si nullam spem successionis ha-
berent, non video quomodo de successione possent pacisci; nam privatio præsupponit habitum, et in eum qui
non habet spem successionis non cadit pœna privationis
successionis* (1). »

<h2 style="text-align:center">SECTION VII.</h2>

<h3 style="text-align:center">PACTES LICITES AYANT QUELQUE ANALOGIE AVEC LES PACTES
SUR SUCCESSION FUTURE.</h3>

Nous avons remarqué dans notre premier chapitre,
à propos des pactes sur succession mutuelle, que les
Romains leur avaient assimilé ceux conclus sur certains fidéicommis. Le même motif qui m'a déterminé à
faire alors une très-courte réflexion sur ce sujet m'in-
spire la pensée de dire ici quelques mots des décisions
impériales qui ont, au contraire, permis les pactes compris tout d'abord dans la prohibition.

Ainsi on avait demandé aux empereurs Dioclétien
et Maximien si deux frères, ayant été institués héritiers

---

(1) Bruneman, l. ult., C., *de pactis*. -- Conf. Hug. Don. op., ed.
Flor., 7, c. 236.

sous cette condition que celui qui mourrait le premier abandonnerait à l'autre sa part d'héritage, avaient pu légalement convenir que cette substitution précaire demeurerait sans effets, et ils opinèrent pour l'affirmative : « *Cum proponas, filios testamento scriptos heredes rogatos esse, ut qui primus rebus humanis eximeretur, alteri portionem hereditatis restitueret : quoniam precariam substitutionem fratrum consensu remissam adseris, fideicommissi persecutio cessat* (1). »

Valérien et Gallien, saisis d'une difficulté de même nature, lui donnèrent une solution identique, que l'on trouve rapportée dans la loi 11, C., *de trans.* : « *De fideicommisso a patre inter te, et fratrem tuum vicissim dato, si alter vestrum sine liberis excesserit vita, interposita transactio rata est.....* » Les princes auteurs de ce rescrit légitimaient leur approbation de la convention à laquelle il se réfère, en déclarant qu'ils considéraient un pareil pacte comme appelé à conserver la concorde entre les parties contractantes, parce qu'il écartait nécessairement toute idée de spéculation de la part de l'un sur la mort de l'autre : « *Cum fratrum concordia, remoto captandæ mortis alterius voto improbabili, retinetur* (2). »

Voët, en parlant des deux lois que nous venons d'expliquer, constate que dans les espèces qu'elles prévoient le *votum mortis* n'aurait pu trouver place, et qu'il s'agissait là plutôt de conventions propres à le faire disparaître, s'il eût jamais existé dans l'esprit des parties contractantes : « *Cum ea ratione nullum inducatur votum captandæ mortis, sed magis removeatur illud,*

(1) L. 16, C., *de pact.*
(2) L. 11, C., *de trans.* — V. Cujas, t. IX, c. XXX

quod ex fideicommissi suspenso jure videri poterat hactenus subfuisse (1). »

Il existe une autre loi dans laquelle il est encore question d'un pacte sur fidéicommis approuvé par rescrit impérial ; seulement c'est, cette fois, un fidéicommis simple et ne contenant pas de substitution réciproque, comme les précédents. Voici quel était le fait : de deux frères, l'un était chargé par le père commun de restituer à l'autre sa part d'hérédité pour le cas où il viendrait à mourir sans enfants. Or, le grevé, alors qu'il n'avait pas encore de postérité, s'entendit avec son frère pour qu'à tout événement, il s'engageât à ne point réclamer ce qui faisait l'objet du fidéicommis, et il lui offrit, en échange de cette promesse, le sixième de ses droits patrimoniaux ; ce que les empereurs Sévère et Antonin ont considéré comme parfaitement valable : « *Conditionis incertum inter fratres non iniquis rationibus conventione finitum est. Cum igitur verbis fideicommissi petitum a patre tuo profitearis, ut, si vita sine liberis decederet, hereditatem Licinio Frontoni restitueret : pactum eo tempore de sextante (Licinio) Frontoni dando : cum liberos Philinus non sustulerit, interpositum non idcirco potest iniquum videri : quod facta (sicut placuit) divisione diem suum, te filio ejus superstite, functus esset* (2). »

Je tiens à justifier maintenant le titre de cette section, dans lequel j'ai annoncé que les pactes dont j'avais à parler ne sont point des pactes sur succession future, avec lesquels ils n'ont, en réalité, qu'une certaine analogie qui n'a rien de juridique. Il est évident que lors-

(1) Ad Pandectas. lib. II, tit. XIV, 17.
(2) L. I, C., *de pact.*

qu'on fait un pacte ayant pour objet une chose à laquelle on a droit à titre de fidéicommissaire, il s'agit, comme en matière de pactes sur succession future, d'un bien dont la possession ne pourra se réaliser qu'à la mort de celui qui en est détenteur. Nous avons donc là comme les apparences d'un véritable pacte sur succession future. Mais ce ne sont que des apparences ; car le détenteur n'est, en réalité, qu'un intermédiaire entre le *de cujus* et le fidéicommissaire. C'est par conséquent sur une succession ouverte que se forme la convention : « *Hic de viventis hereditate non tractatur, sed mortui, cum non gravato, sed testatori fideicommissarius succedat* (1). »

CONCLUSION.

La règle et les exceptions que nous venons d'étudier ne concourent-elles pas à démontrer combien j'étais dans le vrai, lorsque, empruntant les paroles d'un grand homme, je rappelais dans mes prolégomènes les généreux efforts faits par les Romains pour se donner de bonnes lois. Dans cette intéressante matière des pactes sur succession future, on voit, en effet, de nobles pensées inspirer tous les principes qui la régissent. Le peuple romain tient avant tout à ses grandes idées sur le *respect des lois* et le *culte des bonnes mœurs* ; et aussitôt qu'il s'aperçoit qu'il a fait fausse route, que ce qu'il croyait mal et dangereux est sou-

(1) Bruneman, ad l. ult., C., *de pact.*— Conf. Hug. Don. op., ed. Fl., 7, c. 93.

vent de nature, au contraire, à favoriser d'utiles ten-
dances et à opposer une digue à de redoutables
fléaux, alors il a le courage de revenir sur ses pas et
de modifier des règles trop sévères par de sages
exceptions. C'est ainsi qu'après avoir prohibé rigoureusement tous les *pactes sur succession future*, il a
autorisé les *partages d'ascendants*, fait une saine distinction entre les successions *déterminées* et indéterminées, favorisant par là les débiteurs malheureux,
encourageant les associations et consolant les déshé-
rités de la fortune, qui, désireux cependant de céder
aux élans de leurs cœurs en prodiguant quelques bienfaits, étaient heureux de pouvoir s'abandonner aux
illusions qu'engendrent toujours les caprices du sort,
en faisant usage des donations de biens à venir. Enfin, voulant protéger les familles contre l'avidité des
chercheurs d'héritages, les législateurs romains, en
paraissant octroyer à ces derniers de précieuses liber-
tés, fournirent à ceux dont ils auraient voulu faire
leurs victimes le moyen de se tenir en garde contre
leurs coupables tentatives.

DEUXIÈME PARTIE.

ANCIEN DROIT FRANÇAIS.

RÉFLEXIONS PLÉLIMINAIRES.

Le droit commun de la France se divisait d'abord en deux éléments principaux : « les loix romaines pour les païs de droit écrit, et chaque coutume dans l'étendue de son ressort pour les païs de droit coutumier (1). » Le nom de pays de droit écrit attribué à certaines provinces de France était justement venu de ce qu'on y pratiquait le droit romain, « à la différence des païs coutumiers, qui suivaient anciennement certains usages non rédigez par écrit (2). »

Plus tard, les coutumes ayant été rédigées par écrit, on les définissait : « une loi écrite, à qui le roi donne la forme et le caractère de loi, dont les dispositions sont déterminées et arrêtées par la reconnaissance et le consentement des habitants d'une province, » et l'on ajoutait : « ..... Les coutumes ne sont pas appelées *droit écrit*, afin de les distinguer du droit romain, qui est appelé de ce nom, et encore parce que les coutumes n'ont que l'usage pour cause de leur origine..... (3). »

---

(1) Dictionnaire de droit et de pratique, par de Ferrière, v° *Droit commun de la France.*
(2) Id. auct., v° *Droit écrit.*
(3) Id. auct., v° *Coutume suivant notre droit français.*

Au-dessus du droit romain et des coutumes vinrent se placer ce que l'on appelait *les ordonnances royaux* (1), dont l'origine remonte au règne de saint Louis.

Claude de Ferrière disait : « Les ordonnances sont les vraies loix du royaume : elles sont la partie la plus générale et la plus certaine de notre droit français, attendu qu'elles sont soutenues de l'autorité aussi bien que de la raison : au lieu que les loix romaines ne subsistent que par leur équité; elles n'ont par elles-mêmes aucune autorité, qu'autant qu'elles sont consi-dérées comme une raison écrite, du moins en païs coutumier; et à l'égard des païs de droit écrit, les loix romaines n'ayant force de loi que parce que nos rois ont bien voulu y consentir (2). »

Afin de n'avoir pas à reproduire tous les détails dans lesquels je suis entré au sujet des pactes sur succession future, dans la première partie de mon travail, je m'appesantirai particulièrement sur le caractère qui leur fut attribué sous l'empire des coutumes et des ordonnances.

(1) Id. auct., v° *Ordonnances royaux* : « Cette manière de parler n'est pas correcte; mais elle descend d'une ancienne façon de parler qui n'est pas encore changée; car, si on voulait parler régulière-ment, il faudrait dire *Ordonnances royales* : mais l'usage est le tyran des langues. »
(2) Id auct., v° *Ordonnances royaux.*

CHAPITRE UNIQUE.

DES PACTES SUR SUCCESSION FUTURE PERMIS PAR L'ANCIEN DROIT.

> On restraint la succession des femmes et on amplifie celle des masles, comme conservateurs du nom et de la famille, ausquels par conséquent la meilleure partie du bien doit appartenir.
> (BRODEAU sur cout. du Maine, art. 242.)

« Hors les contrats de mariage, dit Pothier, les conventions sur les successions futures sont rejetées par notre droit français, de même qu'elles l'étaient par le droit romain (1). »

Boucheul explique très-clairement quelle est, suivant lui, l'origine de cette exception. Aussi je crois ne pouvoir mieux faire que de le citer textuellement. « La faveur des contrats de mariage, dit cet auteur, étant aussi grande, dans notre jurisprudence, comme celle des testaments l'était chez les Romains ; et ces sortes de contrats, comme la règle des familles, étant susceptibles de toutes les clauses et conventions *qui n'offensent pas les bonnes mœurs*, l'usage a admis dans nos contrats de mariage, et en faveur des mariés..... généralement toutes conventions de succéder (2). »

Cette explication du savant commentateur de la coutume du Poitou contient une proposition qui peut paraître assez étrange, surtout lorsqu'on est encore tout pénétré des principes du droit romain.

Comment se fait-il, en effet, qu'on ait pu déclarer admises dans notre ancien droit, comme n'étant pas contraires aux bonnes mœurs, des dispositions réprou-

---

(1) Pothier, *Traité des obligations*, part. I, chap. I, nº 132.
(2) Boucheul, *Traité des conventions de succéder*, prélim., nº 8.

vées en droit romain!précisément par la raison inverse?

Un de nos plus célèbres jurisconsultes modernes, frappé, sans nul doute, de cet étonnant contraste, a cru devoir se préoccuper de résoudre la difficulté qu'il présente. Il s'exprime dans les termes suivants : « Est-ce qu'il y a dans toutes les conventions sur les successions futures une atteinte nécessaire aux bonnes mœurs et à la justice? N'y a-t-il pas des cas nombreux..... où elles sont utiles à la famille au lieu de compromettre ses intérêts (1)?

Il y aurait cependant une distinction à faire. Certainement il peut être partout dangereux, et il est au moins immoral, de pactiser sur la succession d'une tierce personne vivante. Mais on doit, il me semble, envisager d'un œil bien différent les conventions qui se réfèrent à la succession future du disposant; notamment : « quand c'est par contrat de mariage et pour favoriser la création d'une famille qu'une personne promet sa succession, il n'y a rien là que d'honorable et de profitable au bien public (2). »

Telle était sûrement, au temps du Bas-Empire, l'opinion de l'empereur Léon, lorsque dans sa novelle xix il sanctionna une convention de succéder introduite dans un contrat de mariage, *in nuptialibus contractibus*.

Cette constitution ne peut cependant être considérée comme le point de départ de l'adoption par notre ancien droit des pactes sur succession future, dans les limites que je viens d'indiquer. Deux motifs, et des plus plausibles, viennent à l'appui de cette assertion.

Ce n'est pas, en effet, dans les pays de droit écrit que la novelle xix aurait pu commencer à exercer son

(1) Troplong, *Donations et testaments*, n° 2311.
(2) Troplong, *Donat. et testaments*, n° 2315.

influence : « cette novelle ne faisant pas partie du corps de droit, on ne peut pas en mettre la disposition au nombre des monuments de la jurisprudence romaine (1). » Quant à nos coutumes, il est de même impossible d'admettre qu'elles aient fait le moindre emprunt à la constitution de l'empereur Léon, puisqu'il est avéré qu'elles admettaient la pratique des conventions de succéder bien longtemps avant qu'elle ne fût connue (2).

Ce sont les Francs de Chlodowig, qui, Germains d'origine, et, par suite, ne connaissant pas le testament (3), apportèrent dans les Gaules la coutume des pactes successoires. On en rencontre un exemple très-frappant dans les Œuvres de Grégoire de Tours ; car cet historien parle d'un pacte conclu, en 587, entre Gonthram et Hildebert sur la succession future de Brunehilde (4).

Une lutte s'engagea entre le droit romain, qui régissait depuis longtemps les races vaincues, et les pactes successoires, autorisés par la coutume franque. Les nombreux partisans de la *lex romana* veulent faire triompher le testament et anéantir complétement ces conventions nouvelles (5). Mais elles sont déjà trop profondément inscrites dans la législation de ce peuple, pour que des tentatives de ce genre puissent avoir un plein et entier succès. Ces tentatives ne furent cepen-

1) Merlin, *Jurispr. gén.*, v° Inst. contr.
(2) De Laurière, *Inst. contr.*, t. I, ch. I, xv, dit, en parlant des novelles de Léon : « Elles n'ont été même bien lues et connues dans l'Occident que par la traduction qu'Agylæus en a donnée, longtemps après les rédactions et les réformations de nos coutumes qui ont autorisé ces institutions. »
(3) Tacite, *de Mor. Germ.*, chap. xx.
(4) Grégoire de Tours, IX, cap. 20.
(5) Capitul. ap. Baluz., t, p. 1097, cap. 328.

dant pas tout à fait infructueuses, et c'est à indiquer les résultats auxquels elles ont abouti que je vais m'appliquer maintenant.

Mais, comme la clarté d'une exposition dépend toujours de l'ordre qui y règne, empiétant momentanément sur les dates, je dirai, avec Eusèbe de Laurière, que nous avons admis successivement dans notre droit « ces sortes de traités ou conventions que l'on peut réduire à quatre, savoir : les *institutions contractuelles;* les *reconnaissances d'héritier;* les *renonciations des filles aux successions de pères et de mères;* et les *promesses que les père et mère font de ne point avantager un de leurs enfants au préjudice de celui qu'ils marient, ou de garder entre eux l'égalité* (1). »

J'essayerai de grouper autour de ces quatre conventions principales sur les successions futures la plupart de celles qui ont été en usage dans cette période de notre législation que l'on appelle l'ancien droit.

SECTION PREMIÈRE.

INSTITUTION CONTRACTUELLE.

Substitutions contractuelles. — Clauses d'association. — Donation de biens à venir. — Donation de biens présents et à venir. — Donations de biens à venir et de biens présents et à venir entre futurs époux.

ARTICLE PREMIER.

INSTITUTION CONTRACTUELLE.

La convention de succéder connue sous le nom d'*institution contractuelle* est, sans contredit, la plus

(1) *Inst. coutum.* de Loisel. liv. II, tit. IV, IX.

importante de toutes les conventions de cette nature qui ont pris place parmi les lois de notre pays. Je dirai plus : les diverses conventions de succéder qui ont été admises à faire partie de notre droit se rattachent presque toutes par quelque point à l'institution contractuelle. Il importe donc de bien déterminer quelle est son origine, dans quel but elle a été créée, et quelles ont été les différentes limites de son application.

Disons d'abord que nos anciens auteurs entendaient par *institution contractuelle* : « un don irrévocable de succession ou d'une partie de succession, fait par contrat de mariage au profit des époux ou des enfants qu'ils doivent avoir ensemble (1). »

§ I. — *Origine, but ; mode d'application caractéristique.*

Suivant l'opinion la plus communément répandue et la mieux établie, le premier germe de l'*institution contractuelle* se rencontre dans la loi salique (2). Dans son titre 48, *de affatom.*, cette loi « prescrit au Franc qui veut disposer de tout ou partie de sa fortune de se présenter, avec celui auquel il veut la donner, à l'assemblée ou devant le roi. Là, au moyen d'une formalité symbolique, *festuca in laisum jacta*, il l'institue héritier, l'emmène dans sa demeure, le met matériellement en possession, et, après diverses cérémonies et le délai d'un an, l'institution est irrévocablement consommée (3). »

Est-ce bien là l'*institution contractuelle* telle qu'elle

(1) De Laurière, *Inst. contr.*, t. i, ch. ii, xxi, *in fine.*
(2) Lindenbrog, p. 335.
(3) Revue de législation, t. xi. Notice historique, par Eschbach, p. 191.

apparaît plus tard dans nos coutumes? Assurément non. Mais, comme le fait remarquer fort judicieusement le jurisconsulte auquel je viens d'emprunter l'analyse du texte de la loi salique qui se rapporte à notre question, « puisqu'il y a *festucation*, on pourrait dire qu'il y a contrat franco-germanique ; mais évidemment il n'y a pas de testament. » A en croire Merlin (1), il ne s'agissait là d'abord chez les Francs, et plus tard chez les Ripuaires, que d'*adoptions*. « Or, dit cet auteur, on le demande, quel rapport y a-t-il entre une pareille loi et les institutions contractuelles ? » Cette déclaration si formelle n'est pourtant que le résultat d'une erreur. Car *adoptare in hereditatem* n'a jamais voulu dire autre chose, dans le latin du temps, que *heredem instituere*. Par toute autre traduction, « on tombe dans l'absurde; on arrive à dire que, chez les Ripuaires, le mari adoptait sa femme et la femme son mari, *sive mulieri vel mulier viro* (2). » Eusèbe de Laurière soutenait, sous ce rapport, la même doctrine que Merlin (3).

L'acte que je viens d'indiquer comme étant la source primitive de l'institution contractuelle en renfermait, à l'époque dont je parle, deux des principaux éléments : l'*institution d'héritier* et l'*irrévocabilité*. Pour être exact, il faut se hâter d'ajouter que ce même a... contenait en même temps une chose tout à fait antipathique à l'institution contractuelle : je veux parler de la mise en possession, concomitante à sa formation. Mais cette situation ne tarda pas à se modifier,

(1) Jurispr. gén., v° *Inst. contr.*, t. I, p. 324.
(2) Eschbach, *loc. cit.*
(3) *Inst. contr.*, chap. I, XIII.

et l'on peut s'en convaincre en lisant l'art. 18 de la loi ripuaire (1).

La tradition, la mise en possession, qui étaient obligatoires dans la loi salique, sont devenues purement facultatives dans la loi ripuaire. Les Francs Ripuaires ont désormais la liberté d'instituer un héritier *per traditionem seu per scripturarum seriem*, ce qui veut dire par un acte écrit. Ici encore nous sommes en désaccord avec de Laurière et Merlin, pour lesquels la *scripturarum series* n'est autre chose qu'un testament.

Une pareille interprétation n'est vraiment pas soutenable, lorsqu'on sait qu'à la différence du testament, la *scripturarum series* était irrévocable. Du reste, grâce à l'influence du droit romain, le testament n'avait pas tardé à pénétrer chez les Francs, qui savaient fort bien le distinguer de toute autre espèce de disposition. « La *scripturarum series* des Francs, c'est l'*instrumentum* des Romains (2). »

Ainsi, à partir du septième siècle, l'*institution contractuelle* tend de plus en plus à se constituer telle que nous la connaissons aujourd'hui. Ce n'est pas seulement une *institution d'héritier* ayant pour caractère particulier d'être *irrévocable*; elle peut de plus se manifester *par un acte écrit*. Encore un pas, et, *restreinte au contrat de mariage*, nous aurons l'*institution contractuelle*, comme on la comprend dans nos temps modernes. Cependant un obstacle inattendu vint retarder la réalisation de cette dernière réforme, en faisant rétrograder vers le passé une convention dont nous venons de constater, l'histoire à la main, les importantes transfor-

(1) Lindenbrog, *Codex leg. antiq.*, p. 159.
(2) Eschbach, *loc. cit.*

4

nations. Charlemagne fit paraître en 803 un capitulaire qui, renouvelant les prescriptions de la loi salique, exigeait expressément la tradition (1).

L'empereur ne prit vraisemblablement cette décision que pour montrer qu'il s'inclinait devant le droit romain, en ne permettant pas qu'on pût faire un héritier autrement que par testament. Charlemagne avait dit, comme Constantin, *nulla consuetudo superponatur legi* (2). Nous trouvons plus tard, au contraire, dans la bouche de saint Louis la célèbre maxime *coutume passe droit*, et le droit féodal nous ramène l'*institution d'héritier par contrat*.

Comment s'est donc opérée cette dernière phase de notre sujet ? Elle a eu pour point de départ une fausse interprétation de la loi 19, au Code, *de pactis*, due aux jurisconsultes du XIIᵉ siècle. On était alors à une époque où une vigueur désordonnée et souvent de mauvais goût, mais enfin une vigueur nouvelle pour le culte de la science, se manifesta (3). Les infatigables disciples d'Irnérius, le célèbre fondateur de l'école de Bologne, désignés sous le nom de glossateurs, crurent voir, dans la constitution dont je viens de parler, la faculté pour les militaires romains de s'instituer héritiers par contrat, tandis qu'il ne s'agissait, en réalité, que du testament militaire, avec ses priviléges excessifs (4). Or, la possession d'un fief emportant alors avec elle l'obligation du service militaire, les feudistes Gerardus Niger et Obertus de Orto, qui s'inspiraient de

(1) Capitul. ap. Baluz., 1, p. 393, cap. 7.
(2) Const. 2, *quæ sit longa consuet.* — Capit. apud Baluz., t. p. 258, cap. 10.
(3) Ortolan, *Histoire de la législation romaine*, p. 358.
(4) Glose ad leg. licet, C., *de pactis*, et Bart. Salicetus, *ibid.*, nᵒ 6, édit. 1515.

l'opinion des glossateurs, « crurent pouvoir considérer comme soldats tous les possesseurs de fiefs, et leur accorder, en cette qualité, le pouvoir de se faire des héritiers par contrat (1). »

Le seigneur, ayant un intérêt direct à assurer la desserte de son fief, devait se préoccuper du règlement, par le vassal, de la succession au bénéfice dont il jouissait. C'est par le même motif que tout vassal se trouvait dans la nécessité d'obtenir de son suzerain qu'il consentit à son mariage et à celui de ses héritiers présomptifs, mâles ou femelles. Non-seulement le consentement du suzerain était indispensable pour le mariage de ses vassaux, mais « une fille ou veuve, détentrice ou héritière d'un fief qui devait *service de chevalier*, pouvait être forcée par le seigneur de *prendre baron*, c'est-à-dire de se marier (2). »

Comme conséquence de ces divers principes, rien de plus naturel que l'intervention du seigneur, afin de dicter des dispositions sur la succession future de ceux qui étaient sous sa dépendance. Aussi, suivant Montesquieu, « les seuls nobles eurent-ils d'abord la liberté de disposer des successions futures par contrat de mariage, comme l'ont remarqué Boyer et Aufrérius (3). » Décius a dit de même, en représentant l'institution d'héritier par contrat de mariage comme étant l'apanage de la noblesse : « *In favorem matrimonii, quia sub tali pacto nobiles inveniunt nobiliores per quos nobilitas crescit* (4). » Avec le temps, cet état de choses changea

(1) Merlin, *Jurispr. gén.*, v° *Instit. contr.*. p. 311.
(2) Eschbach.. *loc. supr. cit.*
(3) Esprit des lois, liv. XXXI, chap. XXXIV. — In decis. cap. Tholos., décis. 453. — Décis. 201.
(4) Consil. 225, n° 4.

complétement; « on étendit insensiblement aux successions ordinaires un usage introduit d'abord uniquement pour les hérédités militaires ou féodales, et on alla
peu à peu jusqu'à dire que toute personne noble ou
roturière pouvait disposer irrévocablement de toute
son hoirie par un contrat de mariage (1). »

Voilà pourquoi on lit dans Pérézius : « *Moribus ho-
diernis hujusmodi pactum valet in contractu matrimonii,
non solum inter nobiles, in quorum personis facilius admitti
potuit, sed etiam inter alios quoscumque..... (2).* » Au dire
de Mazuër et de Pierre de Fontaines, l'institution contractuelle pouvait être faite, de leur temps, en toutes
sortes de contrats (3). Pierre de Fontaines parle à son
ami « *d'une convenanche ke tu dis ki fut faite entre deux
frères ke li ques ki morust avant, ses hyretages revenist à
l'autre (4).* » — «Ce ne fut que dans la période suivante
que l'influence du droit romain fit restreindre le principe coutumier, et que l'institution contractuelle fut
cantonnée dans le contrat de mariage (5). » La preuve
de ce fait résulte de la communauté d'origine qui unit
entre elles notre institution contractuelle et celle des
Allemands. Les coutumes germaniques ayant été rédigées par écrit avant que le droit romain n'eût pénétré
en Allemagne, la convention de succéder, que nous
étudions, s'y peut produire par un acte quelconque.
Mais comme, au contraire, le droit romain avait en-
vahi notre pays depuis huit siècles lorsqu'on rédigea
les coutumes avec lesquelles il était en lutte ouverte,

(1) Merlin, *Jurispr. gén.*, v° *Inst. contr.*, p. 324.
(2) Pérézius, au C., *de pact. convent. nomb.* 10.
(3) Mazuër, *Practica forensis*, tit. xxxii, n° 6. Pierre de Fontaines,
Conseil, ch. xv, p. 7.
(4) Consil. 203, n° 2.
(5) Minier, *Précis hist. du droit français*, p. 366.

il est impossible de ne pas lui attribuer la situation spéciale faite à l'institution contractuelle, qui a été. pour ainsi dire, *acculée* par lui dans le contrat de mariage. Les rédacteurs des coutumes alléguaient, comme motif dominant de leur décision, la grande faveur que méritent les mariages.

Les réflexions que j'ai empruntées à Boucheul, au commencement de cette section, sont entièrement imbues de cette manière de voir. On en rencontre encore la trace dans les notes d'Eusèbe de Laurière, qui servent de commentaire aux institutes coutumières de Loisel (1). Lebrun est venu dire à son tour, en parlant de l'institution contractuelle : on ne l'a admise que par la faveur extrême des contrats de mariage (2). Ce jurisconsulte invoquait à l'appui de son opinion la coutume du Bourbonnais et celle d'Auvergne (3).

On retrouvait les mêmes principes dans la coutume de la Marche et dans celle du Nivernais. Enfin, pour abréger, je laisserai parler Merlin, qui, après avoir cité le jurisconsulte Maynard et le docteur Fernand, comme ayant professé des doctrines identiques à celles que je viens de signaler, s'arrête en disant : « Nous pourrions ajouter à ces deux autorités celle de tous les jurisconsultes français qui ont écrit sur cette matière (4). » En réalité, ce que l'on avait surtout voulu favoriser par l'*institution contractuelle*, c'était *le mariage* entre nobles et le maintien des propres dans les fa-

(1) *Inst. coutum.*, liv. ii, tit. iv, ix.
(2) Lebrun, *Success.*. liv. iii, ch. ii, n°' 9, 10, 11.
(3) Anc.cout. du Bourbonnais, art.219 et 223;—Auvergne, ch. xiv. art. 26.
(4) Merlin, *Jurispr. gén.*, v° *Inst. contr.*, p. 328.

milles, afin d'en assurer la conservation par les avantages excessifs dont on dotait les aînés (1).

Claude de Ferrière s'exprime, à cet égard, de la manière la plus catégorique : « Ces institutions, dit-il, ont été introduites sur le fondement..... qu'elles peuvent contribuer beaucoup à soutenir la noblesse (2). »

Une seule d'entre nos coutumes, celle de Berry, rédigée par le président Lizet, qui passait pour un ultra-romaniste, paraît avoir rejeté l'institution contractuelle.

Mais, si l'on consulte son commentateur, La Thaumassière, on acquiert bientôt la conviction qu'en somme, les termes de cette coutume ne sont pas aussi absolus que l'ont affirmé un grand nombre d'auteurs. « Ces articles, dit ce jurisconsulte, étant contraires au droit commun de notre France, on les doit prendre à l'étroit, sans les étendre hors de leurs cas ; *Nam quæ contra rationem juris introducta sunt, non trahuntur ad consequentias*; comme ils ne parlent que des institutions contractuelles faites par les futurs époux au profit l'un de l'autre, simplement ou réciproquement, ou en faveur des descendants de leur mariage, nous tenons communément que l'institution d'héritier et convention de succéder en tout ou en partie, faite en contrat de mariage par personnes étrangères, en faveur des futurs descendants de leur mariage ou de l'un d'eux, sont légitimes et valables, et ainsi ai-je vu tenir par les plus fameux consultants de cette province, que j'ai pratiqués (3). » Duplessis, interprétant les art. 76, 90 et

(1) Lebret. *Val. quest.*, liv. III, décis. 3.
(2) Dict. de droit et de pratique, v° *Instit. contr.*
(3) La Thaumassière. *Questions sur la coutume du Berry*, cent. 1, ch. LXVII.

91 de la coutume d'Artois, fait également ressortir des différences bien notables, en matière d'institution contractuelle, entre cette coutume et les autres (1).

Revenant aux principes généraux, nous dirons que, par une sorte de réaction, l'*institution contractuelle* passa des pays de coutume dans ceux de droit écrit, ce que Boucheul exprime ainsi : « C'est un droit universellement reçu comme un ancien usage des Français dans les pays de droit écrit comme de coutume (2). »

« Quoique les autres coutumes locales des villes et lieux de droit écrit, dit Chabrol sur la coutume d'Auvergne,..... ne parlent pas des institutions d'héritier, elles sont admises dans toute l'Auvergne; et il n'y a rien d'étonnant, puisqu'elles sont aujourd'hui de droit commun dans toute la France, hors quelques coutumes qui ont des dispositions singulières..... (3).

Les institutions d'héritier ont été admises dans tous les parlements de droit écrit, aussi bien que dans celui de Paris (4). « Les parlements de droit écrit eux-mêmes, dit Merlin, l'ont reçue avec la plus grande faveur (5). »

Enfin l'article 12 du titre 1er de l'ordonnance de 1747 confirma cette pratique de l'institution d'héritier dans les termes suivants : « Voulons que les institutions contractuelles, comme aussi les substitutions qui y seront apposées, soient irrévocables, soit entre nobles

---

(1) V., sur la coutume d'Artois, Duplessis, 5e consultation.
(2) Boucheul, *Convent. de succéder*, prélim., n° 9.
(3) Cout. d'Auvergne, chap. xiv, art. xxvi, sect. xv.
(4) Maynard, liv. v, chap. xc; Mornac, ad l. 15, C., *de pactis*; Henrys, t. v, liv. v, quest. 59; Dupérier, liv. iv, quest. 6; liv. ii, quest. 14, 15 et 16.
(5) *Jurispr. gén.*, v° *Inst. contr.*, § 1 et 2.

ou entre roturiers, dans tous les pays où elles sont en usage. »

§ 2. — *Forme, étendue, effets.*

L'*institution contractuelle* n'était point assujettie à des expressions déterminées ; il suffisait qu'elle fût conçue « *en termes intelligibles* (1). » L'art. 13 de l'ordonnance de 1731 ne permettait pas de l'attaquer pour défaut d'acceptation.

Au gré du donateur, l'institution contractuelle pouvait comprendre soit une quotité seulement de ses biens, soit la totalité. Dans ce dernier cas, si le donateur avait des enfants, il fallait qu'il prit soin de leur conserver leur légitime. Une institution indéfinie comprenait tous les biens de celui qui l'avait faite (2). Il est très-important de bien remarquer que « institution d'héritier et pacte de succéder faicts et accordés en contracts de mariage............., s'estendent seulement ès biens qui se trouveront délaissés par le décès du disposant... (3) ; » ce qui va de soi lorsqu'on sait que l'héritier contractuel est mis au lieu et place de l'héritier *ab intestat*. Les effets de l'institution contractuelle demandent à être examinés : 1° par rapport à l'instituant ; 2° par rapport à l'institué.

Relativement à l'instituant, l'institution contractuelle était *irrévocable*, et il lui était interdit d'en faire une seconde qui compromît la première. Mais, « de même... que chacun a la liberté d'aliéner au préjudice de

---

(1) Chabrol sur la cout. d'Auvergne, chap. xiv, art. xxvi, sect. i.

(2) Arrêt rendu en la grand'chambre du parlement de Paris le 30 août 1700.

(3) Coutume d'Auvergne, chap. xiv, art. xxix.

son héritier *ab intestat*, il a le même droit à l'égard de son héritier contractuel (1). » Cependant toutes sortes d'aliénations étaient-elles bien permises à l'instituant ? celles qui avaient un caractère frauduleux étaient nécessairement prohibées. En général, on faisait une distinction entre les dispositions à titre gratuit et les dispositions à titre onéreux, les secondes seules étant considérées comme loyalement faites.

« L'effet de l'institution contractuelle, dit Pothier, en tant qu'elle est clause d'un contrat de mariage, est que l'instituant n'y peut donner aucune atteinte. Mais il n'est pas censé y donner atteinte en aliénant et engageant sans fraude ses biens par contrat entre-vifs depuis ladite institution.

. . . .

. . . .

L'instituant peut bien aliéner sans fraude ses biens depuis l'institution, et il n'y a aucun soupçon de fraude, lorsqu'il les aliène à titre de vente ou autre titre de commerce ; mais il y a fraude toutes les fois que l'instituant cherche à favoriser d'autres personnes au préjudice de l'héritier contractuel, par des donations qu'il leur ferait (2). »

Les donations n'étaient cependant pas interdites d'une manière absolue. Si l'on en croit Mornac, l'instituant pouvait faire des donations à qui il voulait, pourvu qu'elles ne fussent pas immenses ; absorbaient-elles l'hérédité, elles devaient être réduites *ad legitimum modum* (3).

(1) Chabrol, *id.*, art. xxix.
(2) Pothier, cout. d'Orléans, *Introd. au tit.* xvii *des droits de succession*, n° 26.
(3) Mornac, *loc. cit.*

Suivant Dupérier, on doit maintenir les donations faites, malgré l'existence d'une institution d'héritier, « pourvu que les donations soient modérées et sans fraude (1). »

Lebrun dit que l'instituant pourra faire « quelques petites libéralités pendant sa vie (2). »

Brodeau considère comme valables les dispositions modérées au profit « de l'Eglise et pour autres causes pies (3). »

Coquille dit aussi qu'il approuve les dispositions modérées « à causes pies, ou pour rémunérer ceux dont on a reçu plaisir et service (4). »

Certaines coutumes plus rigoureuses que les autres, non contentes de défendre complétement toutes donations, empêchaient encore qu'après une institution d'héritier on ne pût aliéner ou hypothéquer que lorsqu'il y avait extrême nécessité : « sauf en aucuns cas ; c'est à sçavoir pour l'*extrême nécessité de vicre* et pour la *rédemption de leurs corps* (5). »

Le commentateur de la coutume du Maine rappelle fort à propos ce que pensaient les anciens de ces rudes épreuves de la vie devant lesquelles il semble si naturel de faire fléchir les règles sévères dont nous venons de parler.

« *Malum est in necessitate vivere : sed in necessitate vivere nulla est necessitas* (6). »

« ..... *Fames aspera vitalia haurit, præcordia capit ;*

---

(1) Duperier, liv. II, quest. 15.
(2) Lebrun, *Des Inst.*, n° 18.
(3) Lett. S., somm. 9, n° 5.
(4) Quest. 173.
(5) Maine, art. 262, 263 et 261; Conf. Anjou, 215, 216; Loud., ch. xxvi. art. 4; Touraine, 252; Norm., 214.
(6) Sénèque, ep. 12.

animi tormentum, corporis tabes, magistra peccandi, du-
rissima necessitatum, deformissima malorum (1). »

Quant à la rançon, ce n'étaient pas seulement ses
biens qu'un fils devait exposer pour rendre son père à
la liberté, mais il ne devait pas craindre d'aller jusqu'à
s'obliger corps pour corps : « *Æquum est vicario cor-*
pore filii corpus patris liberari (2). »

La défense d'aliéner à titre onéreux existait également dans les pays de droit écrit : « Dans les pays de
droit écrit, celui qui intervient dans un contrat de mariage, et qui institue un des conjoints, cesse tellement
d'être le maître de ses biens, qu'il ne peut plus les vendre ni les engager au préjudice de l'institué, parce
qu'on y a voulu, avec justice......., que ces institutions ne fussent point illusoires, et ne donnassent pas
lieu à des fraudes... (3). »

A l'égard de l'*institué*, l'institution contractuelle opérait la saisine : « L'effet de l'institution contractuelle,
dit Claude de Ferrière, par rapport à celui qui est
institué par contrat de mariage, est de le rendre, au
jour du décès de l'instituant, véritablement son héritier, et de le saisir de plein droit de ses biens, de
même que les héritiers du sang en sont saisis, suivant
la règle : *le mort saisit le vif* (4). » Ce principe était vrai
non-seulement dans les pays de coutume (5), mais
encore dans ceux de droit écrit (6).

(1) Quintil. *Declam. de cadaverum past.*
(2) Tertull. *Apologet.*
(3) De Laurière, *Inst. contr.*, I, chap. III, XXII. — Arrêt conf. du
11 déc. 1631, rapp. par Dupérier, liv. II, quest. 16.
(4) *Dictionn. de droit et de prat.*, v° *Inst. contr.*—Conf., cout. d'Auvergne, chap. XIV, art. 26.
(5) Marche, art. 291; Bourbonnais, art. 219; Auvergne, tit. XIV,
art. 17.
(6) Mornac sur la loi 30, D. *ex quib. caus. maj.*, et sur la loi 1 et
16, D., *ad Trebell.*

On s'est demandé si l'héritier institué pouvait, du
vivant de l'instituant, renoncer au bienfait de l'institution. La négative a été, avec raison, considérée comme
étant seule conforme aux vrais principes ; car, « avant
l'événement de l'institution, l'héritier ne peut juger
si elle sera plus ou moins avantageuse ; il ne connaît
pas l'étendue des droits auxquels il renonce ; enfin, il
s'agit de l'exécution des clauses d'un contrat de mariage arrêtées par les deux familles : c'est l'acte le plus
solennel et le plus favorable de la société ; c'est celui
auquel il est le moins permis de déroger, puisque
l'intérêt d'un tiers s'y trouve mêlé.

. . . .

Et, si un mâle ne peut pas renoncer valablement à une
succession à échoir qui est incertaine, il peut bien
moins encore se départir d'avance d'une institution
d'héritier qui lui assure la succession (1). »

§ 3. — *Instituants et institués.*

Nul ne pouvait être *instituant*, c'est-à-dire faire une
institution contractuelle, qu'à la condition d'être capable
de contracter et d'avoir le droit de transmettre sa
succession à des héritiers : « Il est évident qu'une
institution contractuelle ne peut être faite que par ceux
qui ont le droit de transmettre leur succession à des
héritiers : c'est pourquoi ceux qui ont perdu la vie
civile ne peuvent faire d'institution contractuelle. Les
aubains n'ayant pas le droit de transmettre leur succession, si ce n'est à leurs enfants français, il s'ensuit
qu'ils ne peuvent instituer, par contrat de mariage,

1. Chabrol sur la coutume d'Auvergne, ch. xiv, art. 26, sect. vii.

d'autres personnes que leurs enfants français (1). »

Relativement aux *institués*, je reconnais avec Pothier que « le droit de succession active étant, aussi bien que celui de succession passive, un droit propre aux citoyens, il s'ensuit qu'on ne peut, par ces institutions contractuelles, instituer ni ceux qui sont morts civilement, ni ceux qui ne jouissent pas des droits de citoyen, tels que sont les aubains (2). » Mais, voulant préciser davantage, j'ajoute qu'une *institution contractuelle* ne pouvait avoir pour objet *que des mariés et leurs descendants*; il n'était pas nécessaire que, dans une institution, on eût fait mention des descendants de l'institué, pour qu'ils fussent appelés à en profiter, au cas où leur auteur serait venu à décéder avant l'instituant. « Si l'institué ne survit pas aux instituants, dit Chabrol, ses enfants, appelés ou non par l'institution, la recueillent sans difficulté. . . . .

. . . .

. . . .

On ne doute plus aujourd'hui que l'institution d'héritier ne saisisse les enfants, lorsque le père a précédé l'instituant (3). » Les enfants de l'institué ne recueillaient la succession de l'instituant ni par *transmission* ni par *représentation*, mais en vertu d'un droit qui leur était propre *jure suo* (4).

Enfin les enfants à naître de ceux qui contractaient un mariage pouvaient être institués directement, prin-

---

(1) Pothier, cout. d'Orléans, introd. au tit. XVII des *Droits de succession*. Append., § 11.

(2) Loc. jam cit.

(3) Cout. d'Auvergne, chap. XIV, art. XXVI, sect. III. — Conf. arrêt d'Albiat du 16 juillet 1613, rapp. par Brodeau sur Louet, lett. S, somm. 9, n° 13; Lebret, liv. III, décis. 3.

(4) Lebrun, *des Inst.*, n° 35; Aur. sur Bourb., art. 219, n° 37.

cipe que l'on exprimait en disant que l'institution pouvait avoir lieu au profit des mariés ou de leurs descendants.

« La simple promesse portée par un contrat de mariage, d'instituer héritier, vaut vraie institution ; c'est le juste et raisonnable effet qu'on peut donner à une telle promesse, et la faveur de l'acte qui contient une telle promesse lui donne toute la réalité d'une entière consommation (1). »

Je veux terminer ces trop longs développements de l'*institution contractuelle* par quelques lignes empruntées à M. Dalloz, qui en résument si parfaitement la physionomie, que je cède volontiers au désir de les reproduire ici :

« Elle n'était pas une donation, puisqu'elle laissait à l'instituant la faculté de vendre, d'échanger, d'hypothéquer, le tout sans fraude, et qu'ainsi elle était exclusive du dépouillement actuel, caractère essentiel de la donation. Elle n'était pas non plus une donation à cause de mort, puisqu'elle participait au bénéfice de l'irrévocabilité, sauf le cas de survenance d'enfants à l'instituant, ce qui même faisait difficulté dans quelques coutumes. Ses traits généraux étaient qu'elle ne pouvait être faite que par contrat de mariage; que si l'institué mourait avant l'instituant, elle devenait caduque; que si cet institué, dans ce cas, laissait des enfants, ils étaient appelés, par l'effet d'une substitution vulgaire sous-entendue en leur faveur, à recueillir le bénéfice de l'institution (2). »

(1) Bourjon, *Droit commun de la France*, t. II, p. 70.—Conf., Basset, t. I, liv. V, tit. II, chap. IV ; Lebrun, *Successions*, p. 159, nomb. 13.
(2) Rec. Alph., v° *Disp. entre-vifs et test.*, n° 36.

ARTICLE II.

SUBSTITUTIONS CONTRACTUELLES.

A côté de l'*institution contractuelle* apparaissent les *substitutions contractuelles*. Rien de plus simple que le rapport qui existe entre ces dernières conventions et la précédente, rapport qui indique suffisamment pourquoi les explications qui les concernent ont dû trouver place dans cette première section.

Qu'est-ce, en effet, qu'une *substitution*, sinon « une institution d'héritier faite au second degré, ou autre plus éloigné (1)? »

On connaissait, en pays de coutumes, deux sortes de *substitutions* parfaitement distinctes, à savoir :

1° Les substitutions vulgaires ou directes, par lesquelles on désignait un nouvel héritier, pour le cas où celui qui avait été institué ne profiterait pas de l'institution ;

2° Les substitutions fidéicommissaires, par lesquelles on chargeait l'héritier institué de restituer à personnes dénommées tout ou partie de la succession qu'on lui conférait.

Avait-on employé le terme général *substituer*, on estimait qu'il y avait coexistence des deux substitutions, ce que l'on appelait une substitution *compendiaire* (2).

Les *substitutions vulgaires* et *fidéicommissaires* étaient *simples* ou *graduelles : simples*, lorsqu'elles n'avaient

---

1) De Ferrière, *Dict. de droit*, v° *Substitution*.

(2) V. Pothier, XII, *Trait. des substitutions*, art. prélim. — Les substitutions appelées *compendiaires* par Pothier sont désignées par Coin-Delisle sous le nom de substitutions *compendieuses*. Comment. anal. du Code civil. *Donat. et test.*. p. 8, note.

qu'un degré; *graduelles*, quand elles en avaient plusieurs.

Maintenant que nous savons ce que l'on entendait, en général, par *substitutions*, voyons dans quelle mesure il était permis de faire des *substitutions contractuelles*.

Il résulte de ce que nous avons vu précédemment que toute *institution contractuelle* renfermait une *substitution vulgaire tacite* au profit des descendants de l'institué : « Lorsque quelqu'un, dit Pothier, institue héritier par contrat de mariage l'un des futurs conjoints, il est présumé lui avoir tacitement substitué, par substitution directe vulgaire, les enfants qui lui naîtront de ce mariage (1)..... » Dès lors que la substitution vulgaire était *tacitement* comprise dans les institutions contractuelles, il est à peine utile de dire qu'elle y pouvait être expressément formulée : « Suivant le droit général du royaume, écrit de Laurière, on peut faire, par contrat de mariage, des substitutions directes d'héritier en faveur des descendants des conjoints (2). »

De même que la *substitution vulgaire*, la *substitution fidéicommissaire* était permise par contrat de mariage.

La *substitution fidéicommissaire* pouvait être fort utile aux enfants de l'institué qui en étaient l'objet : « Lorsque, disait-on, celui qui institue par contrat de mariage un des futurs conjoints, le charge de restituer les biens qui lui viendront de sa succession aux enfants qui naîtront de ce mariage, cette disposition faite en leur faveur......... empêche l'héritier institué d'aliéner les biens sujets à restitution, au préjudice des enfants substitués (3). »

1) Id auct., *Cout. d'Orléans*, introd. au titre XVII des *Droits de succession*, 28.

(2) Inst. contr., ch. VII, cxxxv.

(3) De Ferrière, *Dict. de droit*, v° *Inst. contr.*

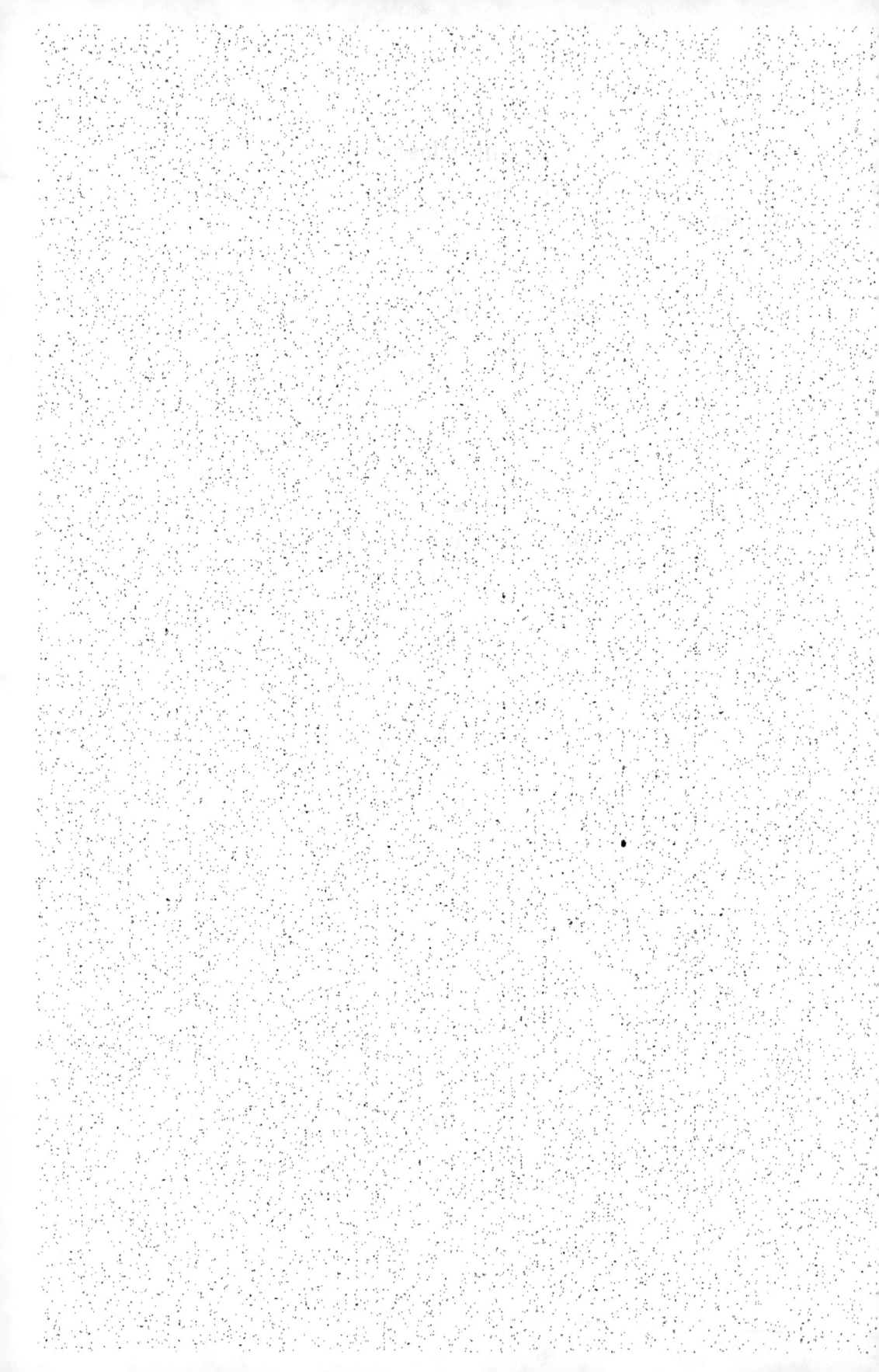

De Laurière signale entre les substitutions *vulgaires*
et fidéicommissaires faites par contrat de mariage cette
différence importante, que les dernières peuvent seules
profiter à des étrangers; car « il n'y a nulle difficulté
qu'on les peut faire par contrat de mariage au profit
d'étrangers, en grevant celui des mariés qui a été
institué, ou ses enfants, en cas que ses enfants n'aient
point d'enfants, de restituer à ceux de quelque famille les biens donnés..... (1). » — « Nous devons, dit
Coin-Delisle, faire cette observation qu'il ne se trouve
pas un seul exemple de substitution au profit d'un
étranger faite au préjudice des enfants du mariage en
contemplation duquel se faisait l'institution. Nos pères
avaient inventé ces dispositions pour faire prospérer
le mariage, et leur bon sens suffisait pour empêcher
les restrictions contraires à ce but respectable. Les
substitutions avaient alors pour objet de faire passer
les biens donnés à une autre branche de la famille,
quand la postérité du donataire s'éteignait (2). »

Nous avons dit, en commençant cet article, que les
substitutions contractuelles pouvaient être *graduelles*.
C'est surtout en matière de substitutions fidéicommissaires que ce droit offrait un très-grand intérêt; car
l'usage si fréquent qu'on en faisait n'avait alors d'autre
but que l'agrandissement rapide des fortunes par leur
concentration entre les mains des aînés. « C'est ordinaire, dit Boucheul, que les substitutions par contrat de
mariage graduelles entre et au profit des aînés mâles
et descendants (3). »

(1) Inst. contr., chap. vii, xxvi.
(2) Comment. anal. du Code civ., Donat. et test., art. 1082, 48.
(3) Conv. de succéder, v° *Subst. contr.*, 17.

Relativement au nombre de degrés que pouvaient comporter les substitutions fidéicommissaires contractuelles, il y eut successivement bien des changements. Au commencement, ces dispositions n'étaient limitées que par la volonté de leur auteur. Mais c'était là une liberté trop dangereuse et trop immorale pour qu'elle pût demeurer toujours.

« Le premier remède apporté aux nombreux inconvénients de cette institution fut l'ordonnance d'Orléans de janvier 1560, due au génie du chancelier de l'Hôpital, qui, pour couper la racine à une foule de procès qui s'élevaient en cette matière, défendit (art. 59), pour l'avenir, de substituer au delà de deux degrés après la première disposition. Cette défense fut confirmée par l'art. 57 de l'ordonnance de Moulins, de février 1566, qui disposa, en outre, que les substitutions faites antérieurement à l'ordonnance d'Orléans seraient restreintes au quatrième degré, outre l'institution (1). »

Enfin, l'illustre chancelier d'Aguesseau fit rendre l'ordonnance du mois d'août 1747, dont l'art. 30 renouvela la défense de substituer au delà de deux degrés, qui avait été formulée pour la première fois dans l'ordonnance d'Orléans. Tel fut, dans notre ancien droit, le dernier état des substitutions.

(1) Dall. Alph., v° *Substitution*, 10.

ARTICLE III.

CLAUSE D'ASSOCIATION IMPOSÉE COMME CONDITION A UNE INSTITUTION CONTRACTUELLE.

C'était « l'équipolent d'une institution contractuelle au profit d'autres personnes que les mariées (1). »

En principe, on ne pouvait instituer valablement les non contractants; mais on atteignait le même but par une voie détournée, en mettant pour condition à l'institution que l'institué s'associerait, pour telle portion que l'on indiquait, une personne déterminée.

« Les institutions d'héritier sont susceptibles de condition et de modification, et l'instituant est libre d'attacher à sa libéralité les conditions qu'il juge à propos ; il peut donc associer un non contractant à l'institution (2). »

Brodeau (3) et Auroux (4) considéraient cette clause comme très-licite. Elle devint fort usitée.

Des auteurs se sont demandé si les enfants de l'associé prédécédé bénéficiaient de l'association, de même que les enfants de l'institué profitent, en pareil cas, de l'institution. La négative leur paraît évidente, et ils appuient leur opinion sur deux raisons qui me paraissent, en effet, très-sérieuses. D'abord, disent-ils, tout le monde sait qu'en droit l'héritier de l'associé n'est point associé. Ensuite, les enfants de l'institué puisent la faveur dont ils sont l'objet dans le contrat de mariage, titre qu'ils ont de commun avec leur au-

(1) Lebrun, *Successions*, liv. iii, chap. ii, xiii.
(2) Chabrol *sur les cout. d'Auvergne*, chap. xiv, art. xxvi, sect. iii.
(3) Sur Louet, lettre S, somm. 9, n° 11.
(4) Sur Bourb., art. 219, n° 28, et art. 221, n° 8.

teur ; tandis que les enfants de l'associé non contractant, étant, comme lui, entièrement étrangers au mariage, ne peuvent revendiquer les priviléges qui s'y
rattachent (1).

A la différence de l'*institution contractuelle*, la *clause
d'association* était toujours révocable. Elle était assi-
milée, sous ce rapport, à toutes les charges dont l'institution avait été grevée par l'instituant, et dont il était
bien libre de faire remise à l'institué.

ARTICLE IV.

DONATION DE BIENS A VENIR.

Non-seulement la donation de biens à venir pouvait
être universelle et à titre universel, cas auxquels elle
portait, comme nous l'avons vu, le nom d'*institution
contractuelle*, mais elle pouvait encore n'avoir lieu qu'à
titre particulier, c'est-à-dire ne comprendre qu'une
somme fixe, ou un effet déterminé ou désigné par sa
nature. Le donataire n'avait évidemment droit aux objets compris dans une semblable donation qu'autant
qu'on les rencontrait dans la succession du donateur ;
car, de même que celui qui avait fait une institution
contractuelle, le donateur de biens à venir avait le
droit d'aliéner sa fortune à titre onéreux.

« Dans ce cas, ce n'est pas une institution contractuelle, mais une donation qui en a certains effets, et qui
reçoit dans la pratique le nom bizarre de *donation contractuelle* qu'on doit bannir de la langue du droit (2). »
Le nom de *donation contractuelle* pourrait, en effet, s'ap-

(1) V. Chabrol, *loc. jam cit.*
(2) Coin-Delisle, *loc. cit.*, 14.

pliquer aussi bien aux donations de biens présents qu'à celles de biens à venir.

De même que l'*institution contractuelle*, la donation de biens à venir était caduque par le prédécès du donataire sans enfants. Ces donations étaient très-usitées, ainsi qu'on peut s'en convaincre par la lecture d'un grand nombre d'arrêts (1).

ARTICLE V.

DONATION UNIVERSELLE DE BIENS PRÉSENTS ET A VENIR.

L'ordonnance de 1731 (art. 15), en prohibant la donation universelle de biens présents et à venir partout ailleurs que dans le contrat de mariage, mit fin à une grande controverse qui s'était élevée depuis longtemps entre tous les légistes de notre pays. « Ce point, disait Boucheul, est diversement agité, si ces donations de tous biens présents et futurs sont valables (2). »

Ce fut certainement à leur analogie avec les institutions d'héritier que ces donations durent leur nouvel état. « Le rapport, sans doute, qu'elles ont avec les institutions d'héritier, a contribué à les faire rejeter dans tout autre acte que le contrat de mariage : le législateur a pensé que les institutions d'héritier qui sont autorisées par le droit commun et la jurisprudence

_____

(1) V. arrêt du 11 février 1735, Denisart, n° 13; arrêt du 9 avril 1735, rapport. par Cochin, 101, mém.; arrêts des 12 décembre 1736, 29 février et 30 août 1760, Nouv. Denisart, v° Donal. par contrat de mariage, § 2, n° 2; arrêt du 21 mai 1737, Denisart, n° 12; arrêt du 20 août 1736, Denisart, n° 11; arrêt du 7 mai 1770, Denisart, v° Donal., n° 32; arrêts des 12 mars 1759 et 29 février 1760, Denisart, n° 18 et 19.

(2) Convent. de succéder, ch. xxv, 19.

générale ne peuvent être faites que par contrat de mariage, et que les donations de biens présents et à venir ne doivent pas avoir plus de privilége, puisqu'à peu de chose près, elles ne sont que des espèces d'institutions d'héritier (1). » Ricard est d'avis qu'elles n'en diffèrent presque que de *nom* (2).

Dans les donations de biens présents et à venir, de même que dans les institutions contractuelles, le donataire ne devient héritier qu'autant qu'il survit au donateur, et, ainsi que cela a lieu pour l'institution, la donation devient caduque lorsque le donataire décède sans enfants avant le donateur (3).

Les enfants du donataire, comme ceux de l'institué, recueillent les biens donnés *jure suo*, et alors même qu'ils ne sont pas les héritiers de leur père.

Mais voici ce qui distingue essentiellement la donation de biens présents et à venir de l'institution contractuelle. Dans la première, le donataire a le droit, à la mort du donateur, de séparer les biens présents, au moment de la donation, de ceux acquis plus tard, et que nous appelons les biens à venir. Cette renonciation aux biens à venir, de la part du donataire, lui procure

(1) Chabrol sur Cout. d'Auvergne, chap. 11, art. XXVI, sect. 13.
(2) Trait. des donations, part. 1, n° 1063.
(3) Ainsi que Ricard a eu soin de le faire remarquer (*Donat.*, part. 3, n° 827), les donations entre-vifs de biens présents et à venir « participent en quelque chose de la donation à cause de mort, particulièrement en ce que l'exécution en est remise après la mort du donateur; » elles diffèrent, sous ce rapport, des donations entre-vifs de biens présents et à venir pratiquées en droit romain, lesquelles, comme nous l'avons vu, obligeaient le donateur à exécuter lui-même son engagement : « *Cogetur donatorem legis nostræ auctoritate tantum quantum donavit præstare* (l. 33, § 1, C., *de donat.*); » et les héritiers du donataire succédaient à ses droits, de même que ceux du donateur succédaient à ses obligations (l. 33, 15, C., *de donat.*).

l'immense avantage d'éviter les dettes et charges qui ont pour point de départ une date postérieure à celle de la donation (1).

L'héritier institué doit, au contraire, recueillir les biens tels qu'il les trouve au décès de l'instituant.

La faculté exceptionnelle qui appartient au donataire de biens présents et à venir ravit au donateur un droit que conserve l'instituant. Car le donateur ne peut faire aucune aliénation définitive des biens présents, soit à titre gratuit, soit à titre onéreux, celles-ci devant être considérées comme nulles et non avenues aussitôt que le donataire usera de son droit d'option.

Il est évident que ce privilége est personnel aux conjoints et à leurs descendants, puisque les donations de biens présents et à venir, pas plus que les institutions contractuelles, ne peuvent passer aux collatéraux de l'institué ou du donataire.

ARTICLE VI.

DONATIONS DE BIENS A VENIR ET DE BIENS PRÉSENTS ET A VENIR ENTRE FUTURS ÉPOUX PAR CONTRAT DE MARIAGE.

Les donations de biens à venir et de biens présents et à venir étaient permises entre futurs époux par contrat de mariage. « On ne croit pas qu'on pût prétendre en coutume d'Auvergne, non plus qu'ailleurs, qu'un mari majeur ne fût en droit de donner ses biens présents et à venir à sa femme par leur contrat de mariage; il en serait de même de la femme, en la supposant pareillement majeure (2). »

Ces donations, dont nous connaissons maintenant le

(1) V. Ordonnance de 1731, art. 17.
(2) Chabrol sur la cout. d'Auvergne, chap. XIV, art. XXXIX.

caractère général, sont, dans le cas particulier dont
nous nous occupons, également caduques par le décès
du donataire avant le donateur, lorsqu'il meurt sans
postérité, et transmissibles aux enfants issus du mariage. J'insiste particulièrement sur ce dernier point,
parce que nous verrons plus tard qu'il a été modifié par
le Code Napoléon. Il importe aussi de remarquer que
ces dispositions se distinguent, dans notre hypothèse,
de celles dont nous avons parlé précédemment, en ce
qu'elles ne sont pas révocables par survenance d'enfants. « C'est, dit Boucheul, entre les conjoints par
mariage que le don est fait l'un à l'autre; leur qualité
leur fait envisager les enfants en pensée et comme s'ils
en avaient, *cogitationem liberorum* ; et, à cause de ce, l'on
doit croire qu'ils ne laisseraient pas de se faire donation, quoiqu'ils eussent des enfants, d'autant plus que,
quand les conjoints se font donation l'un à l'autre,
c'est dans la vue et dans l'espérance que le survivant
conservera les choses données à leurs enfants (1). »

_____

(1) *Convent. de succeder*, chap. XXXV, 18 et 19. — Conf. arrêt
du 25 mai 1635, rapp. au *Journal des audiences*, t. 1, liv. 1, ch. LXII;
arrêt du 12 mars 1680, rapp. au *Journ. du Palais*, part. 8.

SECTION II.

RECONNAISSANCES ET DÉCLARATIONS D'AÎNÉ ET HÉRITIER PRINCIPAL.

Élections d'héritier.

ARTICLE PREMIER.

RECONNAISSANCES ET DÉCLARATIONS D'AÎNÉ ET HÉRITIER
PRINCIPAL.

On distinguait deux sortes de reconnaissances et
déclarations d'aîné et héritier principal.

Dans les coutumes d'Anjou, du Maine, de Touraine
et du Loudunais, elles avaient été surtout créées afin
de faire disparaître de graves abus dont étaient victimes les filles qui épousaient des aînés de familles
nobles. « Il arrivait dans ces provinces que des filles
riches épousaient des aînés de familles nobles dans l'espérance qu'ils auraient un jour les portions avantageuses qu'ils devaient avoir, suivant les coutumes,
dans les successions de leurs pères et mères. Mais les
filles se trouvaient souvent trompées, parce que les
pères ou les mères vendaient leurs biens pendant leur
vie. Il fallut prévenir ces fraudes, et l'on ne trouva
point pour cela de moyen plus sûr que d'obliger les
pères ou mères nobles, en mariant leurs aînés, de les
instituer héritiers pour les portions avantageuses qu'ils
auraient eues dans leurs successions, si elles étaient
échues dans le temps de leur mariage; ou, ce qui est
la même chose, on obligea les pères et mères de les
marier déclarément comme aînés et principaux héri-

tiers (1). » De Laurière, auquel j'ai emprunté ces détails, définit ainsi ce genre de disposition : « La reconnaissance du fils aîné et principal héritier est une institution d'héritier faite en faveur d'un fils aîné dans son contrat de mariage, par laquelle son père ou sa mère dispose, à son profit, des parts avantageuses qu'il aurait eues dans leurs successions, s'ils étaient décédés dans le temps de son mariage (2). »

Dans la coutume de Paris et autres semblables, également muettes sur les *pactes de successions*, non-seulement on avait reçu les *reconnaissances et déclarations d'aîné et principal héritier*, dont nous venons de parler, mais, suivant une ancienne jurisprudence, il avait été établi « que, quand un père noble avait un aîné incapable de lui faire honneur et de soutenir son nom, il pouvait transmettre le droit d'aînesse à son fils puîné.

. . . .

. . . .

Il arrivait..... qu'un père de famille illustre, qui avait un aîné dans le sacerdoce, ou incapable de l'exercice des armes et de porter honorablement son nom, mariait son puîné, et, comme l'intention était de transmettre à ce puîné le droit d'aînesse, on l'instituait, en le reconnaissant ou déclarant par son contrat de mariage aîné et principal héritier (3). »

Les premières coutumes que nous avons citées interdisaient aux pères et mères qui avaient fait une reconnaissance et déclaration d'aîné et principal héritier toute espèce d'aliénations, excepté cependant

(1) De Laurière, *Inst. contr.*, t. 1, ch. 1, XXV.
(2) *Inst. cout.* de Loisel, liv. 11, tit. IV, x, note de de Laurière.
(3) De Laurière, *Inst. contr.*, tit. 1, chap. 1, XXXII.

quand il y avait nécessité absolue : « Homme ou femme noble qui marie son héritier principal..... déclarément comme son héritier principal... ne peut..... rien vendre, donner, transporter, ne aliéner de son héritage à quelque personne que ce soit, de telle portion comme il en serait escheu aux héritiers principals..... au temps dudit mariage, si le dit homme et femme noble qui ont ainsi marié leur dit héritier..... estoient trespassez. Sauf en aucuns cas; c'est à sçavoir pour l'extreme nécessité de vivre, et pour la rédemption de leurs corps (1). »

Dans les coutumes de la seconde catégorie, sous l'empire de la jurisprudence que nous avons fait connaître, on considérait les reconnaissances et déclarations d'aîné et principal héritier comme des *institutions contractuelles*, et on laissait à leurs auteurs la même latitude qu'aux instituants (2). »

ARTICLE II.

ELECTIONS D'HÉRITIERS.

« On voit souvent que, dans les contrats de mariage, les mariez ou autres instituent, ou autrement font de dispositions en faveur des aînez, ou autres enfants mâles qui naîtront dudit mariage, tel que le survivant voudra élire (3). »

Un des futurs époux pouvait, dans son contrat de mariage, instituer héritier celui de ses enfants qu'il lui

(1) Maine, art. 262; conf. Anjou, 215; Tours, 252; Loud., ch. XXVI, art. 4.
(2) J. de Laurière, *Inst. contr.*, chap. V, XIII, XIV et suiv.
(3) Boucheul, *Conv. de succéder*, chap. IV, in princ.

plairait un jour de choisir; ou encore instituer son futur conjoint, à la charge par lui de restituer plus tard à celui de ses enfants qu'il lui conviendrait d'élire (1).

On était libre d'exercer la faculté d'élire par quelque acte que ce fût. Elle était purement personnelle à celui qui en était chargé et ne se transmettait point à ses héritiers. Celui-ci pouvait cependant user de son droit par l'intermédiaire d'un procureur spécial (2).

« C'est entre conjoints et au survivant que le pouvoir a été délaissé d'élire un de leurs enfants.

. . . .

. . . .

. . . . Le survivant ne le perd pas, quoiqu'il passe à de secondes noces; parce que ce n'est que *nudum ministerium*, le survivant ne fait qu'exécuter les voluntez du défunt, et n'exerce point de libéralité à cet égard.... (3). »

Ce pouvoir se perdait, au contraire, pour celui qui avait été chargé d'élire, lorsqu'un temps déterminé lui ayant été imposé, il l'avait laissé s'écouler sans agir : les choses se passaient alors de la même manière que si, ayant la plus grande latitude, il était décédé naturellement ou civilement sans avoir fait d'élection, c'est-à-dire que, dans l'un et l'autre cas, l'objet de l'institution se partageait entre tous les appelés.

(1) V. de Ferrière, *Dict. de droit et de pratique*, v° *Élection d'héritier.*
(2) V. Fernand, *Trait. de pact. conv.*, chap. ix, nomb. 9, et Henrys, t. ii, liv. v, quest. 12.
(3) Boucheul, *Convent. de succéder*, chap. iv, 12.

SECTION III.

DES RENONCIATIONS DES FILLES AUX SUCCESSIONS NON ÉCHUES DE LEURS PÈRES ET MÈRES.

C'est particulièrement au sujet de ces conventions que s'est manifestée la préférence de nos coutumes féodales pour le droit de *masculinité*. Ce droit avait été consacré autrefois par les lois barbares, qui n'avaient fait que se conformer, sous ce rapport, aux plus anciennes traditions historiques. Aussi loin, en effet, que peuvent plonger nos regards dans le vaste horizon des temps anciens, ce que nous apercevons de toutes parts, c'est le règne de la force. Quant au sexe le plus faible, il devait nécessairement alors se trouver dans une intolérable situation.

À l'égard de la femme, le genre humain semblait n'avoir conservé que le souvenir de la fatale malédiction prononcée contre elle, pour avoir causé sa déchéance primitive. Cette idée fut reproduite par les plus grands esprits. Pour Hésiode, la femme est un beau mal, le plus funeste présent que les dieux aient fait à la terre (1). Eschyle dit : que c'est un sexe haï des sages, le fléau de la famille et de l'État (2) ; Hippocrate, une nature perverse, irrésistiblement entraînée au mal (3) ; enfin Platon ose appeler la femme une créature à peine supérieure aux animaux dépourvus de raison (4).

(1) *Les Travaux et les jours*, vers 589 à 600.
(2) *Sept Chefs devant Thèbes*, vers 172.
(3) Tome II, p. 910.
(4) *Traité des lois*.

Seule, la doctrine des Hébreux enseignait que , si la femme avait perdu le genre humain, elle devait contribuer à le racheter. Les saintes Écritures sont pleines de sages conseils tendant à faire attribuer à la femme, au milieu du monde, un rôle bien différent de celui qu'elle occupait parmi les Gentils : « Enfant, disaient-elles, honore ta mère tous les jours de ta vie : n'oublie jamais ce qu'elle a souffert pour toi, lorsqu'elle te portait dans son sein (1). La malédiction d'une mère renverse la famille jusque dans ses fondements (2). »

« Il est certain, a dit M. Cousin, que l'antiquité avilissait la femme (3). »

Chez les Romains victorieux, « la famille..... était faite à l'image de l'État ; mais c'était une dictature qui ne fléchissait jamais (4). » Plus tard, « en s'asseyant sur le trône impérial, le christianisme proclama l'égalité civile entre l'homme et la femme, sous les seules distinctions qu'exigeait le maintien de l'ordre et de l'harmonie domestique (5). »

Au moyen âge, tandis que des guerres lointaines mettaient à l'épreuve le dévoûment de la femme, « sa faiblesse et ses périls, sa beauté et ses vertus firent naître un sentiment inconnu de l'antiquité. Mélange d'amour, de respect et d'admiration, il fit des héros sans peur et sans reproche (6). » Mais à cette même époque, et principalement dans les hautes régions de

(1) Tobie, IV. 2.
(2) Ecclésiaste, III. 11.
(3) Traduction de Platon, argument.
(4) *Mémorial des Pyrénées*, n° du 5 novembre 1861. Discours de rentrée de M. Espinasse, avocat général à la Cour impériale de Pau.
(5) Id. auct. eod. loc.
(6) Id.

la société française, dominait sur tous les autres un sentiment qui a marqué longtemps son empreinte dans notre législation, et qui n'avait d'autre mobile que de jeter sur le nom des familles le plus grand prestige en accumulant entre les mains d'un seul la majeure partie du patrimoine héréditaire. « Cela ne se peut faire, disait un auteur en parlant du droit d'aînesse, dans la personne des filles, puisque le nom de leur famille se perd quand elles se marient ; d'ailleurs, a-t-il ajouté, en faisant allusion au caractère distinctif de cette période de notre histoire nationale, « les femmes ne sont nées que pour le ménage et non pas pour conduire des armées et pour combattre (1). »

Aussi n'étaient-ce pas seulement les aînés qui étaient préférés aux filles, mais tous les enfants mâles.

Je reviens à la renonciation aux successions futures. C'était là, je le répète, une des applications pratiques de cette prédilection pour les mâles de notre droit coutumier. Ce qui a fait dire à l'un de nos anciens jurisconsultes : « Telles renonciations ont aussi été autorisées en faveur des mâles, pour la conservation des familles, lesquelles subsistent principalement par les mâles... (2). »

« Nos ancêtres, a écrit un autre légiste, ont apporté tout ce qu'ils ont pu pour conserver le bien à leurs familles. . . . . La pluspart de nos coutumes ont exclu les filles de tout droict successif, d'autant qu'elles passent en une autre famille, et qu'elles n'apportaient que ruine et dommage

---

(1) De Ferrière, *Dictionn. de droit*, v° *Droit d'aînesse*.
(2) Renusson, *Traité des propres*, chap. II, sect. VI, 0. — Legrand sur l'art. 90, glos. 2, nomb. 59 et suiv. de la coutume de Troyes.

à celle de laquelle elles sortaient. . . . .
Nous avons receu par tout le royaume de France,
dit toujours le même auteur, non-seulement en pays
coutumier, mais mesme en pays de droit escrit, les
renonciations des filles faites par leur contrat de mariage aux successions futures de leurs pères et mères,
encore que mineurs, et qu'elles n'eussent leur légitime,
et que ce soit contre la disposition du droit romain, qui
réprouve *omnes pactiones de futura successione...* (1). »

« La raison, nous dit à son tour Pothier, qui a fait
établir ces renonciations, a été pour conserver les
biens dans la famille de celui à la succession de qui on
fait renoncer les filles au profit des mâles, et soutenir,
par ce moyen, la splendeur du nom (2). »

Le pape Boniface VIII, dans le chapitre II, *de pactis*,
au sixième livre de ses Décrétales, avait été le premier
à autoriser ces renonciations, mais à la condition
qu'elles fussent entourées de tant de garanties, qu'on
dût nécessairement les considérer comme étant l'expression vraie de la libre volonté de leurs auteurs.
Voici, en effet, dans quels termes il s'exprimait :
« *Quamvis pactum patri factum a filia, dum nuptui trade-
batur, ut, dote contenta, nullum ad bona paterna regressum
haberet, improbet lex civilis, si tamen juramento non vi,
nec dolo præstito, firmatum fuerit ab eadem omnino servari
debebit...* »

Le droit canon se trouvait donc en contradiction
formelle avec le droit romain, ainsi qu'on peut s'en
convaincre en lisant la loi 3, au C., *de collat.*, et la loi 16
et dernière, au Dig., *de suis et legit.*

---

(1) Leprestre. — Bouch., *Conv. de succéder*, chap. XX, 6.
(2) Pothier, *Traité des successions*, chap. I, art. IV, quest. VI, t III.

Un grand nombre de nos coutumes autorisaient expressément les renonciations aux successions futures des pères et mères qui mariaient et dotaient leurs filles. Telles étaient les coutumes du Poitou, art. 221; d'Estampes, art. 114; de Péronne, art. 206; de Bordeaux, art. 67; de Sens, art. 267; de Montargis, tit. 12, art. 1; et de Berry, tit. 10, art. 33 et 34. Dans d'autres, elles étaient reçues, bien qu'on n'en parlât pas. La règle générale était que les renonciations, pour être valables, n'avaient nul besoin d'être confirmées par serment. La coutume de Bordeaux faisait pourtant exception sur ce point, ainsi que nous l'apprend son art. 67, qui est ainsi conçu : « Si le père baille dot à sa fille, et au contrat de mariage, elle renonce aux biens paternels avec serment, soit majeure ou mineure, ne pourra venir à la succession de son père. »

Voulant résumer les principes qui firent adopter par notre ancienne législation les renonciations aux successions à échoir, je dirai avec un auteur déjà cité : « Notre droit français ne s'est pas..... conformé au droit canon, qui semble n'autoriser les renonciations que par la religion du serment; le serment, parmi nous, n'opère rien à l'égard des renonciations, et sans serment elles ne laissent pas de valoir. . . . .

. . . .

» Mais notre droit français a autorisé les renonciations des filles aux successions futures par contrat de mariage par d'autres raisons; cela s'est premièrement autorisé dans les familles nobles en faveur des mâles, et, dans la suite, dans les familles roturières aussi, en faveur des mâles.

» On a trouvé raisonnable de les autoriser parce que l'événement en est incertain, *dubius est bonorum even-*

6

tus : une succession peut augmenter, peut diminuer ; on présume que les père et mère qui ont marié leurs filles et qui leur ont constitué une dot, quelque modique qu'elle soit, ont suffisamment pourvu à leur établissement (1). »

Il est un autre motif, et des plus importants, qui a fait approuver les renonciations dont nous parlons par la coutume générale de France : c'est, d'après Renusson, « qu'elles ne sont point contre les *bonnes mœurs* et n'ont rien d'*odieux ;* on ne peut pas dire qu'il y ait *totum captandæ mortis ;* telles renonciations n'induisent pas vœu ni désir de la mort du père (2). »

N'y avait-il bien que les filles qui pussent renoncer aux successions futures des père et mère ? A en croire M. Charles du Moulin, sur les coutumes du Berry, tit. 10, art. 33, qui se sert de l'expression générale d'*enfants,* il faudrait l'entendre aussi bien des *mâles* que des *femelles.* Les coutumes de Sens et de Montargis emploient le même terme que celle du Berry. Celles de Poitiers, d'Estampes, de Péronne et de Bordeaux ne parlent au contraire que des filles.

Pothier résout ainsi la difficulté pouvant résulter de la généralité du *mot* que l'on rencontre dans certaines coutumes : « Quelquefois les mâles puînés renoncent au profit de leur frère aîné. La même raison de soutenir le nom, en conservant l'intégrité des biens à un seul, se rencontre dans ces renonciations comme dans celles des filles. » Puis il ajoute : « C'est contre la fin pour laquelle ces renonciations ont été établies qu'un enfant mâle renonce au profit des filles, ou même une

(1) Renusson, *Trait. des propres,* chap. 11, sect. vi, vii et viii. — Conf. Paul de Castres, conf. 101, quest. 7.
(2) Id. auct. eod. loc.

fille au profit d'une autre fille. C'est pourquoi Lebrun pense que ces renonciations ne doivent point être admises (1). »

Si l'intitulé de cette section indique qu'elle est spéciale aux filles, c'est, comme l'a dit Boucheul, par ce motif que « ce ne sont ordinairement qu'à l'égard des filles que les renonciations aux successions à échoir ont lieu (2). »

Lorsque, par contrat de mariage, une fille avait renoncé à la succession de ses père et mère, sans indiquer au profit de qui, elle était censée l'avoir fait au profit de ses frères germains. Il était logique de décider, excepté pour la coutume du Bourbonnais, dont l'art. 307 était expressément opposé à cette opinion, que les frères consanguins existant au moment de la renonciation devaient en bénéficier comme les frères germains.

La renonciation d'une fille en faveur d'*un tel*, son frère aîné, ne pouvait évidemment profiter qu'à lui. Quant à la renonciation faite sans plus ample désignation au profit du frère aîné, je crois que Pothier et Tiraqueau, contrairement à l'avis de Lebrun, ont eu raison de la présumer faite en faveur de celui qui aurait la qualité d'aîné lors de l'ouverture de la succession.

Si l'on demande à quelles successions futures pouvaient se rapporter les renonciations, il faut placer au premier rang celles des pères et mères qui mariaient et dotaient leurs filles; mais il faut ajouter qu'elles pouvaient également se référer à des successions *collatérales*.

---

(1) Pothier, *Traité des successions*, chap. I, art. IV, § III, quest. I.
(2) Bouch., *Cons. de succéder*, chap. XX, 131.

Or « ces renonciations aux successions des pères et mères, et collatérales à échoir, ne comprennent pour l'ordinaire et ne sont que de frères et sœurs et autres descendants des pères et mères qui ont stipulé la renonciation. . . . .

. . . .

» C'est-à-dire que la fille mariée et dotée par ses père et mère, et qui renonce aux successions, directes et collatérales, à échoir indéfiniment, et même quoique la clause porte qu'elle renonce à toutes successions collatérales à échoir, cette renonciation ne s'étend qu'aux successions des frères et sœurs de la fille qui renonce, et de leurs descendants des père et mère qui ont stipulé la renonciation, et non des autres successions collatérales, comme seraient les successions d'un oncle et autres collatéraux non descendants des dits père et mère (1). »

Les renonciations à successions futures, directes et collatérales, étaient pratiquées aussi bien dans les pays de droit écrit que dans ceux de coutume, sans que l'on exigeât la présence et le consentement des collatéraux à la succession desquels on renonçait : « Pour la validité d'une renonciation de cette sorte, il n'est pas requis que les collatéraux à la succession desquels l'on renonce soient présents et consentants, parce que la prévoyance des père et mère dans leur famille comprend les intérêts de tous leurs enfants nés et à naître, surtout par un contrat de mariage susceptible, comme dit est, de toutes sortes de conventions (2). »

Parmi les conditions principales auxquelles était

(1) Bouch., *Conv. de succéder*, chap. xx, 22.
(2) Id auct. loc. tract., 15.

subordonnée la validité des renonciations, se rou
le payement de la dot. « Il faut, dit Claude de Ferrière,
que la dot soit certaine, payée comptant, ou dans un
certain terme, et que le payement soit fait avant le
décès des père et mère; car, s'ils décédaient avant le
payement, la renonciation n'aurait point d'effet par
rapport au prédécédé. La raison est que la dot est le
prix de la renonciation ; c'est pourquoi il serait injuste
d'obliger les filles qui l'auraient faite à l'exécuter,
quand la dot promise n'a pas été entièrement rem-
plie (1). »

Le *quantum* de la dot n'était pas uniformément
fixé. Dans certaines coutumes, on se contentait de la
dot la plus modique. Il suffisait qu'une fille mariée
par ses père et mère reçût un *chapel de roses* pour
qu'elle ne pût venir à leur succession. « Le *chapel*, dit
l'annotateur de Ragueau, est icy une guirlande ou une
petite couronne que la fille portait à l'église pour y recevoir la bénédiction nuptiale, ce qui n'est point encore
tout à fait hors d'usage. Anciennement les guirlandes
étaient quelquefois d'or, et quelquefois elles étaient
d'argent, comme on peut voir dans les coutumes locales d'Auvergne, et, entre autres, dans celles d'Yssat
et la Torrete. »

» Ainsi Ragueau a très-bien observé que, dans les
coutumes d'Anjou, du Maine, de Touraine et du Loudunais, par *chapel de roses* on a voulu marquer un léger
don de mariage (2). »

---

(1) De Ferrière, *Dictionn. de droit et de pratique*, v° *Renonciation
à une succession non encore échue.*
(2) *Glossaire de droit français* par Ragueau, revu par Eus. de Laurière, v° *Chapel de roses.* — « C'est icy, dit Brodeau sur l'art. 258 de
la coutume du Maine, un mariage à la mode de Platon, lequel, au
liv. II de ses *Loix*, ne veut pas que le père donne rien en dot

Ragueau avait dit, en effet : « *Hoc tropice dictum est, cum filia perexiguam dotem accepit* (1). »

Ce chapel avait inspiré à l'auteur du roman de la Rose les vers suivants, dont le mérite, au point de vue de la poésie, échappe assez facilement au lecteur :

> Et se tu n'as si grant richesse
> Qu'avoir nes puisse, si te tresse,
> Et au plus bel te dois déduire
> Que tu pourras s'en toy détruire
> Chappel de fleurs qui petit coûte
> Et de roses à Penthecouste,
> Y ce puet bien chacun avoir
> Qu'il ne couste pas grant avoir (2).

En se reportant aux observations de du Pineau sur la coutume d'Anjou, on voit qu'il remarque que, dans les anciens coutumiers d'Anjou et du Maine, au lieu de *chappel de roses*, il y a une *voix* (3).

Des coutumes plus exigeantes que celles dont nous venons de parler, au nombre desquelles on peut citer les coutumes de Bourges, de Montargis et d'Orléans, voulaient que la dot égalât au moins la légitime. La jurisprudence des pays de droit écrit était conforme à ce dernier état de choses.

Pour les coutumes qui ne s'expliquent pas sur le point que nous examinons en ce moment, « il n'est pas nécessaire que la dot fournie égale la légitime..... (4). »

à sa fille. De mesme, par cet article, il la peut contenter par une guirlande et couronne de roses, lesquelles sont icy fort bien données en mariage, parce qu'elles sont les livrées de l'amour, dit Anacréon: τα ρόδον των έρωτων.

(1) Id. auct. cod. loc.
(2) V. id. auct. cod. loc.
(3) Du Pineau, *Observ. sur la cout. d'Anjou*, pag. 22, col. 1.
(4) Pothier, *Traité des successions*, chap. 1, art. iv, § iii, quest. iv.

Les renonciations à succession future cessent de valoir par diverses causes : 1° par l'inexécution de la promesse de la dot. La renonciation s'éteint alors, *deficiente causa propter quam facta est.*

2° Par le prédécès, entre le contrat de mariage et le mariage, de la personne à la succession de laquelle une fille a renoncé, parce que *dos sine matrimonio intelligi non potest.*

3° Par le prédécès sans enfants de la personne au profit de laquelle la renonciation avait été faite.

Il existait encore une quatrième cause d'extinction des renonciations, sur laquelle je m'expliquerai bientôt. Mais je veux d'abord dire un mot de ce que l'on appelait les *exclusions coutumières.*

D'après certaines coutumes, « les filles *nobles* qui avaient reçu de leurs ascendants une part quelconque de leurs biens étaient écartées de plein droit de leurs successions; une renonciation expresse était inutile dès qu'elles avaient reçu une dot... Dans ce cas, la renonciation était dite coutumière (1). » Je citerai particulièrement la coutume du Poitou, qui distingue d'une façon très-précise ces deux sortes de renonciations. D'après l'art. 220 de cette coutume, « quand la fille *noble* et de *noble condition* est mariée par ses père, mère, aïeul ou aïeule, ou l'un d'eux, et qu'ils lui donnent de leurs biens, il n'est point besoin qu'elle renonce aux successions de sesdits père, mère, aïeul ou aïeule, ou de celui d'eux qui l'a mariée et dotée; elle en est exclue *ipso jure* en faveur des *mâles.* Mais, au cas de l'article 221, quand la fille mariée est de *roturière* condition, parce que l'on ne considère pas de la même

(1) *Précis historique de droit français,* par Jules Minier.

façon la conservation des familles *roturières* que de celles
des *nobles*, la fille n'est pas excluse de la succession de
ses père et mère, si elle n'y a expressément renoncé
en son contrat de mariage. Elle n'en est excluse que *si
pacti* (1). »

L'exclusion des filles mariées n'avait pas le même
caractère dans toutes les coutumes. Ainsi, dans la coutume de Normandie, les filles mariées étaient exclues
de la succession de leur père, alors même qu'elles
n'avaient reçu aucune dot. Dans plusieurs coutumes,
il était indispensable que ce fût le père qui eût marié
pour que l'exclusion eût lieu; dans d'autres, au contraire, on n'attachait aucune importance à ce fait. Les
coutumes de Tours, d'Anjou et du Maine, comme celles
du Poitou, n'admettaient l'exclusion des filles mariées
qu'à l'égard des nobles, alors que, dans la coutume du
Bourbonnais, qui n'était pas seule à le décider ainsi,
on proclamait que l'exclusion devait s'appliquer indistinctement à toutes personnes. Enfin l'exclusion était
inconnue dans les coutumes de Paris et d'Orléans.

Je vais terminer maintenant ce qui concerne les renonciations à successions futures et les exclusions
coutumières par quelques réflexions sur la quatrième
et dernière cause d'extinction desdites renonciations,
que je n'ai fait qu'annoncer plus haut, parce qu'elle
s'applique aussi bien aux exclusions coutumières ou
renonciations tacites qu'aux renonciations expresses.
Qu'est-ce donc que cette cause d'extinction, qui porte
le nom de *rappel*?

Lebrun l'appelle « un remède... à l'exclusion coutumière des filles dotées, à la renonciation à succession

_____

(1) Boucheul, sur l'art. 220 de la coutume du Poitou.

future (1). » « L'usage du rappel, dit Merlin, est aussi ancien que celui de regarder les filles comme inhabiles à succéder tant qu'il y aura des mâles (2). » La loi salique proclamait que « *de terra salica nulla portio venit mulieri, sed ad sexum virilem tota terræ hæreditas pervenit* (3). » On rencontrait dans la loi ripuaire la même maxime, ainsi énoncée : « *Sed dum virilis sexus exstiterit, fœmina in hæreditatem non succedat.* » Marculphe, dans une de ses formules (4), nous représente un père stigmatisant ces lois rigoureuses et s'empressant d'y déroger. J'emprunte à Merlin (5) la traduction de cette formule : « C'est parmi nous une coutume ancienne, mais impie, que les sœurs sont exclues par leurs frères des biens paternels. Pour moi, frappé de cette impiété, comme vous m'avez tous été également donnés par le souverain Être, je veux que vous ressentiez aussi tous également les effets de mon affection, et qu'après ma mort vous partagiez entre vous, par portions égales, les biens que je laisserai..... »

« Le *rappel*, lorsqu'il est revêtu de la forme requise pour le faire valoir comme tel, lève, à l'égard de la fille, l'obstacle légal qui l'empêchait de venir à la succession, et, par conséquent, lui imprime la qualité d'héritière, comme si la coutume n'avait pas prononcé d'exclusion contre elle (6). »

(1) Lebrun, *Successions*, liv. III, chap. X, sect. I.
(2) Jurispr. gén., v° *Rappel à succession*, sect. III. princ.
(3) « Plusieurs ont cru que c'est sur ledit article de la loi salique qu'est fondée la coutume de ce royaume, qui exclut les filles de la couronne; c'est pourquoi ils l'ont appelée par excellence la loi Salique.— Quoi qu'il en soit, c'est un proverbe commun, que le royaume de France ne tombe point en quenouille.» *Dict. de droit et de pratique*, par de Ferrière, v° *Loi salique*.
(4) Form., liv. II, chap. XII.
(5) Loc. supr. cit.
(6) Merlin, *Jurispr. gén.*, v° *Rappel à succession*, sect. III, § III.

S'agit-il des renonciations expresses, « le bon sens, dit Bretonnier, dicte que le père et la mère qui ont stipulé la renonciation peuvent rappeler leur fille à leur succession; car cette fille, pour avoir renoncé, ne s'est pas rendue indigne de l'affection de son père et de sa mère. Si les parents, après avoir déshérité un enfant ingrat, peuvent néanmoins le rappeler à leur succession, pourquoi ne pourraient-ils pas faire la même grâce à une fille qui n'a point démérité? »

SECTION IV.

DES CONVENTIONS ET PROMESSES DE SUCCÉDER ÉGALEMENT.

La promesse d'égalité est le fait de pères et mères « qui, mariant un de leurs enfants, promettent de ne point avantager l'un de leurs autres enfants plus que celui dans le contrat de mariage duquel ils font une telle promesse (1). »

J'ai précédemment expliqué que le droit romain, dans la loi *pactum quod dotali*, 15, au C., *de pact.*, prohibait de semblables conventions comme apportant des entraves au pouvoir qu'avait le père de disposer de ses biens, et lui conservait, malgré ses engagements, la pleine et entière liberté d'agir comme il l'entendrait.

L'empereur Léon, surnommé le Philosophe, vint donner, au contraire, à ces sortes de conventions, dans sa novelle XIX, la plus complète approbation : « *Statuimus, inquit, ut parentum nemo jura filiorum quibuscum reliquis liberis æqualem hæreditatis portionem servatum iri, in nuptialibus contractibus spoponderit, innovare non tentet.*

. . . .

(1) De Ferrière, *Dictionn. de droit et de pratique*, v° *Égalité.*

Neque vero mendacium veritati præferri ulla ratio patitur, nec æquum est, neque rationabili animali convenit pacta conventa per improbationem adulterari. »

Tout, dans un acte de cette nature, respire l'équité, « non-seulement parce qu'il n'y a rien de si juste que d'exécuter ce que l'on a promis, mais encore parce que ces sortes de conventions que les enfants succéderont également n'ont rien qui ne soit conforme à l'ordre naturel des successions, qui est l'égalité entre les enfants (1). » Cette pensée était tellement celle de l'empereur Léon, qu'on lit, à la fin de sa constitution : « *Cæterum æquum est, ut quemadmodum omnibus liberis vitam impertiti sunt, ita etiam facultates impertiantur.* »

Cujas fait remarquer en ses Observations, liv. XVII, chap. 31, ce que nous avons indiqué plus haut, à savoir que cette constitution, ne faisant pas partie du corps de droit, n'avait aucune espèce d'autorité ; mais il préfère cependant les principes de la novelle XIX « à la scrupuleuse liberté qui faisait rejeter ces sortes de conventions, et l'usage les a inviolablement reçus (2). »

En résumé, « c'est une espèce d'*institution contractuelle* que la déclaration, dans les contrats de mariage, que les enfants succéderont également, et de ne pouvoir avantager les héritiers les uns au préjudice des autres (3).» — « *Promesse d'égalité*, dit Troplong, ainsi qu'il a été mainte fois jugé par les anciens arrêts, équivaut à une institution contractuelle. L'effet de cette clause, que l'on appelle aussi quelquefois promesse de part héréditaire ou promesse de réserve à succession, est d'em-

(1) Bouch., *Conv. de succéder*, chap. v, 10.
(2) Bouch., *Conv. de succéder*, chap. v, 11 et 12.
(3) Id. auct. eod. tract., chap. v, 1.

pêcher le disposant de faire à ses autres enfants des libéralités directes ou indirectes qui briseraient cette égalité, qui a été la condition du mariage (1). »

Il fallait soigneusement distinguer, pour les promesses d'égalité, dans quels termes elles étaient conçues; car le droit n'était plus le même, suivant qu'elles avaient pour objet tous les enfants ou seulement quelques-uns d'eux.

« Quand la promesse est faite en faveur de celui que l'on marie, et de ne faire aucun avantage à son préjudice: *ont promis de ne faire aucun avantage au préjudice du futur époux, et de luy conserver l'égalité;* comme pour lors la promesse d'égalité n'a pour fin que son utilité particulière, aussi elle n'empêche pas la libre disposition en sa faveur des biens dont la coutume permet de disposer... (2). »

De plus, cette promesse « n'oblige pas les père et mère à ne point avantager un autre de leurs enfants plus que les autres; c'est assez que cet avantage ne fasse point de tort à celui à qui l'égalité a été promise (3). »

Mais « quand la promesse d'égalité n'est pas conçue à la faveur seule de l'enfant qu'on marie, et qu'au contraire elle a pour objet *tous les enfants,* quoiqu'elle soit insérée dans le contrat de mariage d'un seul, elle

(1) Troplong, *Donat. et testaments,* n° 2376. — Conf. arrêt du parlement de Paris du 4 juin 1625, rapport. par Bardet; arrêt du 2 septembre 1681, rapporté au *Journal du palais.*
(2) Boucheul, *Conc. de succéder,* chap. v, xiii.—Conf. arrêt rapport. par Filleau sur l'art. 216 de la coutume du Poitou.
(3) De Ferrière, *Dict. de droit et de pratique,* v° *Egalité.* — Conf. Vigier sur l'art. 86, nomb. 18, de la coutume d'Angoumois ; arrêt du 17 déc. 1611, rapport. au *Journal des audiences,* t. I, liv. III, chap. 48.

s'étend et a son effet pour et en faveur de tous les enfants, pour faire que les père et mère ne puissent avantager les uns de leurs enfants plus que les autres : *ont promis l'égalité entre leurs enfants de n'avantager les uns plus que les autres* (1). »

On peut dire encore de la *promesse d'égalité* : « c'est une loy que les pères et mères se sont fait en faveur de tous leurs enfants, une stipulation que les pères et mères et la famille ont fait pour eux; en un mot, une clause d'un contrat de mariage (2). » Il est bon de bien remarquer « que ce n'est..... qu'en la faveur du mariage, et par le contrat d'iceluy, que ces promesses d'égalité lient les mains aux pères et mères; quoique favorable, si l'égalité n'a pas été promise dans le contrat de mariage de l'un des enfants, elle est rejetée des autres actes (3). »

Quelle différence entre ces théories et celles qui ont fait l'objet de la section précédente ! « L'égalité entre les enfants d'un même père, dit un savant auteur, était dans les mœurs germaniques, d'où sortirent les coutumes. Si elles admirent les droits de *primogéniture* et de *masculinité*, c'est à la politique féodale de rendre compte de cette grande iniquité (4). »

Mais, sous le voile de la faveur du mariage, les idées que nous verrons prévaloir à la fin du XVIIIe siècle font de grands progrès. Car, au milieu des priviléges réser-

---

(1) Boucheul sur cout. du Poitou, art. 216, u. — Conf. arrêt du 4 juin 1625. rapport. au *Journ. des audiences*,t. i. liv. I, chap. 58; arrêt du 1er sept. 1688, rapport. par Taisant, sur les cout. de Bourgogne, tit. VII, art 5, note 2.

(2) Bouch., *Conv. de succéd.* chap. v, 28.

(3) Id. auct. eod. loc., 38.

(4) Ragon, *De la rétention et de l'imputation des dons faits à des successibles*, I, 136, 93.

vés aux mâles, et le plus souvent à l'aîné d'entre eux, ne cesse d'apparaître cette pensée d'égalité, qui tendra à occuper un rang de plus en plus important, jusqu'à ce qu'elle soit devenue le fondement de la législation qui régit la France depuis le commencement du XIX° siècle.

APPENDICE AU CHAPITRE PRÉCÉDENT.

SECTION PREMIÈRE.

DE QUELQUES CONVENTIONS SPÉCIALES SUR SUCCESSION FUTURE NE POUVANT PRENDRE NAISSANCE QUE DANS UN CONTRAT DE MARIAGE.

ARTICLE PREMIER.

DES STIPULATIONS DE PROPRES DE LA PART D'UN FUTUR CONJOINT, A LUI ET AUX SIENS, ET A CEUX DE SON ESTOC ET LIGNE.

On entend, dit Claude Ferrière, par stipulation de propres : « une clause portée par un contrat de mariage, par laquelle les contractants ou l'un d'eux stipulent qu'une somme de deniers sortira nature de propre au stipulant (1). »

D'après Pothier, la convention de réalisation ou stipulation de propres « est une convention usitée dans les contrats de mariage, par laquelle les parties ou l'une d'elles excluent de la communauté conjugale

(1) De Ferrière, *Diction. de droit et de pratique*, v° *Stipulation de propres.*

qu'elles se proposent de contracter, leur mobilier, soit pour le total, soit pour partie (1). »

Ce genre de convention avait trois degrés principaux.

Au premier degré, la stipulation n'était faite que pour la personne qui contractait, « afin que le mari n'ait rien à prendre *jure communionis,* dans ce qui a été stipulé propre à la femme, et la femme pareillement dans ce qui a été stipulé propre à son mari (2). »

Au second degré, la chose était stipulée propre, non-seulement à la personne qui contractait, mais encore à ses enfants, indiqués le plus souvent par les mots *siens* ou *hoirs.* Dans cette hypothèse, non-seulement la chose stipulée propre ne tombait pas dans la communauté, mais tous les enfants et descendants y succédaient les uns aux autres avant que le père, si c'était la mère qui avait fait la stipulation, y pût rien prétendre.

Au troisième degré enfin, le droit de reprise s'étendait même aux collatéraux, que l'on désignait ainsi : à ceux d'*estoc* et *ligne* (3). La créance de reprise du mobilier réalisé devait alors, dans la succession du dernier mourant des enfants, être réputée immeuble et propre paternel ou maternel, suivant que c'était en faveur du père ou de la mère qu'avait été faite la stipulation, et, dans le premier cas, c'était aux héritiers paternels de cet enfant qu'incombait le mobilier de-

(1) Traité de la communauté, part. 1, chap. 11., art. iv, n° 315.
(2) Renusson, *Trait. des propres,* chap. vi, sect. vi.
(3) *Estoc* et ligne, côté et ligne sont synonymes... le mot costé renversé fait estoc. (Renuss., *Trait. des propres,* chap. vi, sect. v.)— Eusèbe de Laurière a donné du mot *estoc* une étymologie bien plus vraisemblable: « Notre mot *estoc* vient ou de l'allemand *stoc,* ou de l'anglais-saxon *stocce,* qui signifie un *tronc.* (*Gloss. de droit français,* par Ragueau, v° *Estoc,* note d'Eusèbe de Laurière.)

venu propre, à l'exclusion du conjoint survivant.

Parfois on allait encore beaucoup plus loin, et l'on convenait que le bien mobilier serait réputé propre *même quant à la disposition* ou *quant à tous ses effets.* « L'effet de l'addition de ces termes est d'étendre la convention de réalisation même au cas de la disposition, de manière que les enfants héritiers du conjoint prédécédé, qui a réalisé ainsi son mobilier, ne puissent, soit par donation entre-vifs, soit par testament, pas plus disposer au profit du survivant de la créance de reprise de la somme réalisée, qu'ils ne le pourraient d'un propre réel (1). »

Les futurs conjoints avaient la faculté d'appliquer les stipulations dont nous venons de parler non-seulement au mobilier qu'ils possédaient au moment du mariage, mais encore à celui qui pourrait leur advenir par la suite, ce que l'on exprimait ainsi : *Le surplus de ses biens, ensemble ce qui lui adviendra durant le mariage par succession, don ou legs, lui sera propre, aux siens et à ceux de son côté et ligne.*

En somme, on a trouvé juste de laisser aux particuliers la liberté de rendre *propres* des *meubles*, de la même façon qu'ils avaient celle d'*ameublir* des *immeubles*; et « ces fictions, stipulations et conventions ont été autorisées pour l'intérêt commun des peuples, et pour la conservation des familles (2). »

L'effet le plus important de ces conventions était de changer l'ordre des successions, à une époque où l'on envisageait comme une de leurs bases fondamentales,

---

(1) Pothier, *Trait. de la communauté*, part. I, chap. II, sect. II. art. IV, § II, 330.

(2) Renuss., *Trait. des propres*, chap. VI, sect. I, 3.

l'origine et la *nature* des biens. Aussi ne pouvaient-elles revêtir toute espèce de formes.

« Ces sortes de stipulations, dit Renusson, ne sont pas autorisées en toutes sortes d'actes, car le droit commun ayant déterminé la qualité des biens, et ayant réglé différemment le droit d'y succéder et d'en disposer selon la différente qualité, il ne doit pas être au pouvoir des particuliers de réputer leurs biens d'une autre qualité qu'ils ne sont, et de faire ces fictions et ces stipulations quand bon leur semble; cela ne doit pas dépendre de leur caprice; mais on les a permises et autorisées par contrat de mariage, pour favoriser l'établissement des familles (1). »

« On peut......, par les contrats de mariage, a dit Pothier, faire, pour l'intérêt de l'une des deux familles contractantes, telles conventions qu'on juge à propos sur les successions futures des tiers. Les stipulations de propres à ceux du côté et ligne sont des conventions de cette espèce (2). »

L'origine de l'usage des stipulations de propres est fort ancienne, et elles figuraient très-fréquemment dans les contrats de mariage.

Ce qui était vrai dans les pays coutumiers pour les effets mobiliers qui avaient été stipulés propres aux parents de côté et ligne, l'était également, dans les pays de droit écrit, pour les immeubles qui, n'étant, par nature, affectés à aucune ligne, pouvaient bien être stipulés propres aux parents du côté et ligne. « On sçait, *en effet,* qu'en pays de droit écrit, tous les biens indistinctement ne sont qu'un seul et unique patri-

(1) Trait. des propres, chap. VI, sect. I, I.
(2) Trait. des obligations, part. I, chap. I, sect. IV, § II, 132.

7

moine; ils sont également considerez en la personne
do celui qui en est lo propriétaire, et ne composent
qu'uno seulo et mémo nature do biens, soit qu'ils
soient venus du père ou de la mère, do l'ayeul ou de
l'ayeulo , et quoiqu'ils ayent passé dans une même
famillo par une longue suite de générations ; on ne les
considère pas autrement quo s'ils avaient été nouvelle-
ment acquis ; lo père ou la mère survivant, leurs enfants
ont lo droit d'y succéder et sont leurs héritiers, suivant
la novelle 118. Mais on peut les affecter à la ligne, et
empêcher quo les père et mère n'y puissent succéder
comme héritiers de leurs enfants (1). »

Or, si des conventions pouvaient faire cesser les
dispositions de la coutume, il n'y avait pas de bonnes
raisons pour qu'elles n'eussent point la mémo influence
sur les dispositions du droit écrit : « *Disposilio hominis
tollit dispositionem legis* (2) ; » ou, ce qui est exactement
la même chose, malgré la différence des expressions :
« *Provisio hominis provisionem legis excludit* (3). »

On conçoit donc très-bien que l'on ait pu concéder
aux personnes se mariant en pays de droit écrit, le
droit d'affecter à des parents collatéraux des immeubles s'y trouvant situés, desquels ils étaient libres de
s'exclure ainsi réciproquement (4).

---

(1) Renuss. *Trait. des propres,* chap. vi, sect. i, 19, *in fine.*
(2) Barthole sur la loi *Et habet,* § *cum quis,* D. *de precario.*
(3) René Chopin, lib. ii, tit. i, num. 24, *De morib. paris.*
(4) V. arrêt 91 de Montholon , rapport. par Leprestre, cent. 2,
chap. 91 ; Bouguier, lett. S, chap. 5; Brodeau sur Louët, lett. D,
chap. 66, et lett. R , chap. 41.

ARTICLE II

DE LA CONSTITUTION EN DOT DE BIENS PRÉSENTS ET A VENIR.

D'abord, qu'est-ce qu'une dot ? « *Est donatio quœ uxoris nomine in virum propter matrimonii onera confertur* (1); » ou encore : « *Est quod marito ad sustinenda onera matrimonii, a muliere vel alio pro ea datur* (2). » Ragueau a dit avec raison : « Ces deux définitions sont très-bonnes pour les pays de droit écrit; mais, dans les provinces de droit coutumier, la dot, tout au contraire, est *id quod liber homo dat sponsœ suœ, tempore desponsationis.* La dot, dans nos coutumes, n'est autre chose que le *douaire;* car, dans les pays de droit coutumier, la femme n'apporte point de dot à son mary..... (3). » Cependant « *dicitur* dos *vulgariter, id quod liber homo dat sponsœ suœ....... tempore desponsationis* (4). » Les femmes n'apportant point en réalité de dot, en pays coutumier on dit des maris que, « s'ils ont la jouissance des biens qu'elles possèdent au jour du mariage, c'est seulement à titre de *bail*, comme les pères et mères jouissent des biens de leurs enfants quand ils ont accepté la garde noble ou bourgeoise..... (5). »

Mais, en somme, « quoique ces raisons paraissent plausibles, l'usage.....a prévalu, et on donne toujours, en pays de droit coutumier, le nom de *dot* à ce que la

(1) *V.* Hotman.
(2) *V.* Guibert, *de dotibus.*
(3) Ragueau, *Gloss. de droit français*, v° *Dot.*
(4) Regi. majest., lib. II, cap. XVI, n. 1.
(5) Note d'Eusèbe de Laurière, *Gloss. de droit français*, par Ragueau, v° *Douaire préfix.*

femme apporte en mariage (1), » bien que les caractères dotaux ne s'y rencontrent pas.

Maintenant que nous savons ce qu'il faut entendre par *dot*, nous remarquons que, dans les pays de droit écrit, la femme pouvait, par son contrat de mariage, se constituer en dot *tous ses biens présents et à venir* (2).

On comprend que les père et mère avaient également le droit de faire pour leur fille une constitution dotale comprenant la généralité de leurs biens présents et à venir (3).

ARTICLE III.

DES AFFILIATIONS DE DROITS SUCCESSIFS.

§ 1. — *Des affiliations proprement dites.*

« Il y a des conventions par lesquelles les personnes changent... de famille; c'est lorsque par contrat de mariage l'on prend pour son enfant l'un des conjoints et leurs descendants. L'on appelle ces sortes de conventions *affiliations*. Ce terme dénote de soi-même ce que c'est que l'*affiliation*, une convention par laquelle un étranger est *affilié*, *adopté* et mis au nombre des enfants de la personne qui l'affilie, pour y prendre pareille portion que les enfants... (4). »

A cette définition des affiliations, que j'emprunte à Boucheul, le célèbre jurisconsulte ajoutait : « Ces *affi-*

(1) De Ferrière, *Dict. de droit et de pratique*, v° *Dot*.
(2) Id. auct., v° *Dot en pays de droit écrit*. — Conf. Chabrol sur la cout. d'Auvergne, chap. xiv, art. 1.— V. l. 72, D., *de jure dot.*; l. 4, C., *eod. tit.*, et l. ult., C., *de dot. promiss.*
(3) Id. auct. eod. loc. V. arrêt de Montpellier du 17 juillet 1822.
(4) Boucheul, *Conv. de succéder*, chap. xv, 1 et 2.

liations sont une imitation imparfaite de l'ancienne adoption des Romains (1). »

L'adoption, telle qu'on l'observait à Rome, n'avait pas en effet été reçue en France (2), et cette prohibition, au dire d'un de nos anciens auteurs, avait pour motif principal que *pactis hereditas dari non potest* (3).

L'adoption particulière connue sous le nom d'*affiliation*, qui se pratiquait le plus souvent dans les contrats de mariage des villageois (4), était surtout en vigueur dans la coutume de Saintonge, dont l'art. 1 était ainsi conçu : « Celui qui est associé et affilié succède à l'affiliant et à l'associant avec ses enfants naturels et légitimes, par tête, ès biens meubles et acquèts immeubles faits par l'affiliant et non ès héritages : car quant à iceux, adoption ne peut profiter par la coutume. Si ce n'est que les adoptés, affiliés et associés, portent et confèrent les héritages, ou qu'à iceux ayent renoncé, ou qu'en traité de mariage autrement ait été accordé ; car èsdits cas l'adopté, affilié ou associé succède par tête avec lesdits autres enfants ès héritages, comme ès autres biens. »

Il résulte de ce texte « que l'*affiliation* est de deux sortes, l'une *purement gratuite* et sans que l'affilié confère aucune chose dans la maison de l'affiliant, et l'autre *à titre onéreux*, quand l'affilié porte ses biens et son travail à son affiliant. Tous conviennent que la première, et lorsque l'affilié ne confère rien du sien, étant *purement gratuite*, elle équipolle à une donation, et, à cause

(1) Id. auct. eod. loc., 3.
(2) Automne, conf. sur le titre *de adoptionibus*. — Chopin sur la cout. d'Anjou, liv. III, chap. III, tit. II, nomb. 13.
(3) Schotan, *Examen du droit*, part. 1, titre *de adoptionibus*.
(4) De Ferrière, *Dict. de droit et de pratique*, v° *Adoption*. — Conf. Boucheul, *Conv. de succéder*, chap. xv, 12.

de ce, ne comprend que les biens dont l'affiliant pouvait disposer par la coutume... Mais quand l'*affiliation* ou *association* est faite à titre onéreux, parce que l'affilié porte ses biens et son travail en la maison de l'affilliant....., comme cette espèce d'affiliation est plutôt un *achat de droits successifs*, puisqu'elle n'est faite qu'en récompense du travail de l'affilié et des biens qu'il a conférés pour être affilié, on peut dire qu'il doit succéder et prendre la portion pour laquelle il a été affilié dans toutes sortes de biens indifféremment, meubles, acquêts ou propres (1). »

§ 2. — *Des affiliations par subrogation de personnes.*

« L'affiliation se fait encore d'une autre façon et *par subrogation de personnes*, que l'on appelle autrement par *échange*, quand l'on marie ses enfants dans la famille les uns des autres, et qu'il est dit qu'ils prendront la place l'un de l'autre......; et, en ce cas, les enfants ainsi affiliés et mariés par *échange* succèdent non-seulement dans les meubles et acquêts de celui en la maison duquel ils sont affiliés, mais encore dans les propres et héritages, pour la même et pareille portion que l'enfant en la place duquel ils sont subrogés aurait prise en la succession (2). »

Ainsi, « une fille ayant été reçue dans une autre famille à la place d'une autre fille et à l'occasion d'un double mariage, il se fait une permutation pleine et absolue, qui transfère toute sorte de droits aux copermutants (3). »

(1) Boucheul sur cout. du Poitou, art. 226, 31.
(2) Bouch., *Conv. de succéder*, chap. xv, 27 et 28.
(3) Béchet sur l'usance de Saintes.

Il est donc évident que les affiliés, *subrogés par
échange*, étaient saisis de la succession identiquement
comme les fils héritiers du sang. Boucheul semble
n'avoir voulu laisser planer sur ce point aucun doute,
lorsqu'il a écrit : « En un mot, les affiliés *par échange*
et *subrogation* jouissent de tous les droits, priviléges,
actions et avantages qu'aurait eus celui en la place duquel ils sont subrogés (1). » Ce principe était tellement
absolu, que l'affilié par subrogation qui prenait la
place d'un aîné était traité, sous tous les rapports,
comme celui qu'il remplaçait, à la différence de l'affilié pur et simple, qui, lui, ne recueillait point les
droits d'aînesse (2).

Il est bon de remarquer que l'affiliation *par échange*
et *subrogation* n'étant, en réalité, qu'une fiction de
droit, on avait, avec raison, cru devoir lui donner des
limites. Or, ces limites, c'étaient les biens de l'affiliant.
« L'affilié, disait-on, ne succède pas aux collatéraux
de celui en la place duquel il est affilié, et non pas
même aux ascendants qui n'ont pas consenti l'affiliation (3). » La coutume du Bourbonnais proclamait
aussi le principe que nous venons d'énoncer, en disant : « Affiliez succèdent aux pères mères, et ascendants appelez et consentants au mariage (4). »

(1) Convent. de succéder, chap. xv, 55.
(2) Tiraqueau, *Trait. de jur. primog.*, quest. 81. *V.* Lebrun, *Successions*, liv. iii, chap. iii, 29.
(3) Bouch. sur la cout. du Poitou, art. ccxxxi, 56.
(4) Art. 265. Conf. Coquille sur la coutume de Nivernais; Béchet,
Trait. des affiliations.

§ 3. — *Des associations par* appareillement *ou* affré-
rissement.

« C'est encore une autre manière d'adoption que les
unions et appareillements, quand, entre personnes qui
se remarient et qui ont des enfants de leurs précédents
mariages, il est convenu que tous leurs biens et de
leurs enfants seront mêlés et confondus ensemble, pour
tous les enfants, tant du premier que du second lit, y
succéder également (1). »

Lebrun a dit, en parlant de ces conventions : « Le
cas est qu'une mère, qui se remarie, stipule avec son
nouveau mari que ses enfants, tant du premier que du
second mariage, succéderont également à elle et à ses
deux maris, ou quand le même pacte se fait avec un
second mari, qui a aussi des enfants d'un premier mariage que l'on fait entrer dans cette union et qui y
portent leurs biens de leur mère (2). »

SECTION II.

PACTES SUR SUCCESSION FUTURE POUVANT SE FORMER, PAR EXCEPTION, HORS LE CONTRAT DE MARIAGE.

ARTICLE PREMIER.

DÉMISSION DE BIENS.

D'après Genty, « la démission de biens était un
abandon actuel qu'une personne, devançant l'ouverture

---

(1) Bouch., *Conv. de succéder*, chap. xv, 58.
(2) Success. liv. iii, chap. iii, nº 4. Conf. Jacob Richius, *De unione prolium*.

de sa succession, faisait, de son vivant, de l'universalité de ses biens au profit de ses héritiers présomptifs, en proportion, pour chacun d'eux, de ses droits héréditaires (1). »

Ce mode de disposition, considéré par les auteurs comme d'origine nationale, était particulier aux pays de coutumes. Cependant la doctrine et la jurisprudence peuvent seules faire connaître quel fut le véritable caractère de cette institution, la plus grande partie des coutumes étant restées muettes sur ce sujet. Or, après avoir eu, pendant longtemps, des règles indécises laissant une large place à l'arbitraire, voici ce que devint la démission de biens. Aucune forme spéciale n'était requise, on n'exigeait que le consentement des parties, du démettant et du démissionnaire. Mais quelles personnes pouvaient figurer dans un contrat de cette nature? Il fallait nécessairement, pour pouvoir être démettant, qu'on fût capable de transmettre sa succession légitime. Ainsi les aubains et les morts civilement n'auraient pu faire une démission de biens. De ce que la démission de biens était l'ouverture anticipée d'une succession, résultait cette seconde conséquence que les héritiers présomptifs du démettant étaient seuls appelés à en profiter; encore fallait-il qu'ils fussent aptes à recueillir une succession. Les aubains et les morts civilement ne pouvaient pas plus être démissionnaires qu'ils ne pouvaient être démettants.

Par héritiers présomptifs il fallait entendre non-seulement les descendants, mais aussi les collatéraux. Il est bon de remarquer qu'à l'égard de ces derniers, les démissions de biens étaient assez peu fréquentes :

(1) Part. d'ascendants, intr., hist. 35.

« *Demissiones raro in alios quam liberos et nepotes fiunt* (1).»

« Il semble, dit Boullenois, que la nature persuade ces sortes d'abandonnements anticipés plus volontiers aux pères qu'à tous autres ; de leur vivant même, ils regardent leurs enfants comme associés dans la propriété de leur domaine, et ces démissions ne font que devancer le vœu de la nature et de la loi. Les démissions sont plus rares en ligne collatérale, et la raison en est sensible : on n'aime pas ordinairement les collatéraux avec le même attachement que l'on aime ses enfants, et on n'est pas porté si volontiers à leur faire du bien de son vivant; il arrive même assez souvent que l'on se sent plus d'inclination pour les étrangers, et cela vient quelquefois de la propre indignité de nos collatéraux : « *Invidia et ingratitudo major est in propinquis*, *gratitudo et honor magis est ab extraneis.* » L'avidité de nos collatéraux nous choque et nous indispose ; ils envisagent nos successions comme des dons de fortune qui leur viennent trop tard, et ils n'ont les yeux que sur la pierre qui doit fermer notre sépulture et leur assurer notre succession : « *Oculi matris super filiam, oculi vero hæredum super lapidem* (2). »

La démission de biens, afin d'imiter aussi fidèlement que possible les successions, devait comprendre l'universalité des biens du démettant : « Une succession porte sur l'universalité : pareillement donc, la démission devait emporter l'expropriation générale du démettant; le démettant devait se dépouiller aussi complétement par la démission qu'il eût été dépouillé par

(1) Boullenois, quest. 8, p. 191; Nouv. Denizart, v⁰ *Démiss. de biens,* § 2, n⁰ 6.

(2) Quest. 1, p. 29.

le décès (1). » Il était cependant permis au démettant de stipuler du démissionnaire, dans son intérêt personnel, tout ce qui ne devait pas changer le caractère de la démission. Ainsi, les réserves d'usufruit, de rentes viagères et d'objets particuliers, n'entamant pas l'universalité transmise aux démissionnaires, étaient parfaitement licites.

L'effet le plus important de la démission de biens était la saisine des démissionnaires aussitôt leur acceptation. « Quand il y a une succession ouverte, dit de Ferrière, le mort saisit le vif par l'autorité de la loi, qui agit et opère seule en ce cas; mais, dans celui de la démission, c'est le vif qui, en vue de sa mort future, veut saisir le vif par avance de sa succession future, et c'est le démettant qui agit par anticipation de la loi, dont il prévient l'opération (2). »

Lorsqu'il y avait plusieurs démissionnaires, leur concours, comme celui des héritiers, rendait un partage indispensable, qui pouvait être fait soit par les démissionnaires, soit par le démettant lui-même.

Quand le démettant procédait au partage, il devait se conformer aux dispositions des coutumes dans le ressort desquelles étaient situés les biens. Le partage effectué dans ces conditions donnait lieu à la garantie, absolument comme s'il eût été fait par les démissionnaires ou par la justice, « parce que le père, dit Boullenois, est toujours présumé avoir voulu que chacun de ses enfants eût la chose qu'il leur a partagée. »

Par suite du caractère de la démission de biens, les démissionnaires ne pouvaient demeurer nantis qu'au-

(1) Genty, *Part. d'ascendants, intr. hist.* 41.
(2) Dict. de droit et de pratique, v° *Demission de biens.*

tant qu'ils conservaient leurs droits à la succession du démettant. La démission était donc comme nulle et non avenue pour ceux qui venaient à mourir du vivant du démettant ou qui étaient frappés de mort civile. Par le même motif, les enfants des démissionnaires décédés avant le démettant leur étaient tacitement substitués, et recevaient *jure suo* la part attribuée à leurs pères. Un démissionnaire était-il décédé sans enfants, les biens qu'il avait reçus passaient, par droit d'accroissement, aux autres démissionnaires. La démission n'était caduque qu'au cas du prédécès de tous les démissionnaires.

Le dépouillement intégral du démettant était chose si grave, que les esprits sérieux, instruits par l'expérience, conseillaient toujours de ne pas user à la légère de la démission de biens; « car souvent, d'après Boullenois, ce qui aurait dû exciter la reconnaissance, l'amour, la piété, avait été la source du mépris, de l'injustice et de la dureté du cœur (1). »

Bien des démettants se repentaient de ce qu'ils avaient fait pour les héritiers : « *Non nisi longe ante meditati patres-familias et bene introspectis dimissariorum moribus huc devenerunt, pone illis nemesis et præsto pœnitentia (2).* »

Les dangers de ces actes avaient été énergiquement indiqués par un auteur dans ces deux vers :

« Qui le sien donne avant mourir
» Bientost s'appreste à moult souffrir (3). »

On en vint jusqu'à dire qu'il valait mieux, en géné-

(1) Quest., p. 7.
(2) D'Argentré sur l'art. 265 (*Des démissions*) de la coutume de Bretagne.
(3) *V.* Legrand sur Troye, art. 59.

ral, que les enfants eussent à adresser des demandes à leurs père et mère, et que les père et mère ne se trouvassent pas à la merci de leurs enfants : « *Melius est ut te rogent quam te respicere in manus filiorum tuorum* (1). »

Cependant la loi avait donné aux démettants un moyen de maintenir les démissionnaires dans le devoir, en leur accordant le droit de révoquer leur démission quand bon leur semblerait. Les démissions de biens étaient révocables alors même qu'elles avaient été faites par donations entre-vifs.

Je ne dirai rien de la révocation par survenance d'enfants, à laquelle étaient soumises les démissions de biens, absolument comme les donations ordinaires.

Il existait quelques cas dans lesquels, par exception, le demettant ne pouvait révoquer sa démission. Tel était celui où la démission avait eu lieu par contrat de mariage, ou bien encore lorsqu'un père ne s'était démis en faveur de ses enfants que pour éviter un procès en interdiction pour prodigalité ou pour incapacité.

Dans certaines coutumes, parmi lesquelles se distinguait surtout la coutume de Bretagne, les démissions de biens étaient toujours irrévocables. Les autres coutumes auxquelles je fais allusion étaient celles de Normandie et de Clermont-en-Argonne.

Lebrun, appréciant la différence qui distinguait, au point de vue que nous venons de signaler, la coutume de Bretagne de la plus grande partie des coutumes de France, et de celle de Paris en particulier, disait « que l'usage du parlement de Bretagne fait plus d'honneur

---

(1) Epitaphe inscrite sur la tombe d'un M. Duffay, dans l'église des Cordeliers de la ville de Troye, au rapport de Legrand, *loc. cit.*

à l'homme, parce qu'il présuppose qu'il doit être constant dans ses actions ; mais que l'usage du parlement de Paris rend plus de justice à l'humanité, parce que, dans la pente naturelle où l'on est de donner son bien à ses héritiers, et quelquefois d'achever son ouvrage en comblant de bienfaits ceux à qui l'on a donné la vie, il est bon qu'il y ait quelquefois du retour et que les démissions ne soient pas irrévocables (1). »

La succession du démettant ne s'ouvrant réellement qu'à sa mort, il était indispensable d'examiner à cette époque quels changements avaient pu s'opérer dans les droits des appelés. Les démissionnaires, que n'avait pu lier leur acceptation de la démission, avaient alors le droit d'accepter ou de refuser la succession du démettant ; ils pouvaient même se borner à l'accepter sous bénéfice d'inventaire.

C'était une question que de savoir si le démissionnaire était libre, au décès du démettant, de garder les biens démis, en renonçant aux biens acquis par le démettant postérieurement à la démission. Boullenois adoptait l'affirmative : « Le démettant, disait-il, a effectué de son vivant, et ses créanciers antérieurs n'ont point à se plaindre dès qu'on leur représente les biens de leur débiteur et que le démissionnaire offre de les payer jusqu'à concurrence d'iceux (2). » Je préfère l'opinion de Pothier, qu'il exprimait ainsi : « La démission n'étant faite au démissionnaire qu'en tant qu'il doit être un jour l'héritier du démettant, cette démission renferme, *vi ipsa* et par sa nature, la condition qu'il sera l'héritier du démettant ; d'où il suit que,

(1) Lebrun, *Traité des successions*, liv. 1, chap. 1.
(2) Quest. 9, 10 et 11.

lorsque le démissionnaire renonce à la succession, il n'a plus ni titre ni qualité pour pouvoir retenir les biens compris en la démission (1). »

A la mort du démettant, les démissionnaires devaient, en leur qualité d'héritiers, rapporter tout ce qu'ils avaient reçu de lui antérieurement à la démission. C'est ce que décidait un arrêt du parlement de Paris du 14 mars 1647 (2).

La démission de biens, qui, en pays de droit écrit, ne constituait pas un mode spécial de disposer, y était cependant autorisée, mais elle ne pouvait être faite que dans la forme des donations à cause de mort ou entre-vifs.

L'ordonnance de 1731 n'apporta aucun changement dans les démissions de biens, ainsi que le déclare d'Aguesseau dans une lettre écrite, le 22 juillet 1731, au premier président du parlement de Normandie (3).

ARTICLE II.

PARTAGE D'ASCENDANTS.

Nous savons par les Capitulaires de Charlemagne que les partages d'ascendants furent en usage dès l'origine de notre droit français. On y lit, en effet : « *Præcipiente patre divisionem ab eo factam durare, si modo usque ad extremum ejus vivendi spatium voluntas eadem perseverasse doceatur* (4). On était cependant, dans les pays de coutume, bien loin d'être unanime sur ce genre de dispo-

---

(1) Cout. d'Orléans, append. à l'intr. au tit. XVII, *Des droits de succ.*, 15.

(2) Nouv. Denizart, v° *Démiss. de biens*, n° 5.

(3) Lettre 295, t. IX, p. 286.

(4) Liv. VII, chap. CCXLVIII.

sition. Certaines coutumes l'autorisaient expressément, tandis que d'autres n'en faisaient aucune mention. Il y avait même désaccord sur la première question que l'on devait se poser en abordant cette matière, celle de savoir qui pouvait faire un partage d'ascendants. Les unes n'accordaient ce droit qu'au père et à la mère; plusieurs, au contraire, le concédaient, comme en droit romain, à tous les ascendants sans distinction. Dans quelques coutumes, le partage était permis aussi bien dans les familles roturières que dans les familles nobles; mais il en existait qui l'envisageaient comme un privilége exclusif de la noblesse.

On rencontrait également de nombreuses divergences, lorsqu'on se demandait qui devait concourir à la formation du partage. La plupart des coutumes subordonnaient le partage à la seule volonté de celui qui partageait ses biens. La coutume d'Artois et celle de Poitou, faisant une distinction entre les propres et les acquêts, déclaraient nécessaire pour le partage des propres le consentement des descendants. En Bretagne, ce n'était pas le consentement des descendants qui était exigé, mais celui de quatre parents, deux du côté paternel et deux du côté maternel, ce qui donnait la faculté d'exercer le partage alors même qu'il se trouvait des incapables parmi les descendants. Les coutumes de Bourbonnais et de Bourgogne soumettaient la validité du partage à une condition particulière. Il fallait, dans ces coutumes, que celui qui avait fait le partage vécût un certain temps après sa confection. La survie de l'ascendant qui avait fait le partage devait être de quarante jours dans la coutume de Bourbonnais, et de vingt dans celle de Bourgogne. On motivait cette mesure en disant qu'elle avait pour but d'empêcher que celui qui faisait le partage ne vînt à céder malgré lui à des suggestions et ne se trompât dans la répartition qu'il voulait faire de son bien : « *Hoc non solum metu suggestionum, sed ne dividens, nimium vicinus morti, facile erret in œquali distributione* (1). »

Quant à la forme des partages d'ascendants, elle fut définitivement réglée par l'ordonnance de 1735, qui fit encore disparaître bien des difficultés. En vertu de cette ordonnance, le partage devait être fait par un acte public reçu par un notaire en présence deux témoins, ou par deux notaires (art. 15), ou par un acte sous seing privé entièrement écrit, daté et signé par son auteur (art. 16). Il résultait cependant des termes de l'ordonnance qu'elle ne dispensait pas des formalités plus amples qui pouvaient être exigées par les coutumes locales : « Et seront, en outre, dit l'article 17, observées les autres formalités prescrites par les lois, coutumes ou statuts qui autorisent lesdits actes. »

Le partage d'ascendants différait surtout de la démission de biens dont nous avons parlé, en ce qu'il n'opérait pas, comme elle, un dessaisissement actuel ; c'était, comme en droit romain, un acte de simple distribution. Comme en droit romain également, le partage d'ascendants était révocable, au gré de celui qui l'avait fait. Mais, lorsque le père et la mère avaient partagé conjointement leurs biens confondus ensemble, le partage ne pouvait être révoqué qu'avec leur mutuel consentement, et devenait par conséquent irrévocable à la mort de l'un d'eux. Le partage était encore irrévocable quand il avait été fait par contrat de mariage,

(1) Dumoulin sur la cout. du Bourbonnais, art. 216.

8

mais seulement à l'égard de celui des enfants qui se mariait, afin que l'un des époux ne fût pas trompé dans ses espérances, « *ne alioqui alterutri sponsorum illudatur* (1). »

Le partage devait être fait entre tous les enfants et comprendre tous les biens : « en sorte que si quelqu'un des enfants était prétérit, et qu'il ne lui eût pas été assigné un lot, le partage serait nul, à moins que, par un second acte, ce qui est omis dans le premier ne fût partagé (2). »

Lorsque, après l'acte de partage, l'ascendant avait acquis de nouveaux biens, le partage n'était pas nul, car il suffisait que le père et la mère eussent partagé tous les biens qu'ils avaient alors. Mais les biens dont ils étaient devenus propriétaires postérieurement au partage étaient divisés par égales portions entre tous les enfants (3).

Pour savoir comment on envisageait l'égalité et l'inégalité dans les lots, il faut distinguer les coutumes dans lesquelles les pères et mères n'avaient pas le droit d'avantager leurs enfants, de celles où cette faculté leur était concédée. Dans les premières, le partage n'était valable qu'autant qu'on y observait une stricte égalité, ou au moins lorsque l'inégalité était peu importante, parce que : « si les pères et mères avaient la liberté de partager à leur gré leurs biens à leurs enfants, ce serait une voie indirecte pour se soustraire à la prohibition de la coutume (4). » On ne tenait

---

(1) Coras, cent., ch. LXXI; Lebrun, n° 13; Taisand sur la cout. de Bourgogne, tit. VII, art. VIII, n° 4.
(2) Furgole, chap. VIII, sect. 1re, n° 161.
(3) Id. auct., n° 161. — Auroux des Pommiers sur l'art. 216 de la coutume de Bourbonnais, n° 33.
(4) Id. auct., n° 155.

aucun compte de l'inégalité tant qu'elle ne dépassait pas un sixième (1).

La réserve, par le père, du droit d'aînesse au profit de l'aîné de ses enfants n'était pas considérée comme une violation de l'égalité qui devait présider au partage.

Dans les coutumes qui permettaient d'avantager l'un des enfants au détriment des autres, l'inégalité ne faisait pas rejeter le partage; on exigeait seulement que chacun eût sa légitime, et celui qui ne l'avait pas pouvait intenter une action non pas en nullité du partage, mais en complément de sa légitime (2).

D'après Furgole, le partage d'ascendants ne donne lieu à garantie que dans le cas où il s'agit d'un testateur qui, après avoir institué plusieurs héritiers, fait lui-même le partage de la succession, en assignant des lots à chacun des héritiers (3).

Je ne dirai rien des pays de droit écrit, où l'on observait la législation des Novelles de Justinien, sur laquelle nous nous sommes précédemment expliqué.

ARTICLE III.

DONATIONS POUR PROVISION DE CORPS.

« La donation que l'on appelle pour *provision de corps* est celle qui est faite par le donnant à la charge d'être nourri et entretenu par son donataire; et comme elle est universelle le plus souvent, et de tous les

---

(1) Argou, t. 1, p. 482.
(2) Furgole, n° 155. — Boucheul sur l'art. 219 de la coutume du Poitou; Lebrun, liv. iv, ch. 1er, n° 10. — Papon, liv. xv, tit. vii, n° 8.
(3) Furgole, n° 165.

biens, elle est aussi comme une succession conventionnelle *ex contractu* (1). »

Faire ce genre de donation était ce que l'on appelait
s'admortir.

En ouvrant, Ragueau au mot *s'admortir*, nous lisons,
en effet, qu'il s'applique : « quand quelque personne
débile ou constituée en vieillesse ou maladie se donne
et tous ses biens à celui qui lui a plû, à la charge
d'être nourri, alimenté et subvenu à sa nécessité par
le donataire et d'être acquitté de ses dettes et autrement (2). »

Eusèbe de Laurière dit de même : « S'admortir proprement, c'est donner ses biens à la charge d'être
nourri jusqu'à la mort (3). »

Il existait plusieurs divergences entre les coutumes
sur le point de savoir quelle pouvait être l'étendue des
donations de cette nature.

En Normandie, ces donations n'étaient permises
que jusqu'à concurrence du tiers. Les coutumes du
Poitou et de l'Angoumois autorisaient au contraire
les donations de tous biens meubles et immeubles,
propres et acquêts, lorsqu'elles avaient lieu pour provision de corps, nourriture et aliments (4).

Pour faire valablement une donation de tous biens
pour provision de corps, il fallait, d'après la coutume
du Poitou, que le donateur fût en santé, et non malade
d'une maladie devant le conduire de vie à trépas dans
le délai de quarante jours.

(1) Bouch., *Convent. de succéder*, ch. XXVI, 1.
(2) Glossaire de droit français, v° *S'admortir*.
(3) Id., note.
(4) Normandie, art. 450; Poitou, art 204, 205, 206 et 207; Angoumois, art. 50.

La donation pour provision de corps devait être notifiée par le donataire aux héritiers du donateur, afin de les mettre à même de profiter de ce bienfait, et de ne pas compromettre leurs droits successifs. Ils avaient un an et un jour pour se décider à faire des offres.

En Angoumois, l'héritier qui avait offert de contribuer à nourrir le donateur était appelé à succéder à tous ses biens; en Poitou, il ne venait qu'à la succession des propres.

Bien que les héritiers eussent offert de contribuer à la provision du donateur, il demeurait libre de prendre sa nourriture et ses aliments soit chez son donataire, soit chez tel ou tel de ses héritiers.

Le donateur avait le droit de rentrer dans ses biens, dès que le donataire refusait d'exécuter la charge sous laquelle la donation lui avait été faite (1).

———

CONCLUSION.

Jetons maintenant un regard sur l'ensemble de notre ancien droit.

Les pactes sur succession future servirent surtout, dans cette période, à augmenter les priviléges du droit d'aînesse.

Au sein de chaque famille seigneuriale, on usait des pactes sur succession future pour attribuer à un seul de ses membres la richesse, et par suite une grande influence et une grande autorité.

(1) V. arrêt du 29 mai 1656, rapporté par Soève, t. II, cent. I, ch. XXX.

Nous savons que les roturiers imitèrent l'exemple des seigneurs. Que si ces préférences avaient des avantages sérieux, elles étaient généralement bien loin de compenser les inconvénients qui en résultaient, tels que la désunion, prenant sa source dans la jalousie qui ne pouvait manquer d'engendrer entre les enfants d'un même père la haine, ou tout au moins l'indifférence. Or, ce qu'il faut rechercher avant tout, c'est certainement la paix et la concorde dans les familles, parce que, comme l'a si bien dit Mirabeau , « le bonheur de la société se compose en plus grande partie d'affections privées; c'est dans les foyers domestiques que se forment les sentiments et les habitudes qui décident de la félicité publique (1). »

Telles étaient, du reste, ainsi que je l'ai déjà fait remarquer, les idées qui depuis longtemps commençaient à se faire jour, lorsque éclata la révolution, dont je me propose d'exposer brièvement, en ce qui a trait à mon sujet, les principales conséquences.

(1) Discours sur l'égalité dans les successions directes, *Gaz. nat.*, 5 avril 1791.

TROISIÈME PARTIE.

—

DROIT INTERMÉDIAIRE.

—

AVANT-PROPOS.

Nous sommes en 1789, à cette époque mémorable où, les états généraux ayant été convoqués, on entendit bientôt pousser ce cri de ralliement : *Guerre aux privilégiés et aux privilèges !*

Dans la célèbre nuit du 4 août, ces privilégiés tant calomniés donnèrent un grand exemple de désintéressement patriotique, et l'histoire ne peut, à ce souvenir, s'empêcher de s'écrier : « Quelle nuit ! quelle séance ! Jamais l'âme française n'éclata avec un entraînement plus magnifique. L'édifice féodal croula à coups de motions généreuses (1). »

Les doctrines nouvelles, considérées, à juste titre, comme « le plus puissant levier de la révolution en France (2), » reçurent une importante consécration du discours de Mirabeau sur l'égalité des partages dans les familles, que Talleyrand vint lire à l'assemblée nationale, au lendemain des funérailles de son auteur, en disant de cette œuvre qu'elle était « un débris précieux arraché à l'immense proie que la mort venait de ravir. »

(1) Poujoulat, *Hist. de la Révolut. française*, t. I, ch. ix.
(2) *Précis hist. du droit français*, par Minier, p. 724.

Avec le système de l'égalité dans les successions, se trouvaient brisés le droit d'aînesse et le privilége de masculinité.

Dès lors, les *pactes sur succession future*, qui avaient pour base principale, dans notre ancien droit, la splendeur des familles appelée à se perpétuer par les aînés, durent s'évanouir.

Mais, par une sorte de fatalité qui est presque toujours l'inévitable conséquence des grandes crises sociales, on alla beaucoup au delà du but qu'avaient dû se proposer les premiers chefs du mouvement révolutionnaire.

CHAPITRE UNIQUE.

DE LA PROHIBITION DES PACTES SUR SUCCESSION FUTURE ET DES RARES EXCEPTIONS QU'ELLE COMPORTE.

> La timidité et la prudence, qui tendent à tout conserver, avaient été remplacées par le désir de tout détruire.
>
> (Exposé des motifs de la loi relative à la réunion des lois en un seul corps, par le conseiller d'État Portalis. — *Séance du 28 ventôse an XII.*)

SECTION PREMIÈRE.

DE LA PROHIBITION DES PACTES SUR SUCCESSION FUTURE.

Après avoir assimilé, dans la loi des 15-28 mars 1790, les successions *ab intestat* des nobles à celles des autres

citoyens, les législateurs du nouveau régime procla-
mèrent abolie par la loi des 8-15 avril 1701, art. 1 :
« toute inégalité ci-devant résultant, entre les héritiers
ab intestat, des qualités d'*aîné* et de *puîné*, de la distinction des sexes ou des exclusions coutumières, soit
en ligne directe, soit en ligne collatérale. » Puis, dans
la crainte que, par des dispositions particulières, les
citoyens ne se missent en opposition avec cet état de
choses, on vit la loi des 7-11 mars 1793 abolir les
institutions contractuelles. C'est évidemment la même
pensée qui a fait édicter l'art. 14 de la loi du 5 brumaire an II, ainsi conçu : « Le mariage d'un des héritiers présomptifs, soit en ligne directe, soit en ligne
collatérale, ni les *dispositions contractuelles* faites en se
mariant, ne pourront lui être opposés pour l'exclure
du partage égal, à la charge par lui de rapporter ce qui
lui aura été donné ou payé lors de son mariage. »

J'arrive maintenant à ces lois auxquelles je faisais
allusion il n'y a qu'un instant, qui, en ayant des effets
rétroactifs, ont rompu avec toutes nos traditions juridiques (1), pour ne se faire l'écho que des passions
qui entraînaient alors la France vers l'*égalité*, idole des
novateurs, à laquelle ils voulaient donner pour pié-
destal les ruines du passé. .

Nous rencontrons d'abord la loi des 17-21 niv. an II,
d'après laquelle « *les institutions contractuelles*, et toutes
dispositions à cause de mort dont l'auteur est encore
vivant, ou n'est décédé que le 14 juillet 1789 ou depuis,
sont nulles, quand même elles auraient été faites antérieurement (2). »

(1) L. 7, C., *de legibus*.
(2) Art. 1.

En vertu de cette même loi, « les *dispositions con-tractuelles* antérieures au 14 juillet 1789, qui renfer-ment en même temps des libéralités entre-vifs et irré-vocables, sous quelque dénomination qu'elles aient été conférées, et *une institution dans des biens à venir*, n'au-ront leur effet que pour le don entre-vifs, et non pas pour les biens résultant de l'institution, si l'instituant vit encore ou n'est mort que le 14 juillet 1789 ou depuis (1). »

La rétroactivité dont je parle s'appliquait notam-ment aux *élections d'héritiers*, ainsi qu'on peut s'en con-vaincre en lisant l'art. 23 de notre loi du 17 nivôse, dont voici le texte : « Dans le cas où un époux décédé avant ou depuis le 14 juillet 1789 aurait conféré au conjoint survivant la faculté d'élire un ou plusieurs héritiers dans ses biens, l'élection, si elle n'a eu lieu que le 14 juillet 1789 ou depuis, demeure nulle et de nul effet , et tous les héritiers présomptifs au préjudice desquels elle aurait été faite sont, nonobstant toute exclusion, appelés à partager la succession de la même manière et par les mêmes règles que celles ouvertes depuis et compris le 14 juillet 1789. »

Il résulte de la loi du 22 ventôse « que, si le décret du 17 nivôse ne s'est point particulièrement expliqué sur les *démissions de biens*, c'est que ces dispositions, révocables en certains pays, ne l'étaient pas en d'autres, et que, pour ne pas changer les conditions de ces sortes d'actes, le principe posé, la classification n'of-frait que l'application de la loi ; qu'ainsi, et dans les lieux où les démissions étaient irrévocables, elles se-ront considérées comme donations entre-vifs, et main-

(1) Art. 2.

tenues si elles sont antérieures au 14 juillet 1789, et qu'ailleurs elles seront considérées comme simples dispositions à cause de mort (1). »

La loi du 9 fructidor an II, art. 1er, distingue, avec raison, les *institutions contractuelles* proprement dites de celles qui, bien que qualifiées telles, avaient entièrement dessaisi le donateur. « Considérant, dit cet article, que les contrats doivent s'apprécier bien plutôt par la substance que par la dénomination; qu'ainsi, et si l'acte qui contient la disposition était non-seulement irrévocable de la part du disposant, mais qu'en même temps celui-ci n'ait pu aliéner ou hypothéquer tout ou partie des biens qui en faisaient la matière, on ne peut plus voir dans un tel acte qu'une disposition entre-vifs qui aurait saisi le donataire de tout ce que le donateur ne pouvait plus aliéner, à la différence de l'acte qui, bien que qualifié donation, eût réservé au donateur la faculté d'aliéner ce qui en était l'objet; qu'enfin, au double caractère et de l'irrévocabilité de l'acte et de l'inaliénabilité, de la part du disposant, à aucun titre, des choses ou de partie des choses qui en sont l'objet, les arbitres ont un point certain pour reconnaître les dispositions que la loi maintient en tout ou en partie, si elles sont antérieures au 14 juillet 1789, tout de même que l'absence de l'un de ces deux caractères leur indique les dispositions annulées par la loi; qu'ainsi les institutions et promesses d'instituer pures et simples, qui, dans certains pays, en ôtant à l'instituant la faculté d'instituer tout autre héritier, lui laissaient néanmoins celle de disposer à autre titre de tout ou partie de ses biens, restent, dans les cas et à la forme

(1) Art. 18.

de l'art. 1" de la loi du 17 nivôse, sans effet pour les biens qu'il pouvait aliéner. »

Quant aux substitutions, elles avaient été supprimées par les lois des 25 octobre et 14 novembre 1792, qui privaient en outre les appelés des effets des substitutions non ouvertes (1).

Comme les choses violentes ne peuvent durer, et qu'aux plus grandes tempêtes finit toujours par succéder le calme des éléments, lorsque l'effervescence des esprits commença à s'apaiser, on songea à faire disparaître la rétroactivité des lois de l'an II.

La première manifestation de ce retour à des idées plus saines se rencontre dans la loi du 5 floréal an III, par laquelle « la Convention nationale décrète la suspension de toute action intentée ou procédure commencée à l'occasion de l'effet rétroactif résultant de la loi du 17 nivôse sur les successions. »

Dans la loi du 9 fructidor an III, « la Convention nationale, sur le rapport de son comité de législation, décrète que les lois des 5 brumaire et 17 nivôse an II de la République, concernant les divers modes de transmission des biens dans les familles, n'auront d'effet qu'à compter des époques de leur promulgation. »

Enfin parut la loi du 3 vendémiaire an IV, qui fut intitulée : *Décret relatif à l'abolition de l'effet rétroactif des lois des 5 et 12 brumaire et 17 nivôse an II, concernant les successions, donations,* etc.

Par l'art. 9 de cette loi, « toutes dispositions des lois rendues en interprétation des dispositions rétroactives abrogées par la loi du 9 fructidor dernier sont rapportées quant à l'effet rétroactif; » et, d'après l'art. 11,

_____

(1) V. l'art. 52 de la loi du 22 vent. an II.

« tous procès existants, même ceux pendants au tribunal de cassation, tous arrêts de deniers, toutes saisies ou oppositions, tous jugements intervenus, partages ou autres actes et clauses qui ont leur fondement dans les dispositions rétroactives desdites lois du 5 brumaire et du 17 nivôse an II, ou dans des dispositions des lois subséquentes rendues en interprétation, sont abolis et annulés. »

Si nous parcourons la loi du 18 pluviôse an V, interprétative de celle du 3 vendémiaire an IV, nous trouvons là encore une nouvelle preuve de ce fait, que les pactes sur succession future, régulièrement formés avant les lois qui les ont prohibés, sont complétement rentrés dans le droit commun.

« Les..... *institutions contractuelles*, nous dit l'art. 1er, et autres dispositions irrévocables de leur nature, légitimement stipulées en ligne directe avant la publication de la loi du 7 mars 1793, et en ligne collatérale ou entre individus non parents, antérieurement à la publication de la loi du 5 brumaire an II, auront leur plein et entier effet, conformément aux anciennes lois, tant sur les successions ouvertes jusqu'à ce jour que sur celles qui s'ouvriraient à l'avenir. »

Art. 7. « Les élections d'héritier..... qui ont été annulées par..... la loi du 17 nivôse, à compter du 14 juillet 1789, sont rétablies dans leur effet primitif, si elles ont été faites par actes ayant date certaine avant la publication de ladite loi du 17 nivôse. »

Art. 10. « Les renonciations expressément stipulées par contrat de mariage dans les pays de non-exclusion auront leur effet pour les successions ouvertes jusqu'à la publication de la loi du 5 brumaire de l'an II, qui les a abolies. »

Je résume les développements auxquels je viens de me livrer, en disant que, sous le régime des lois transitoires, et à de rares exceptions près qui vont faire l'objet d'une seconde section, toutes les stipulations sur la succession d'une personne vivante étaient nulles de plein droit, sans que leur insertion dans les contrats de mariage eût, comme dans notre ancienne jurisprudence, le privilége de les rendre valables.

SECTION II.

EXCEPTIONS.

ARTICLE PREMIER.

PACTES FORMÉS HORS CONTRAT DE MARIAGE SUR LA SUCCESSION FUTURE D'UNE TIERCE PERSONNE VIVANTE, AVEC SON CONSENTEMENT.

Un auteur a dit: « La loi du 17 nivôse an II prohibait (art. 2) la renonciation par contrat de mariage de l'héritier présomptif à la succession future, mais elle ne prohibait pas les traités faits hors mariage sur la succession d'une personne vivante et avec son consentement.

Le droit romain, qui contenait la même distinction, n'a point été abrogé par la loi de l'an II en ce qui concerne ces traités, qui doivent, dès lors, recevoir leur exécution (1). »

La Cour de Montpellier a rendu, le 6 avril 1835, un arrêt entièrement conforme à cette opinion, ainsi que le prouve l'extrait suivant : «....... Les parties étaient

_____

(1) Dall., *Alph.*, v° *Succession*, n° 608.

alors sous l'empire de la loi du 17 nivôse an II.....
L'art. 0 de cette loi dispose bien que les successions
des pères et mères ou autres ascendants, et des parents
collatéraux, qui s'ouvriraient à l'avenir, seront parta-
gées également; mais... il ne contient aucune disposition relative aux traités qui pourraient intervenir entre
les héritiers présomptifs, avant l'ouverture de la succession... Ce n'est que dans l'art. 2 de cette loi que le
législateur s'en occupe;... mais il n'y dispose que pour
les cas où l'obligation contractée par l'un des héritiers
présomptifs fait partie de ses conventions matrimoniales, ce qui rétablit la disposition de la loi romaine
contenue dans la loi 3, au Code, *de collationibus,* mais ne
déroge pas à celle de la loi dernière, au Code, *de pactis,*
qui maintient les traités sur succession future lorsqu'ils
sont faits hors mariage et avec le consentement de
celui de la succession duquel il s'agit.

» ... L'inapplication de cet article 2 à ces sortes de
traités a été reconnue par le législateur lui-même dans
l'art. 56 du décret du 22 ventôse an II, où il ne le cite
que comme écartant les renonciations faites en contrat de mariage ;..... les autres dispositions de cet article 56 ne s'appliquent pas mieux à ces traités,..... Si,
en effet, il est dit que les lois anciennes réprouvaient
en tous autres actes les transactions qui intervenaient
sur des successions d'hommes vivants, cela ne peut
s'entendre que des lois qui prohibaient ces transactions quand elles étaient faites hors la présence et
sans le consentement de ceux sur la succession desquels on traitait, mais est entièrement inapplicable
aux lois qui autorisaient, au contraire, ces sortes de
traités avec cette présence et ces consentements.....
En se référant aux lois anciennes d'une manière géné-

rale, le législateur n'a évidemment rien changé aux dispositions relatives à ces derniers cas..... »

ARTICLE II.

DES PARTAGES D'ASCENDANTS EFFECTUÉS AVEC LA PLUS STRICTE ÉGALITÉ.

Suivant M. Genty (1), la loi du 17 nivôse de l'an II avait implicitement défendu les partages d'ascendants, par cette raison qu'ils auraient pu souvent porter atteinte à l'égalité qu'elle avait pour but d'établir. Mais la Cour suprême, dans un arrêt du 11 décembre 1816, est d'avis que la loi du 17 nivôse a dû seulement avoir pour conséquence d'empêcher que ces sortes de partages s'écartassent de la plus parfaite égalité ; que, dès lors, ceux qui se conformaient à l'esprit de la loi devaient nécessairement être valables.

« ..... Toute prohibition, dit cet arrêt, doit résulter d'une loi expresse, surtout lorsqu'elle a pour objet de déroger au droit commun.

» ..... La loi du 17 nivôse, art. 17, n'énonce aucune disposition prohibitive d'où l'on puisse induire que les ascendants ont été privés du droit de faire entre leurs enfants, soit par acte entre-vifs, soit à cause de mort, le partage de leurs biens..... La seule obligation qu'elle leur impose impérativement était de ne point blesser l'égalité dans les lots qu'ils assignaient à leurs enfants..... »

(1) Trait. des part. d'ascendants, p. 71.

ARTICLE III.

DES DONATIONS A CHARGE DE RENTE VIAGÈRE OU VENTES A FONDS
PERDU, EN LIGNE DIRECTE OU COLLATÉRALE, A L'UN DES HÉRITIERS
PRÉSOMPTIFS OU A SES DESCENDANTS, AVEC LE CONCOURS DES COHÉRI-
TIERS DE L'ACQUÉREUR.

L'interdiction absolue, par l'art. 26 de la loi du 17 nivôse de l'an II et par l'art. 55 do la loi du 22 ventôse
de la même année, des donations à charge de rente
viagère ou des ventes à fonds perdu dans les limites
qu'elles indiquaient, n'était qu'une des applications du
principe fondamental de ces lois que nous avons dit
avoir été l'*égalité* entre les héritiers. C'était donc une
protection que la loi accordait ainsi aux cohéritiers de
l'acquéreur, protection à laquelle elle leur laissait la
liberté de renoncer, pourvu qu'ils manifestassent leur
volonté sur ce point lors de la formation du contrat.

Telles sont, en effet, les termes de l'art. 26 : « Toutes
donations à charge de rentes viagères ou ventes à
fonds perdus, en ligne directe ou collatérale, à l'un des
héritiers présomptifs ou à ses descendants, sont interdites, à moins que les parents du degré de l'acquéreur
et de degrés plus prochains n'y interviennent et n'y
consentent. » Nous avons bien là, par conséquent, un
pacte sur succession future exceptionnellement autorisé
par nos lois transitoires.

CONCLUSION.

La passion de l'*égalité* constitue le caractère particulier du droit intermédiaire. Aussi le judicieux Portalis faisait de cette époque une peinture bien exacte, lorsqu'il disait : « On chercha à niveler toutes les fortunes, après avoir nivelé tous les rangs (1). » Cependant, après l'orage terrible qui était venu fondre sur notre pays, des jours meilleurs arrivèrent, et l'on vit la dernière des lois intermédiaires, celle du 4 germinal de l'an VIII, entrer résolûment dans la voie des réparations. C'est à son occasion que Regnault de Saint-Jean-d'Angély fit entendre ces rassurantes paroles : « La permission limitée de disposer, rétablie par cette loi, est à la fois conforme à l'intérêt particulier des citoyens et des familles, et à l'intérêt général de la société ; elle est fondée sur la justice et la morale. Sans enchaîner la volonté libérale du père de famille, elle ne favorise pas les écarts d'une prédilection aveugle ; elle donne une part disponible aux affections, elle en réserve une à laquelle les erreurs des passions ne peuvent toucher ; elle limite équitablement la puissance du citoyen et la puissance de la société ; elle est en harmonie avec les principes auxquels vos vœux et les efforts du gouvernement, d'accord avec eux, ont déjà ramené et ramèneront encore la législation. »

(1) Exposé des motifs de la loi relative à la réunion des lois civiles en un seul corps. Séance du 28 ventôse an XII.

QUATRIÈME PARTIE.

CODE NAPOLÉON.

PRÉAMBULE.

Le législateur de 1804, à l'exemple des législateurs romains, a cru devoir choisir, comme une des bases fondamentales du monument qu'il allait édifier, cê principe : « *qu'on ne peut déroger par des conventions particulières aux lois qui intéressent l'ordre public et les bonnes mœurs* (1). » Or, je n'ai trouvé nulle part un meilleur commentaire de cette disposition que celui qui se trouve renfermé dans l'exposé des motifs de la loi relative à la publication, aux effets et à l'application des lois en général, par le conseiller d'État Portalis : « Ce n'est, dit ce profond penseur, que pour maintenir *l'ordre public* qu'il y a des gouvernements et des lois. Il est donc impossible qu'on autorise entre les citoyens des conventions capables d'altérer ou de compromettre l'ordre public. Des jurisconsultes ont poussé le délire jusqu'à croire que des particuliers pouvaient traiter entre eux comme s'ils vivaient dans ce qu'ils appellent l'état de nature, et consentir tel contrat qui peut convenir à leurs intérêts, comme s'ils n'étaient gênés par aucune loi.

. . . .

(1) Art. 6 C. N.; *voir*, dans le même sens, l'art. 900, *in fine*.

» Toutes ces dangereuses doctrines, fondées sur des subtilités, et éversives des maximes fondamentales, doivent disparaître devant la sainteté des lois. Le maintien de l'ordre public dans une société est la loi suprême. Protéger des conventions contre cette loi, ce serait placer des volontés particulières au-dessus de la volonté générale, ce serait dissoudre l'État.

» Quant aux conventions contraires aux bonnes mœurs, elles sont proscrites chez toutes les nations policées. Les bonnes mœurs peuvent suppléer les bonnes lois ; elles sont le véritable ciment de l'édifice social. Tout ce qui les offense, offense la nature et les lois. Si on pouvait les blesser par des conventions, bientôt l'honnêteté publique ne serait plus qu'un vain nom, et toutes les idées d'honneur, de vertu, de justice, seraient remplacées par les lâches combinaisons de l'intérêt personnel et par les calculs du vice (1). »

Un auteur (2), rapprochant de l'art. 6 du Code Napoléon, dont nous venons d'examiner les raisons législatives, l'art. 1133 du même code, remarque que, d'après ce dernier texte, la cause d'une obligation n'est licite que quand elle n'est ni *contraire à l'ordre public*, ni *contraire aux bonnes mœurs*, ni *prohibée par la loi*. Or, dit ce jurisconsulte en parlant de l'art. 6, « on pourrait croire que *notre article* est incomplet et qu'il y a non pas seulement deux, mais trois circonstances qui s'oppo-

(1) Exposé des motifs de la loi relative à la publication, aux effets et à l'application des lois en général, par le conseiller d'État Portalis (séance du 4 vent. an XI), n° 20. — V. rapport fait au tribunat par le tribun Grenier, au nom de la section de législation, sur la même loi (séance du 9 vent. an XI), n° 32. V. discours prononcé au Corps législatif, également sur cette loi, par le tribun Faure (séance du 14 vent. an XI), n° 43.
(2) Marcadé, *Explic. du C. N.*, 5° édition, t. 1, p. 67 et 68.

sent à ce qu'on déroge à une loi par convention particulière ; on pourrait croire qu'il y a des lois auxquelles on
ne peut pas déroger parce que le législateur l'a défendu,
sans que cependant elles touchent ni à l'ordre public
ni aux bonnes mœurs. Ce serait une erreur. C'est toujours parce qu'une disposition touche de plus ou
moins près à la morale ou au bon ordre, que le législateur défend d'y déroger ; ce n'est jamais par caprice,
et pour le plaisir d'entraver la liberté des conventions,
qu'il défend de stipuler sur telle ou telle matière. Seulement, comme le rapport que le législateur aperçoit
entre telle disposition et l'ordre public ou la morale
peut être assez éloigné et peu saillant, il prend quelquefois la peine de dire expressément que cette disposition ne pourra être changée par convention. C'est
pour cela que l'art. 1133, qui ne fait que reproduire
l'idée de notre article, nous présente comme causes
illicites d'obligation et celle contraire aux bonnes
mœurs ou à l'ordre public et celle *prohibée par la
loi.* »

Cet art. 1133 n'est, du reste, que la traduction à peu
près littérale des textes du droit romain, cités par moi
au commencement de cette dissertation.

Entre toutes les conventions contraires à *l'ordre
public* et aux *bonnes mœurs* apparaissent, dans notre
droit moderne comme dans notre ancien droit, les
pactes sur succession future.

Or, par suite d'influences diamétralement opposées,
ces conventions ayant subi, comme nous l'avons vu,
bien des transformations dans notre ancien droit et
dans notre droit intermédiaire, devaient nécessairement être rangées dans la dernière catégorie prévue
par l'art. 1133, afin de ne laisser planer dans les esprits

aucune espèce de doute sur la situation qui leur était faite.

Aussi les rédacteurs du Code Napoléon ont-ils soigneusement indiqué qu'en général ces conventions sont désormais *prohibées par la loi*, quelques-unes d'elles seulement ayant été exceptionnellement autorisées.

C'est à l'examen de ce principe et des exceptions auxquelles il donne lieu, que va être consacrée cette quatrième et dernière partie de mon travail.

———

CHAPITRE PREMIER.

DE LA PROHIBITION DES PACTES SUR SUCCESSION FUTURE.

> « La loi civile ne doit-elle pas être, autant que possible, le ministre des consciences. »
>
> (Discours prononcé au Corps législatif, par le tribun Jaubert, sur la loi relative à la réunion des lois civiles en un seul corps (séance du 30 vent. an XII).

La *règle générale* de la matière est, dans notre Code, la *prohibition* rigoureuse de tous pactes sur succession future. Elle est formellement écrite dans les art. 791 et 1130, qui sont ainsi conçus : 1° art. 791 : « On ne peut, même *par contrat de mariage*, renoncer à la succession d'un homme vivant, ni aliéner les droits éventuels qu'on peut avoir à cette succession ; » 2° art. 1130 : « On ne peut cependant renoncer à une succession non ouverte, ni faire aucune stipulation sur une pareille succession, même avec le consentement de celui de la succession duquel il s'agit. »

Or, voici quels ont été, pour l'un et l'autre de ces articles, les motifs sérieux qui ont inspiré le législateur.

Je parle d'abord de l'art. 791, à l'occasion duquel M. Chabot, de l'Allier, s'est exprimé dans les termes suivants : « Les coutumes avaient imaginé un nouveau moyen d'exclure les filles des successions ; c'était de les faire renoncer, dans leur contrat de mariage, à des successions même non encore échues. — Il est évident que ces renonciations, contraires au principe général qui veut qu'on ne puisse renoncer à la succession d'un homme vivant, avaient la même origine et les mêmes motifs que les exclusions coutumières ; c'était toujours pour conserver aux mâles, et surtout à l'aîné, une grande fortune pour soutenir l'éclat et le nom de la famille. Les renonciations auxquelles on forçait les filles de souscrire par leurs contrats de mariage, et sans lesquelles on ne leur permettait guère de se marier, avaient donc la même tache d'injustice et de féodalité que les exclusions coutumières ; elles blessaient également la nature et l'égalité, et il fallait également les proscrire (1). »

Quant à l'article 1130, telles sont les réflexions qu'il a suggérées à M. Bigot-Préameneu : « Les choses qui n'existent point encore peuvent être l'objet de l'obligation, qui alors dépend de la condition de leur future existence. Il faut seulement excepter les conventions incompatibles *avec l'honnêteté publique ; telle serait la renonciation à une succession non ouverte ou toute autre stipulation sur une pareille succession.* Le consentement

----

(1) Rapport fait au tribunat par Chabot (de l'Allier), au nom de la section de législation, sur la loi relative aux successions (séance du 26 germin. an XI), n° 93.

de celui sur la fortune duquel on stipulerait ne couvrirait pas un pareil vice (1). »

Je veux également mentionner ici les paroles adressées, sur ce sujet, au Corps législatif, par le tribun Mouricault : « C'est, dit cet orateur, une prohibition juste, puisque sans elle l'un des principaux objets de notre législation actuelle serait facilement éludé, la plupart de ces conventions sur les successions futures ayant pour but de porter atteinte à l'égalité des partages (2). »

Je reviens à l'article 791 du Code Napoléon, que je veux examiner complétement, tant au point de vue de la doctrine qu'à celui de la jurisprudence, me proposant de faire ensuite la même étude à l'égard de l'art. 1130, pour ce qu'il a de plus général que l'article 791.

Je dois commencer par me demander, et cette question va être l'objet d'un paragraphe spécial, à quoi tend l'art. 791 C. N.

(1) Exposé des motifs de la loi sur les contrats ou les obligations conventionnelles en général, par le conseiller d'État Bigot-Préameneu (séance du 7 pluviôse an XII), n° 20.

(2) Discours prononcé au Corps législatif par le tribun Mouricault, l'un des orateurs chargés de présenter le vœu du tribunat sur la loi relative aux contrats ou obligations conventionnelles en général (séance du 17 pluv. an XII), n° 379.

SECTION PREMIÈRE.

COMMENTAIRE DE L'ARTICLE 791 CODE NAPOLÉON.

§ 1. — *But de l'art. 791 Code Napoléon.*

M. Larombière me paraît avoir donné à cette première question une très-bonne réponse, parce qu'elle
est certainement le fidèle reflet de la pensée du législateur. « Quant aux renonciations aux successions non ouvertes, dit l'auteur dont je parle, la
loi a eu d'excellentes raisons pour les proscrire; elles
sont aussi d'intérêt public. On ne peut en effet se
dissimuler qu'attachant en général peu de prix aux
droits purement éventuels, à raison de leur incertitude
même, nous ne soyons généralement disposés à en
faire bon marché et à les abandonner pour un vil escompte; le plus souvent *lésionnaires*, de pareilles conventions devaient être déclarées illicites. D'autre part,
si l'on songe que, dans la plupart des cas, ces renonciations seraient faites par des enfants qui céderaient à
l'influence de la puissance paternelle ou à la séduction
d'un modique intérêt présent, on reconnaîtra la moralité autant que la nécessité d'une semblable prohibition. Enfin, comme ces renonciations faites en famille
devraient toujours profiter à quelqu'un, la loi des partages serait violée et l'égalité rompue, contre l'intention manifeste du législateur (1). »

Il est assez naturel de rechercher pourquoi le législateur s'est spécialement occupé, dans notre article,

_____

(1) Larombière, *Traité des obligations*, art. 1130, n° 1.

des *renonciations* à succession future, tandis qu'il a passé sous silence ce qui concerne *l'acceptation* de ces mêmes successions. — Nous rencontrons dans tous les auteurs l'explication très-simple de ce fait : c'est qu'il s'agissait de rompre avec notre ancien droit, qui, dans certaines hypothèses, admettait les *renonciations* à succession future, alors qu'il avait toujours prohibé leur acceptation. Il était donc complétement inutile de parler de *l'acceptation*, surtout quand ce mode de convention se trouvait implicitement prohibé par l'art. 1130 du Code Napoléon, dont nous avons déjà dit un mot.

La dernière interdiction que renferme l'art. 791 consiste dans la défense *d'aliéner les droits éventuels qu'on peut avoir à une succession future.* Or, la même défense se trouve reproduite au titre de la vente, art. 1600 du Code Napoléon, dans les termes suivants : « On ne peut *vendre* la succession d'une personne vivante, même de son consentement. »

Le conseiller d'État Portalis explique ainsi ce qui a fait édicter cette règle : « Les lois romaines proscrivaient la vente de la succession d'une personne vivante ; la jurisprudence française s'était conformée à la disposition des lois romaines : nous avons cru qu'il importait de conserver une maxime *essentielle aux bonnes mœurs*, et dictée par l'humanité même. Il est sans doute permis de traiter sur des choses incertaines, de vendre et d'acheter de simples espérances ; mais il faut que les incertitudes et les espérances qui sont la matière du contrat ne soient contraires ni aux sentiments de la nature ni aux principes de l'honnêteté (1). »

(1) Exposé des motifs de la loi relative à la vente, par le conseiller d'État Portalis (séance du 7 vent. an XII), n° 15.

Le tribun Siméon avait dit avant Portalis, à propos des deux articles 791 et 1600 : « On ne peut *renoncer* d'avance à une succession, ni en *vendre* sa part ; il faut connaître son droit et savoir en quoi il consiste, pour y renoncer valablement. Cette disposition paraît contraire aux règles du contrat de vente, qui permettent de vendre des choses à venir, telles que des fruits à recueillir, des animaux qui peuvent naître, et d'autres choses semblables, quoiqu'elles ne soient pas encore en nature.

. . . .

» Mais, dans tous ces cas, le vendeur est propriétaire ; l'espérance qu'il vend a un fondement réel dans le champ, dans le troupeau..... desquels il est le maître ; au lieu que l'espérance d'un héritier présomptif dans une succession future n'a point de base réelle, et ne porte que sur la présomption, souvent fautive, qu'il succédera. D'ailleurs, en établissant que tout ce que l'on peut avoir, posséder ou recouvrer est susceptible de vente, le peuple sage, le conquérant et le législateur du monde, excepta les ventes qui seraient contraires à la nature, au droit des gens ou aux bonnes mœurs. Or la vente de la succession d'un homme vivant offense les convenances ; elle suppose autant le désir que la trop active prévoyance de sa mort. La renonciation, si elle est payée, est une vente qui a les mêmes vices que la vente elle-même ; si elle est gratuite, elle est une sorte de mépris, une offense faite à celui dont on répudie d'avance l'héritage ; ou, s'il la sollicite lui-même, elle peut être forcée par l'autorité qu'il exerce ; elle peut entraîner pour le renonçant une *lésion* que la loi ne doit pas souffrir. On avait cependant admis, dans les pays coutumiers, la renonciation des filles ; elle avait pour motif les avantages présents qu'elles trouvaient dans leur dot et leur établissement, et surtout le désir de conserver les biens dans les familles. Mais un établissement était dû aux filles comme aux mâles ; la dot ne devait être, pour elles comme pour eux, qu'un avancement d'hoirie : c'était leur vendre avec injustice° et cherté un établissement que de le leur faire acheter par la perte de leur portion héréditaire. La conservation des biens dans les familles, précieuse à beaucoup d'égards, ne l'est pas assez pour qu'on y veille au détriment d'une partie de la famille elle-même. Les filles y sont nées ainsi que les mâles. Malheur à la société, si la nature, adoptant ces injustes préférences, devenait plus prodigue de mâles que de filles, et rompait dans les naissances cet équilibre des deux sexes si nécessaire à la propagation et à la tranquillité de l'espèce humaine (1). »

Suivant le tribun Faure, « il répugne *à l'honnêteté publique* de vendre la succession d'une personne vivante. Vainement cette personne consentirait ; la loi réprouve une convention où l'on spécule sur les dépouilles d'un individu qui n'est pas mort, et sur une succession qui ne peut pas encore porter ce titre (2). »

Nous trouvons un langage aussi énergique dans la bouche du tribun Grenier. D'après cet orateur , « on n'a jamais dû tolérer que les successions de personnes vivantes devinssent un *sujet de trafic* et la matière des

---

(1) Discours prononcé au Corps législatif par le tribun Siméon, l'un des orateurs chargés de présenter le vœu du tribunat sur la loi relative aux successions (séance du 29 germ. an XI), n° 152.

(2) Rapport fait au tribunat par le tribun Faure, au nom de la section de législation, sur la loi relative à la vente (séance du 12 ventôse an XII). n° 11.

contrats ordinaires. Elles ne peuvent être assurées que par des dispositions qui prennent leur source dans des affections purement morales, ou qui sont commandées par le maintien de *l'ordre public*, qui exige une succession de biens comme il y a une succession de personnes. En adoptant ce principe, les Romains étaient tombés dans une espèce de contradiction, en voulant, dans une de leurs lois, que la succession d'une personne vivante pût être vendue lorsque la vente était faite de son consentement..... (1). »

M. Troplong indique bien la raison principale qui a fait interdire la vente d'une succession future, lorsqu'il dit, avec les hommes éminents dont je viens de reproduire les paroles : « Un motif plus sérieux et plus décisif, c'est l'immoralité de tous les pactes sur la succession d'un homme vivant, c'est l'indécence qu'il y a à spéculer sur la mort de celui dont on attend la dépouille (2). »

Le même jurisconsulte ajoute : « Une vente de succession future a donc une cause illicite ; elle est *contraire aux bonnes mœurs* ; et comme les conventions des particuliers ne peuvent déroger à ce qui est *d'ordre public*, le consentement de la personne vivante ne pourrait la valider (3). »

Il était important d'insister, en ce qui regarde notre art. 1600, sur cette inutilité du consentement de la partie intéressée, afin qu'on ne pût douter de la suppression de l'exception au principe de prohibition des pactes sur succession future, résultant d'une semblable adhésion.

(1) Discours prononcé au Corps législatif par le tribun Grenier, l'un des orateurs chargés de présenter le vœu du tribunat sur la loi relative à la vente (séance du 15 ventôse an XII), n° 83.
(2) Troplong, *Vente*, t. 1, n° 215.
(3) Troplong, *loc. supr. cit.*

§2. — *Étendue de la prohibition édictée par l'art. 791 combiné avec l'art. 1600.*

I. *Limites de l'art. 791 C. N.* Les renonciations à *succession future* sont interdites, sous quelque forme qu'elles se produisent.

Nous avons déjà vu qu'il résulte des termes de cet article que, contrairement à ce qui se passait dans notre ancien droit, le contrat de mariage lui-même ne protège plus ces sortes de conventions.

L'*institution contractuelle* est, par exception, ainsi que nous le verrons plus tard, un pacte sur succession future légalement autorisé, et ne peut, comme les successions ordinaires non échues, être l'objet d'aucune espèce de traité. On a objecté que l'art. 791 ne devait s'appliquer qu'aux successions légales, par ce motif qu'il appartient au titre qui règle ces successions. Mais on a répondu très-logiquement qu'un pareil système conduirait bien loin, et notamment à faire considérer comme inapplicables aux successions testamentaires et contractuelles les dispositions du même titre relatives à l'acceptation ou à la répudiation de l'hérédité, au bénéfice d'inventaire, au partage, etc., conséquence qui serait évidemment absurde.

Je trouve dans un arrêt de la Cour de cassation, concernant précisément une *renonciation à institution contractuelle*, la justification suivante des principes que je viens d'énoncer : « Autoriser des modifications aux donations par contrat de mariage, au moyen de conventions entre le donateur qui a ainsi disposé d'une partie de sa future succession et le donataire institué, ce serait exposer la paix des familles, en ouvrant de part et d'autre l'espérance de pactes postérieurs, en livrant aux discussions et à l'incertitude des volontés réciproques les conditions déjà solennellement arrêtées, auxquelles la loi a voulu attacher un caractère de fixité, et sur la foi desquelles a été contracté le mariage (1). »

« Que si l'instituant, dit M. Troplong, donne, en dehors de la limite autorisée par l'art. 1083, quelques-uns des biens compris dans l'institution, l'approbation donnée à cette aliénation à titre gratuit par l'institué, avant l'ouverture de la succession, ne saurait produire d'effet, car il *renonce* par là *à un droit dépendant d'une succession future.....* (2). » Le même auteur ajoute, quelques lignes plus bas : « On peut d'ailleurs fortifier le texte de l'art. 791 du Code Napoléon par des raisons frappantes. Quand la tierce personne dont la succession future est en jeu n'est pas partie dans le pacte, il est évident que c'est lui faire injure que de spéculer ainsi sur l'événement de sa mort et sur des choses qui lui appartiennent. Que si, au contraire, elle vient y prendre part, un inconvénient d'un autre genre est à craindre ; il est possible, en effet, qu'elle se repente de sa libéralité, et qu'elle use de son autorité pour forcer le donataire institué à partager cette libéralité avec une autre personne devenue l'objet de nouvelles affections. C'est ce que l'on a vu souvent dans les familles, et de là naissent des causes de division et de fâcheuses instabilités dans les actes matrimoniaux (3). »

M. Dalloz est entièrement de l'avis de M. Troplong :

(1) Cass. 16 août 1841; Journ. de cassat., 11, 1, 340.
(2) Troplong, *Donat. et test.*, chap. VIII, p. 505.
(3) Troplong, *Donat. et test.*, chap. VIII, p. 507 et 508.

« L'application, écrit ce laborieux commentateur, que nous faisons au cas de l'institution contractuelle de la disposition précitée de l'art. 791, se justifie d'ailleurs en elle-même par des considérations décisives : si l'héritier contractuel pouvait, par des renonciations anticipées faites dans le contrat de mariage d'un tiers, valider d'avance les libéralités qu'il plairait à l'instituant de consentir au delà des limites posées par l'article 1083, il semble bien, en effet, que ce serait accorder par là à cet instituant le droit de revenir indirectement sur l'institution contractuelle elle-même, puisqu'il lui serait facile, par les obsessions et la menace, de ne rien laisser dans sa succession, d'influencer la volonté de l'institué et d'amener ce dernier au partage de la libéralité avec une personne nouvelle. C'est donc le cas de s'attacher à cette maxime de Dumoulin : *Consensus hæredis, vivo testatore, videtur extortus et non valet,* et de prémunir, en conséquence, l'héritier contractuel contre les suites d'une adhésion donnée dans une position semblable aux libéralités nouvelles de l'instituant (1). » .

M. Larombière s'est prononcé sur ce point, dans son *Traité des obligations,* d'une façon non moins expresse : « Soit, en effet, dit-il, que le donataire contractuel renonce en faveur d'un tiers au bénéfice de la donation, ou qu'il déclare par contrat de mariage en faire contractuellement donation en sa faveur, dans l'un comme dans l'autre cas, il y a de la part des contractants *un pacte prohibé sur succession future* (2). »

Ce n'est donc pas sérieusement que l'on peut atta-

---

(1) Dall., *Alph., Dispos. entre vifs et test.,* n° 2100.
(2) Larombière, *Traité des obligations,* art. 1130, n° 37.

quer une opinion en faveur de laquelle se trouvent si parfaitement unies la doctrine et la jurisprudence.

Ce qui est vrai pour l'*institution contractuelle* proprement dite l'est également pour la donation de biens à venir faite contractuellement par un homme ou une femme à son futur conjoint. Aussi la Cour de Toulouse a-t-elle décidé, par un arrêt en date du 15 avril 1842, que l'époux donataire ne pouvait durant le mariage renoncer à une donation de cette nature (1). De même la Cour de cassation, saisie par un pourvoi dirigé contre un arrêt de la Cour de Poitiers du 25 juillet 1839, a jugé, dans un arrêt rendu par elle le 10 août 1840, « que la femme donataire par contrat de mariage de l'usufruit des biens de son mari, qui, dans l'acte de donation de la nue propriété d'une partie de ces biens faite par le mari, intervient et déclare renoncer à l'usufruit de tous les biens de son mari en général, non-seulement en faveur des donataires, mais aussi en faveur des autres héritiers du donateur, moyennant une rente viagère payable par ces donataires et autres héritiers à compter du jour du décès du mari, fait une stipulation sur la succession future de ce dernier, laquelle doit être déclarée sans effet (2). »

La renonciation, faite du vivant de l'époux donateur, à des avantages nuptiaux ayant le caractère de droits successifs, ne serait pas rendue valable par cette circonstance que l'époux donataire ferait cette renonciation au profit d'un de ses enfants et par le contrat de mariage de celui-ci. Nous possédons, sur cette impor-

(1) Dall., *Alph.*, v° *Contrat de mariage*, n° 334, note 1.
(2) Arrêt de Poitiers, 25 juillet 1839, Dall., 40, 2, p. 51 ; Cassat. rej. 10 août 1840, Dall., 40, 1, 302. — Conf. Orléans, 4 août 1849, Devill., 50, 2, 201 ; C. C., 12 janvier 1853, Devill., 53, 1, 71.

tante question, un arrêt très-fortement motivé de la Cour de cassation, rendu le 11 janvier 1853. Une femme mariée avait, du vivant de son mari, renoncé aux droits successifs qu'elle avait sur son hérédité, et cela par le contrat de mariage de son fils et en faveur de ce dernier. « Attendu, dit la Cour de cassation, appelée à se prononcer sur la validité de cette renonciation, que la femme instituée, par son contrat de mariage, donataire en usufruit de la moitié des biens que son mari laissera à son décès, se trouve saisie par lui d'un droit destiné à s'exercer *sur la succession future du mari;* attendu que si ce droit est contractuel par son origine, s'il est conditionnel et subordonné au cas de survie du donataire, s'il est incertain dans son émolument, puisqu'il pourra ne rester aucun bien dans la succession, ces divers caractères ne l'empêchent pas d'être, quant à ses effets, un véritable droit successif ne pouvant s'exercer que sur une hérédité; d'où il suit qu'en annulant la renonciation..... comme contraire aux lois qui défendent de renoncer à une succession non ouverte, l'arrêt attaqué, loin de violer les articles 791 et 1130 C. Nap., en a fait, au contraire, une juste application (1). »

Or, je ne puis mieux commenter cette décision juridique qu'en empruntant les pensées, toujours si saisissantes, du savant M. Troplong. « Bien des considérations, dit ce jurisconsulte, se présentent cependant à l'esprit pour élever la voix en faveur de la renonciation. La mère a obéi à un sentiment naturel; elle a voulu favoriser l'établissement de son fils; elle a disposé, au profit de la personne la plus chère pour elle,

(1) Devill., 53, 1, 65.

et il s'en faut de beaucoup que ce soit là un de ces pactes odieux par lesquels on stipule sur la succession d'une personne vivante. Il faut répondre, nonobstant ces raisons, qu'on ne saurait juger autrement. L'article 791 est formel. Malgré la faveur dont jouissent les contrats de mariage, malgré la grande liberté des époux pour y faire entrer toutes sortes de conventions contraires au droit commun, il n'en est pas moins vrai que la loi ne pousse pas la condescendance jusqu'à permettre de les faire servir à un traité sur la succession d'une tierce personne vivante. . . . .

. . . .

. . . .

La mère peut, par de telles renonciations, troubler la paix intérieure de la famille, exciter la jalousie des frères, et engager son avenir avec une imprudence dont on la voit souvent se repentir (1). »

« Quant à certaines dispositions faites par contrat de mariage, qui ne sont *ni universelles ni à titre universel*, mais qui présentent cependant le caractère de donations à cause de mort et se réfèrent à la succession du donateur, comme, par exemple, s'il s'agissait de la donation faite par le mari à la femme d'une somme à prendre sur sa succession, il faut décider également, par argument des art. 791 et 1130 Code Napoléon, que l'époux donataire ne pourrait pas davantage y *renoncer* pendant la vie de l'époux donateur (2). »

On se prononce ainsi par application du principe que ce n'est pas seulement la renonciation à la succession même, mais encore la renonciation à tout droit déri-

(1) Troplong, *Donat. et test.*, n° 2518.
(2) Dall., *Alph.*, v° *Dispos. entre-vifs et test.*, n° 2329. — Conf. Troplong, *Donat. et test.*, n° 2519.

vant du titre d'héritier, qui tombe sous le coup des art. 791 et 1130 Code Napoléon (1).

Ce que j'ai dit de la renonciation aux institutions contractuelles doit évidemment s'appliquer aux donations cumulatives de biens présents et à venir.

Telles sont les raisons qui me portent à le décider ainsi : « Si la donation de biens présents et à venir cumulativement peut se réduire, par l'option du donataire, à une simple donation de biens présents, il faut remarquer que, aux termes de l'art. 1084, cette renonciation au surplus des biens du donateur et cette option pour les biens présents par le donataire ne peuvent utilement se faire qu'au décès du donateur, et que, tant qu'il existe, la donation conserve son caractère indivisible de donation de biens présents et à venir, d'institution contractuelle, de titre héréditaire en un mot (2). »

Tout ce qui a le caractère de gain de survie doit-il être placé sous l'empire des prohibitions que nous venons d'étudier ? Cette question ne peut se résoudre que par une distinction.

Le gain de survie consiste-t-il en un droit successif, la renonciation dont il est l'objet est un véritable pacte sur succession future, lequel est, par conséquent, interdit ; s'il ne s'agit, au contraire, que d'un droit de créance éventuelle n'ayant rien de commun avec la qualité d'héritier, la renonciation à un pareil droit est considérée comme parfaitement licite. « Si donc la chose sur laquelle porte la convention ne doit se prendre, dans la succession future, qu'à titre de propriétaire ou

---

(1) C. de Lyon, 14 juin 1837; C. C. 27 juin 1838. Dall., *Alph.*, v° *Dispos. entre vifs et test.*, n° 178, note 2.
(2) Larombière, *Trait. des obligat.*, art. 1130, n° 20.

de créancier, abstraction faite de toute qualité de léga-
taire ou d'héritier, il n'y a pas le pacte prohibé......,
alors même que le droit de propriété ou de créance ne
doit se liquider qu'à l'ouverture de la succession (1). »
Cet enseignement est entièrement d'accord avec la
jurisprudence de la Cour de cassation : « Attendu, dit
la Cour suprême, que des gains de survie stipulés en
faveur d'une femme par son contrat de mariage sont
pour elle un droit qui s'ouvre au décès du mari et qui
s'exerce sur sa succession, mais qui n'en fait pas partie,
puisque la femme ne l'exerce pas comme *héritière*,
mais comme *créancière*, en vertu de son contrat ; d'où il
suit qu'elle a pu traiter et transiger sur cette créance,
sans qu'on puisse considérer cet acte comme un traité
sur une succession future (2). »

Ce n'est pas dans la seconde catégorie des gains de
survie qu'il faut ranger celui qui a été prévu par
l'art. 747 du Code Napoléon. « Le *retour légal*.....dans les
mains des ascendants donateurs des choses données
à leurs descendants prédécédés sans postérité constitue un droit successif et non pas un droit de créance
ou de propriété; il est si vrai que ce retour légal est
un titre héréditaire, que le donataire peut disposer des
objets compris dans la donation, et que le donateur ne
lui succède que par la vocation légale, à défaut de dispositions contraires de la part du *de cujus* (3). »

Une renonciation à un pareil droit, de la part d'un

(1) Larombière, *Trait. des obligat.*, art. 1130, n° 18. — Conf. Troplong, *Donat. et test.*, n° 3550.

(2) Arrêt du 22 février 1831, Sir., 31, 1, 107. — Conf. Agen, 12 mai
1818, Sir., 18, 2, 301 ; C. C. 16 juillet 1819, Sir., 50, 1, 380 ; C. C. 31 mai
1826, Dall., *Pér.*, 26, 1, 252.

(3) Larombière, *Trait. des obligat.*, art. 1130, n° 19.

ascendant donateur, serait donc bien un pacte sur succession future frappé de l'interdiction formulée par
l'art. 791 Code Napoléon.

J'ajouterai, avec le jurisconsulte dont je viens de citer
l'appréciation au sujet de l'art. 747, qu'il faut envisager
d'une manière tout à fait différente le retour conventionnel de l'art. 951. Car, « si la condition de ce droit de
retour se réalise par le décès du donataire ou de ses
descendants, le donateur n'en recueille pas le bénéfice
par suite d'une vocation successorale, mais seulement en
vertu de la convention. Ce droit ne porte pas d'ailleurs
sur une chose qui soit comprise dans l'hérédité. Le
donateur ne fait donc que renoncer au bénéfice d'une
stipulation conventionnelle (1). » Il suit de ces considérations que cette renonciation est très-valable.

2° *Limites de l'art.* 1600 *C. N.* Les limites de la
prohibition renfermées dans l'art. 1600 doivent être
évidemment les mêmes que celles dont nous venons
de constater l'existence à propos de l'art. 791, puisque
ces deux articles, dont le second n'est, à peu de choses
près, que la reproduction du premier, ont été rédigés
sous l'inspiration d'une pensée unique : l'interdiction
de tout pacte sur succession future. La distinction que
nous avons faite relativement aux divers droits que
l'on peut avoir dans une succession a donc aussi bien
sa raison d'être pour l'art. 1600 que pour l'art. 791. En
un mot, « il ne faut pas confondre la vente de droits
successifs non ouverts avec la vente d'une créance
soumise à la condition du prédécès du débiteur ; car
le créancier qui, lors de l'événement de la condition,
fera valoir ses droits sur la succession, n'agira pas en

(1) Larombière, *loc. supr. cit.*

qualité d'héritier, mais bien en qualité de créancier (1). »

Ici encore doit être soigneusement faite la distinction entre le retour légal et le retour conventionnel (2).

De même que pour la *renonciation*, « il n'est pas
nécessaire qu'on ait stipulé sur l'universalité, ou du
moins sur une partie aliquote de la succession ; il suffit
que la cause du contrat soit une chose, même indivi-
duelle, même précise, à laquelle on n'a droit qu'en
qualité d'héritier présomptif. . . . .

. . . .

» S'il en était autrement, rien ne serait plus facile
que d'éluder la disposition de la loi : on vendrait sépa-
rément des choses de la succession....., et, quand on
aurait épuisé en détail la totalité de l'hérédité, on bra-
verait la nullité prononcée par notre article..... (3). »

Il est très-important de ne pas confondre la vente
d'une succession future avec celle de la chose d'autrui.
« Toute vente d'une succession future contient nécessairement en soi une vente de la chose d'autrui ; mais
la réciprocité n'a pas lieu. La vente de la chose
d'autrui est le genre ; la vente d'une succession non
ouverte est l'espèce, mais une espèce environnée de
circonstances aggravantes ; le caractère d'immoralité
dont elle est entachée la rejette dans une classe à part ;
il la met en lutte avec l'ordre public, tandis que, par
elle-même, la simple vente de la chose d'autrui n'est
en opposition qu'avec le droit civil (4). »

(1) Troplong, *Vente*, n° 250.
(2) Troplong, *loc. cit.* — Chabot sur l'art. 747, n° 7.
(3) Troplong, *Vente*, n° 246. — Larombière, *Obligat.*, art. 1130,
n°° 13 et 24. — Marcadé, t. vɪ, p. 211, 1.
(4) Troplong, *Vente*, n° 247.

Le critérium suivant me paraît excellent pour empêcher que l'on ne tombe dans l'erreur dont j'indique
le danger : « Ce qui constitue essentiellement le pacte
sur *succession future*, c'est la manifestation, dans l'acte,
de prétentions héréditaires. Il faut que le sujet de la
convention y soit considéré comme objet dépendant
de la succession non ouverte, et sur laquelle le promettant signale ses droits présomptifs. Si donc, en
traitant sur une chose dépendante d'une succession
future, je ne contracte pas expressément dans la prévision de l'ouverture de cette succession, ni en même
temps dans la présomption de mes droits successifs,
je ne fais pas..... la vente prohibée par l'art. 1600.
Mon silence sur l'éventualité de la succession et sur le
sentiment de mes prétentions héréditaires prouve que
je n'ai voulu considérer la chose que comme chose
d'autrui, si même je ne l'ai pas regardée de bonne foi
comme étant ma propriété (1). »

Je renvoie à mes observations sur la sanction de la
prohibition des pactes sur succession future l'énumération des conséquences résultant des différences qui
existent entre ces deux sortes de ventes.

(1) Larombière, *Trait. des obligat.*, art. 1130, n° 21.

SECTION II.

§ 1. — *But de l'article 1130 C. N.*

Cet article renferme le principe fondamental de la
théorie adoptée par notre Code relativement aux *pactes
sur succession future*, car c'est là seulement, ainsi que
nous l'avons vu plus haut, que se trouve formulée l'*interdiction générale* de tous les pactes de cette nature (1).
Les art. 791 et 1600, dont j'ai déjà parlé, ne sont que des
applications spéciales de l'art. 1130. Il eût sans doute
été plus logique d'examiner le genre avant les espèces ;
mais, ayant résolu de me conformer autant que possible à l'ordre suivi par le Code, je me suis trouvé dans la
nécessité de n'aborder qu'à son rang l'art. 1130. Que
si, malgré ce raisonnement, j'ai cependant commenté
l'art. 1600 en même temps que l'art. 791, c'est tout
simplement, comme je l'ai fait remarquer, parce que,
ces deux articles n'étant, à peu de chose près, que la
reproduction l'un de l'autre, il me semblait peu utile
de les séparer.

Cela dit, étudions l'esprit des dispositions de l'article 1130 dans ce qu'il contient de plus que les articles précités.

Quelle pensée a conduit le législateur à édicter l'ar-

(1) Orléans, 24 mai 1819, D. P. 19, 2, 165. — Il importe de bien
remarquer que les pactes relatifs aux objets singuliers d'une succession non ouverte sont aussi prohibés que ceux qui concernent
des droits universels. Rennes, 2 décembre 1837; Amiens, 26 décembre 1839; C. C., ch. civ., 11 novembre 1845.

ticle 1130 C. N. ? Est-ce, comme chez les Romains et dans notre ancien droit, parce que *les pactes sur succession future* peuvent exciter à souhaiter la mort d'un homme, et qu'ils sont ainsi contraires à l'honnêteté publique ? Je crois, avec plusieurs auteurs, que ce motif, qui est certainement entré pour beaucoup dans la détermination des rédacteurs de notre article, n'est cependant pas le seul qui les ait guidés.

La seconde raison qui a fait proscrire si rigoureusement les pactes sur succession future est *la lésion*, souvent très-grave, qui pourrait en résulter pour les personnes appelées à figurer dans de pareils contrats.

« L'expérience nous apprend qu'on attache d'autant moins de prix à certaines choses qu'elles sont soumises à une éventualité plus incertaine et plus éloignée. Tels sont les droits que, à titre d'héritier présomptif, on peut prétendre dans une succession future.

» Tout y est incertain, le titre et l'émolument. L'impatience, la cupidité, le besoin peuvent d'autant plus aisément entraîner les héritiers présomptifs à réaliser en argent comptant leurs prétentions sur une hérédité future.

» S'ils n'aliènent pas absolument leurs droits, ils peuvent leur faire préjudice par des engagements d'une autre nature.

» Ce n'est pas que, dans la pratique, *la lésion* doive toujours exister dans ces conventions ; mais là où elle aurait existé, il aurait été impossible de s'en faire relever, d'après les principes du droit commun qui excluent *l'action en lésion* contre les conventions aléatoires présentant des éventualités bonnes et mauvaises. Tel serait précisément le caractère des stipulations faites sur succession future.

» Dans ces circonstances, la loi, présumant toujours *la lésion*, a déclaré ces conventions nulles de droit.

» N'oublions pas, enfin, que de semblables pactes, le plus souvent surpris à la faiblesse ou arrachés à la crainte révérentielle, seraient une cause de désordre dans les familles et produiraient par leurs abus la subversion même de la loi des successions. L'art. 1130 annule donc les traités faits sur successions futures, soit comme *lésionnaires*, soit comme contraires à l'ordre et à la morale publics (1). »

Dans l'hypothèse où cette crainte de *la lésion* n'aurait été pour rien dans les prévisions du législateur, plusieurs difficultés de notre Code qu'elle sert à expliquer ne seraient plus susceptibles d'une solution raisonnable.

Par exemple, le contrat *de vente viagère* et les actes par lesquels on s'oblige pour l'époque de son décès, pour celle du décès d'un tiers, peuvent aboutir au *votum alicujus mortis*, aussi bien que les pactes sur succession future. De telles conventions étant pourtant valables, ce doit être parce qu'elles ne donnent pas lieu, attendu leur caractère extrêmement aléatoire, de se préoccuper de *la lésion* qui serait presque toujours l'apanage des pactes sur succession non ouverte.

On ne saurait expliquer non plus, par le désir d'éviter les dangers du *votum mortis*, la prohibition des pactes sur succession future s'étendant aussi bien aux successions *indéterminées* qu'aux successions *déterminées*.

La distinction en honneur chez les Romains était le résultat très-logique de leur théorie. Qui ne com-

_____

(1) Larombière. *Trait. des obligat.*, art. 1130. 6. — Conf. Dall., v° *Obligat.*, n° 121.

prend, en effet, que, lorsqu'on est surtout effrayé par les conséquences pouvant résulter du fait qu'une convention donne à un homme l'assurance de tirer avantage de la mort d'un autre homme, on est naturellement amené à voir d'un œil favorable les pactes dans lesquels cette situation n'existe pas? Or, c'est évidemment ce qui avait fait autoriser par les Romains les contrats sur succession future *indéterminée*. Par conséquent, « s'il était vrai (dans notre droit) que les stipulations sur succession future ne fussent prohibées que parce qu'elles contiennent le vœu impie de la mort de quelqu'un...., il eût fallu faire une exception en faveur des stipulations faites sur successions *indéter-minées*, qui, ne désignant spécialement personne aux tentations de la cupidité, n'offrent certainement ni la même immoralité ni les mêmes dangers (1). »

C'est justement le contraire qui a été admis par le Code Napoléon dans l'art. 1837, au titre des sociétés, d'après lequel se trouve défendue toute stipulation ayant pour but de faire entrer dans une société la propriété des biens qui pourront advenir aux associés par successions ou legs.

M. Larombière, auquel j'ai emprunté ma dernière citation, a donc bien fait d'ajouter : « Quant à ces dispositions irritantes de l'art. 1837, qui ne sont elles-mêmes que le corollaire des dispositions de l'article 1130, il faut bien que le législateur du Code Napoléon, ne pouvant fonder ici ses prohibitions sur des conditions de décence et de moralité, les ait fondées sur d'autres motifs ; autrement, avec les mêmes principes, il serait arrivé nécessairement aux mêmes

(1) Larombière. *Trait. des obligat.*, art. 1130, 7.

conséquences. C'est, encore une fois, que ces stipulations sur successions déterminées ou indéterminées lui ont paru, avant tout et principalement, constituer pour les obligés un préjudice, une lésion, un abandon à vil prix de droits éventuels et incertains (1). »

Au lieu de pactes faits par deux ou plusieurs personnes sur la succession future d'un tiers, s'agit-il de conventions dans lesquelles un citoyen dispose lui-même de sa propre succession, le motif de la prohibition, dans ce dernier cas, diffère beaucoup de ceux que nous avons fait connaître pour le premier.

La loi a pour but de protéger ainsi le disposant contre ses propres faiblesses, en lui conservant, comme en droit romain, *la faculté de tester.*

Un auteur, dont j'aime à invoquer l'opinion, parce qu'elle me paraît avoir jeté une grande lumière sur la question des pactes sur successions futures, M. Larombière, a dit, en s'expliquant sur le point spécial dont je m'occupe en ce moment : « La prohibition de conventions... sur sa propre succession non encore ouverte tient à d'autres principes que celles des stipulations faites sur la succession future d'autrui. La loi les prohibe parce qu'on ne peut disposer de sa succession que par testament et qu'on ne peut aliéner la liberté de tester.

. . . .

» Les obligations contractées sur sa future succession sont, à cause de leur irrévocabilité, contraires à l'essence des testaments et destructives de la faculté inaliénable de tester. Voilà pourquoi elles sont prohibées et frappées d'une nullité absolue (2). »

(1) *Trait. des obligat.*, art. 1130, n° 8.
(2) Larombière, *Traité des obligat.*, art. 1130, n° 8.

§ 2. — *Des rapports qui unissent l'art. 1130 à l'art. 1389.*

Non content de s'être exprimé d'une façon si claire et si positive dans les art. 791, 1130 et 1600, le législateur a fait encore ressortir dans l'art. 1389 sa doctrine concernant les pactes sur succession future.

On trouve dans l'exposé des motifs de la loi sur le *Contrat de mariage*, par le conseiller d'État Berlier, ce rapide aperçu des bases du projet, relativement à notre sujet : « Que la plus grande liberté y préside donc, et qu'elle n'ait d'autres limites que celles que lui assignent les bonnes mœurs et l'ordre public, car rien, en cette matière, ne doit être spécialement commandé ; mais ce qui serait contraire à *l'ordre public* peut et doit être positivement défendu. C'est d'après ces vues.... que toutes conventions tendant à intervertir l'ordre légal des successions sont spécialement défendues (1). »

Les époux, lit-on dans l'art. 1389, ne peuvent faire *aucune convention* ou *renonciation* dont l'objet serait de changer l'ordre légal des successions, soit par rapport à eux-mêmes dans la succession de leurs enfants ou descendants, soit par rapport à leurs enfants entre eux....

Suivant M. Troplong, cet article élève une barrière insurmontable contre les conventions qui, abusant de la liberté du contrat de mariage, auraient la prétention de toucher à cette grande loi des successions, dont l'esprit d'égalité froisse tant de préjugés, parce qu'elle constitue la famille et la propriété sur une base démocratique. « Ne nous étonnons pas, dit cet éminent

(1) Séance du 10 pluviôse an XII, n° 1.

jurisconsulte, si l'art. 1389 reproduit une règle déjà écrite dans les art. 701, 1130 et 1172 ; cette redondance ne paraîtra pas vaine, si l'on se rappelle que le législateur était alors en face d'une société dans le sein de laquelle vivaient encore des habitudes invétérées d'inégalité dans les partages, de préférence pour les aînés et de défaveur pour les filles. L'art. 1389 a voulu porter un nouveau coup à ces vestiges d'un passé avec lequel le Code civil, pénétré des besoins de la société moderne, avait résolu de rompre entièrement (1). »

Notre savant auteur continue dans les termes suivants le développement de sa thèse : « Presque toute la France était infectée de cette préférence inique pour les mâles au préjudice des filles, ou pour l'aîné au détriment des cadets.

. . . .

» Or, c'est précisément sous le règne de cette institution antidémocratique que les familles ont décliné, que les hommes nouveaux ont pris la place des anciens, et que l'État a été s'abîmer dans la grande révolution de 1789 ; tandis que, sous le régime d'égalité consacré par le Code civil, nous voyons la richesse s'accroître, la propriété se diviser et s'augmenter, et les familles surgir avec *une inépuisable fécondité*. L'histoire aurait dû prouver cependant que ce n'est pas l'immobilité de l'agnation qui empêche la subversion des familles, et qu'il vaut mieux, autant au point de vue de l'utile qu'au point de vue de la justice, suivre les lois de la nature plutôt que de les étouffer par d'aristocratiques et odieuses combinaisons. Le Code civil, dans l'intérêt de

(1) Troplong, *Contrat de mariage*, art. 1389, n° 125. — Conf. Odier, t. II, n° 632 ; Rodière et Pont, t. I, 71.

la morale et d'une sage politique, a donc condamné ces inventions de l'orgueil, ces égarements du cœur, ces affections fausses et factices, élevées sur la ruine des affections naturelles ; l'expérience prouve hautement combien nous devons nous en féliciter (1). »

Malgré le peu d'autorité de mes appréciations, je me permettrai cependant, tout en m'associant à la plupart des réflexions de l'illustre président de la Cour de cassation, de ne pas être complétement de son avis.— Est-il bien exact que le système qui régissait les successions avant 1780 ne présentait aucun avantage à côté des injustices sérieuses auxquelles il aboutissait fatalement? De même, peut-on dire, à notre époque, que le nouveau régime nous a apporté la solution de tous les problèmes, et que désormais il assure le bonheur de tous, sans que son application engendre des inconvénients assez graves pour qu'ils méritent d'être signalés? Je crois que là, comme presque toujours, l'exagération dont sont empreintes ces affirmations dépasse le but que tout homme doit chercher à atteindre, c'est-à-dire la vérité.

Sans doute il est souverainement équitable que les enfants d'une même famille aient autant de droits aux biens de leur père qu'à son affection ; mais le niveau égalitaire, examiné minutieusement dans ses conséquences pratiques, n'a-t-il pas, chaque jour, de regrettables résultats?

Il semble que la division des patrimoines en des parcelles infiniment petites a attribué à l'avarice et aux tristes aspirations qui en sont ordinairement la suite le rôle jadis exclusivement réservé à l'orgueil. L'amour

(1) Troplong, *Contrat de mariage*, art. 1389. n° 128.

de la famille a fait place au plus froid égoïsme. Les familles nombreuses sont généralement considérées comme un fléau, par ce seul motif que plus grand sera le nombre des enfants, plus la part de chacun sera petite (1). Essayerai-je donc d'indiquer ici le moyen de remédier à ces calamités? Non, car, je le répète, je n'ai pour cela ni l'autorité de l'âge ni celle de la science. Je me contente de signaler, en passant, un fait incontestable, avec l'espoir qu'il pourra inspirer à quelques esprits élevés le désir de chercher à guérir cette plaie de notre société moderne (2). Je répéterai volontiers ces nobles paroles tombées des lèvres d'un orateur sacré : « Ce que je veux, c'est qu'aux jours de la paix, en regardant sa féconde charrue, la France trouve sans les chercher des bras qui la soulèvent et fertilisent ses champs; c'est qu'aux heures terribles et glorieuses où la guerre éclate, sans abandonner sa charrue, sans fermer à ses flancs ces blessures pacifiques d'où s'écoulent la richesse et la vie, la France trouve d'autres bras pour sa vaillante épée, pour la porter droite et fière, et pour en frapper ses ennemis (3). »

Je ne quitterai pas l'art. 1380 sans indiquer quelles sont particulièrement les règles de l'ancien droit que les rédacteurs du Code Napoléon ont voulu supprimer.

---

(1) « Les enfants trop nombreux paraissent une cause de ruine. Aussi existe-t-il des cantons où les noms de frère ou de sœur sont pour ainsi dire inconnus. » (Dép. agricole, par le comte de la Rochetulon, C. de la Vienne du 5 janvier 1807.)

(2) « Il importe de rechercher les moyens de rendre aux familles cette heureuse fécondité d'où dépendent la puissance et l'avenir des nations..... »
Discours du baron Dupin. Sénat. Séance du 25 juin 1807. Compte rendu analytique.

(3) Conf. prêch. à Notre-Dame de Paris en 1866 par le R. P. Hyacinthe.

11

Ils commencent par défendre aux époux « de changer l'ordre légal des successions....., par rapport à eux-mêmes, dans la succession de leurs enfants ou descendants. » Nous savons, en effet, que dans notre ancienne jurisprudence il était permis de stipuler que la succession des enfants à naître appartiendrait exclusivement à l'un des époux.

Au nom de la règle *paterna paternis, materna maternis,* on faisait un fréquent usage d'une clause en vertu de laquelle le père ne pouvait succéder aux biens venant à passer du patrimoine de la mère dans celui de l'enfant commun. Ces biens allaient aux parents collatéraux du défunt. Cette clause, que nous avons examinée plus haut, s'appelait *stipulation de propres* ou *immobilisation de propres dans les estocs et lignes du conjoint.*—Ce n'est pas seulement l'art. 1389 qui proscrit cette sorte de convention, mais c'est encore l'art. 732 C. N., où il est dit que l'on n'a plus maintenant aucun égard à l'origine des biens.

Quant à la prohibition de changements successifs de la part des époux, « par rapport à leurs enfants entre eux, » il est fait allusion aux clauses d'inégalité résultant du droit d'aînesse, ou de la faculté qu'avait la fille de renoncer à la succession future de ses père et mère en faveur de ses frères.

§ 3. *Applications diverses de la prohibition générale des pactes sur succession future.*

Le *mariage* étant un des événements les plus importants de notre existence, et celui autour duquel les pactes sur succession future se sont le plus multipliés sous toutes les formes et dans tous les temps, c'est par des questions qui s'y rattachent que je vais commencer mes citations.

J'ai exposé, en commentant l'art. 791, pourquoi une personne instituée contractuellement ne peut renoncer au bénéfice de son institution. Les mêmes motifs s'opposent évidemment à toute convention ayant pour objet les avantages résultant d'une institution contractuelle. Dès qu'il est bien démontré que c'est là une hérédité qui ne peut s'ouvrir qu'à la mort de l'instituant, tant que celui-ci est encore plein de vie, nul pacte se référant aux biens compris dans l'institution ne peut être valablement formé. Aussi M. Dalloz, comparant ces droits successifs avec ceux de l'héritier du sang, a-t-il raison de dire : « Il y a exactement les mêmes motifs d'appliquer ici l'art. 1130; mais il existe, même à cet égard, un *à fortiori*, du moment qu'il s'agit d'une libéralité qui doit être interprétée conformément à la volonté de la personne dont elle émane, et que cette personne n'a eu en vue que de favoriser le mariage, et non sans doute de fournir matière à un trafic où la spéculation doit s'établir sur l'éventualité de la mort (1). »

Cette doctrine a été très-formellement confirmée par la jurisprudence. « Attendu, a dit la Cour de Lyon dans un arrêt en date du 16 janvier 1838, qu'il n'est pas permis de distinguer entre les droits successifs déférés par la vocation de la loi et ceux qui dérivent d'une institution testamentaire; — que, si le droit de succéder peut prendre sa source et son principe soit

(1) Dall., *Alph.*, v° *Dispos. entre-vifs et test.* 2099; v° *Obligat.*, 417. — Conf. Toullier, t. xii, n° 16; Duranton, t. vi, n° 49; Grenier, *Donat.*, 3° part., chap. iii, sect. ii; Troplong, *Donat. et test.*, n° 2355.

dans la loi, soit dans la volonté de l'homme, ses effets, quoique produits par des causes différentes, n'en restent pas moins semblables. . . . .

» Attendu qu'en consultant l'esprit de la loi, dans les motifs exposés lors de la discussion, on reconnaît que ce n'est point à cause du titre où ils puisent leur origine, mais à raison de leur nature, que les droits éventuels à une succession non ouverte ont été mis hors du commerce; — qu'il ressort des discours alors prononcés que cette prohibition a été dictée d'abord par une considération applicable à tout pacte de ce genre, et parce qu'il s'y présente toujours une triple incertitude sur la survie de l'héritier présomptif, sur l'époque à laquelle la succession s'ouvrira, sur la valeur qu'aura la succession. »

La Cour de cassation a donné sa haute sanction à cette décision par un arrêt qui porte la date du 16 août 1841, et qui a été par nous précédemment cité.

On devrait encore considérer comme un pacte prohibé la renonciation des époux au droit de se faire, pendant le mariage, les dons permis par l'art. 1096 C. N., car une semblable clause ne peut porter bénéfice qu'aux héritiers des conjoints, et « c'est comme s'ils faisaient à leurs héritiers une *promesse de leur succession future* (1). »

Cette clause, usitée dans notre ancien droit, avait beaucoup d'analogie avec la stipulation de propres au côté et ligne, supprimée, comme nous l'avons vu, par l'art. 1389. La raison de cette interdiction vient de ce que « la loi nouvelle porte moins loin que l'ancienne le principe de la conservation des biens dans

---

(1) Dall., *Alph.*, v° *Contrat de mariage*, n° 150.

les familles, et étend davantage la liberté de disposer entre époux (1). »

Avant d'abandonner cette matière si intéressante des conventions qui se forment au moment solennel où les futurs époux sont sur le point d'unir leurs destinées, je veux aborder rapidement un sujet malheureusement trop populaire à notre époque. Il se résume en un *mot* qui a pour objet d'exprimer de nobles et consolantes pensées, et dont on fait, en notre siècle, le plus déplorable abus. Qui n'a déjà deviné ma transparente allusion ? Oui, je gémis de voir ce que l'on entend par *espérance*, ce nom si cher aux malheureux et à tous ceux qui, sachant résister aux envahissements du matérialisme, n'oublient pas que la terre n'est qu'un passage. L'*espérance*, ou plutôt *les espérances*, comme on dit aujourd'hui, ce sont, dans le langage avili de la société au sein de laquelle nous vivons, les biens que laisseront après eux, quand ils seront frappés par la mort, les êtres qui, après Dieu, ont le plus de droits à notre amour, ceux sans lesquels nous ne serions rien, puisque nous leur devons l'existence. A-t-on jamais vu quelque chose d'aussi odieux que ces calculs sur l'âge plus ou moins avancé des père et mère de ceux qui se proposent de contracter mariage ? Car les *espérances* sont d'autant plus *belles* que l'heure fatale d'une éternelle séparation semble plus rapprochée. On envie le sort des orphelins, parce qu'ils n'ont plus à porter le fardeau, qui paraît si lourd, d'une reconnaissance pourtant si légitime, et qu'ils sont assez privilégiés pour posséder, jeunes encore, des trésors sur lesquels ils ne devaient compter que beaucoup plus tard. Placés sur

(1) Dall., loc. cit., *in fine*.

cette pente dangereuse, combien avons-nous lieu de
nous effrayer de l'avenir! Où trouver des expressions
assez fortes pour flétrir l'esprit avec lequel on forme
ainsi les jeunes générations? Aurons-nous donc longtemps le triste spectacle du culte de l'or et du bien-être
à tout prix, venant remplacer celui de la famille avec
ses généreuses aspirations ?

N'est-ce donc rien que la sagesse des vieillards et
les utiles conseils de leur longue expérience ?

Lorsque deux jeunes cœurs songent à s'unir par les
liens sacrés du mariage, parmi les rêves de bonheur
que leur promet cette union devrait figurer, au premier rang, la *douce espérance* d'avoir longtemps pour
guide et pour appui la vertu de ceux qui les ont formés.

Quelle différence entre les reflets si purs de cet horizon et ceux que créent chaque jour, en empruntant,
pour le défigurer, le nom d'*espérance*, ces pactes sur
succession future que je ne saurais trop stigmatiser !
Sans doute, on n'en laisse pas trace dans les contrats
qui précèdent le mariage, et que l'on rédige par écrit ;
mais n'est-ce pas assez, pour attirer notre attention,
qu'ils soient d'ordinaire le principal mobile qui fait
agir les parties contractantes.

J'exprime donc ici le vif regret que j'éprouve en
pensant qu'on ne peut guère faire disparaître un
pareil désordre par des dispositions législatives.

Je formulerai en même temps ce vœu bien sincère,
et qui me paraît être le seul remède au mal que je
signale, à savoir : que les âmes se relèvent et retrou-
vent enfin la vraie notion de l'*espérance!*

Je n'ai parlé jusqu'à présent que des pactes qui

peuvent précéder le mariage. Quant aux conventions sur succession future qui pourraient intervenir durant le mariage, soit entre les époux, soit de la part de chacun d'eux avec un tiers, je citerai, notamment, celles qui se rapporteraient à des gains de survie, sur lesquels on ne peut évidemment pactiser, lorsqu'ils ont le caractère de droits successifs. Je renvoie sur ce point aux distinctions que j'ai cru devoir faire en traitant des renonciations à succession non échue.

En dehors du mariage, si je fais une excursion dans les différents titres du Code Napoléon, je rencontre tout d'abord l'interdiction des ventes de successions futures, sur laquelle j'ai commencé à m'expliquer, me proposant d'y revenir lorsque je parlerai de la sanction légale relative à la prohibition des pactes sur succession non ouverte.

Il est évident que le *louage* s'appliquant à une succession future n'est pas plus autorisé que la vente : c'est ce qui a été décidé par un arrêt de la Cour d'Amiens du 27 décembre 1830 (1).

Que dirai-je des sociétés universelles ayant pour objet des successions futures ? Dans mes observations sur l'art. 1130 combiné avec l'art. 1837, j'ai démontré qu'on ne pouvait plus se proposer de faire entrer dans une société la propriété de biens faisant partie d'une succession future ; car, notre Code ne permettant pas de distinguer entre les successions déterminées et les successions indéterminées, la même solution doit nécessairement s'appliquer aux unes et aux autres.

L'art. 1837 du code Napoléon nous apprend cependant qu'il ne faut pas confondre avec la *propriété la jouis-*

(1) Dall., *Alph.*, v° *Obligations*, n° 410-1°, note 1.

sance des biens appartenant à des successions futures. C'est là un principe que je développerai ultérieurement, dans notre chapitre des exceptions à la règle qui défend les pactes sur la succession d'une personne vivante.

Inutile d'insister sur la prohibition des *transactions* se référant à une *succession future*, ces conventions ne pouvant, pour aucun motif sérieux, échapper à la loi commune (1).

On lit dans l'art. 2120 : « Les biens à venir ne peuvent pas être *hypothéqués*. » C'est une conséquence directe de la *spécialité*, qui est, dans nos lois actuelles, le caractère fondamental de l'hypothèque, » ainsi que l'atteste le même art. 2120 dans la première partie de son texte, dont voici le contenu : « Il n'y a d'hypothèque conventionnelle valable que celle qui, soit dans le titre constitutif de la créance, soit dans un acte authentique postérieur, déclare *spécialement* la nature et la situation de chacun des immeubles actuellement appartenant au débiteur, sur lesquels il consent l'hypothèque de la créance. »

Nous verrons plus tard une exception à cet article renfermée dans l'art. 2130 du code Napoléon.

Après m'être occupé des conventions pouvant porter sur la succession future d'une personne légalement présente, et dont l'existence est par conséquent incontestable, j'estime comme très-intéressant d'examiner quelle pourrait être la valeur de ces mêmes conventions sur la succession d'un *absent*.

On devine facilement que toute la difficulté naît ici

___

(1) Dall., *Alph.*, v° *Transaction*, n° 85; — *Donat.*, v° *Contrat de mariage*, n° 3070.

du seul point de savoir si *l'absent*, à l'égard des pactes dont sa succession est l'objet, doit être ou non considéré comme n'existant pas. Au premier cas, la convention, se référant à une succession ouverte, cesse, par là même, d'être prohibée. Dans la seconde hypothèse, nous rencontrons, au contraire, toutes les conditions exigées par le législateur pour constituer un pacte sur succession future.

La jurisprudence et la doctrine ont formulé, sur cette question, des décisions entièrement contradictoires.

En 1822, la Cour de cassation déclarait « que le traité fait sur la succession d'une personne absente depuis plus de trente années, sans nouvelles, ne peut être réputé un traité sur une succession future, alors même que l'absence n'aurait jamais été déclarée (1). »

La Cour suprême admettait donc alors que la simple *présomption d'absence*, suffisamment prolongée, pouvait permettre d'envisager l'absent comme mort. Mais cette interprétation est tout à fait opposée aux principes qui régissent le titre de l'absence, en vertu desquels la présomption de vie domine de beaucoup la présomption de mort durant cette première période qui porte le nom de *présomption d'absence*.

En 1820, la Cour de cassation persista dans l'opinion qu'elle avait précédemment émise, sans donner aucun motif à l'appui de son système. Il s'agissait, comme en 1822, d'une cession de droits successifs faite par l'héritier présomptif d'un présumé absent (2).

Il ressort également d'un arrêt de la Cour de cassation, qui porte la date du 30 août 1820, que, pour attaquer,

(1) C. C., 1 décembre 1822, Dall., *Alph.*, v° *Absence*, n° 161, note 2.
(2) C. C. août 1829, Dall., *Alph.*, v° *Absence*, n° 163, note 1.

comme condamnée par l'art. 1130, une convention faite sur la succession d'un présumé absent, il est indispensable de commencer par prouver l'existence, lors de la formation de la convention, de celui du patrimoine duquel on a disposé. La Cour de cassation émettait donc encore l'avis qu'en cas de présomption d'absence, c'est positivement la pensée de la mort qui prévaut jusqu'à preuve contraire (1).

La Cour de Bordeaux, adoptant cette jurisprudence, considéra comme parfaitement licite « la stipulation relative à la succession d'un absent, même non déclaré tel, et alors qu'il n'était encore qu'en présomption d'absence (2). » Mais, sur le pourvoi qui fut formé contre cet arrêt, la Cour de cassation affirma « que la cession de ses droits dans la succession d'un présumé absent..... doit demeurer sans effet, comme constituant un pacte sur une succession non ouverte, même après le temps voulu pour faire déclarer l'absence, tant que le cessionnaire ne prouve pas que l'absent était réellement décédé à l'époque de la cession. » Comme le fait remarquer fort judicieusement M. Dalloz (3), cette décision est la négation la plus expresse des principes admis par la Cour de cassation dans son arrêt de 1826. Elle faisait ainsi rupture complète avec le passé, puisque l'arrêt de 1826 était entièrement conforme aux arrêts précités de 1822 et de 1820.

En 1837, la Cour de cassation avait décidé « qu'une transaction sur la succession d'une personne dont l'absence a été *déclarée* peut, à raison des circonstances dans lesquelles elle est intervenue et de celles qui l'ont

(1) Dall., *Alph.*, v° *Absence*, n° 166, note 1.
(2) Bordeaux, 21 juin 1838, Dall., *Alph.*, v° *Absence*, n° 167, note 1.
(3) Loc. jam cit.

suivie, être maintenue par les tribunaux (1). » Cet arrêt est basé sur cette raison de droit : que le chapitre *de l'absence* ne renferme aucune disposition précise qui permette de présumer soit l'existence, soit le décès de l'absent.

La lumière n'ayant pu jaillir, sur notre question, de ces fluctuations de la jurisprudence, voyons si la doctrine nous offrira de meilleurs éléments d'une bonne solution.

A en croire M. Demolombe, ce savant jurisconsulte, dont les déductions ont ordinairement pour prémisses des raisonnements d'une logique si serrée, les pactes sur la succession d'un absent ne devraient jamais tomber sous les prohibitions de l'art. 1130 C. N., quelle que fût la période de l'absence dans laquelle ils eussent pris naissance (2).

Un pacte a-t-il eu lieu pendant la présomption d'absence, telles sont les raisons qui déterminent M. Demolombe à le déclarer valable : « Les héritiers présomptifs et autres ayants droit ne sont pas encore mis par la loi elle-même en rapport avec le patrimoine de l'absent. Et pourtant, si on n'a pas de nouvelles de l'absent, si l'absence est ensuite déclarée, si enfin l'envoi provisoire a lieu, *est-ce qu'ils ne seront pas réputés avoir été ses successeurs dès l'époque de ses dernières nouvelles?* Que l'absent ne soit pas à *tous égards* et *absolument présumé mort dès ce moment*, à la bonne heure ! Mais, en ce qui concerne les héritiers présomptifs et les ayants droit, et quant au point de savoir à quelle époque leur titre s'est ouvert, il est certain que c'est à cette époque même qu'il faut se reporter.

(1) C. C. 27 décembre 1837.
(2) Conf. Poujol sur l'art. 1130, n° 21.

» Oɪ, cela posé, dit toujours M. Demolombe, comment peuvent-ils être recevables à demander la nullité d'un traité par eux fait, lorsqu'ils ne prouvent pas que l'absent existait encore à ce moment, lorsqu'au contraire la loi *présume*, en ce qui les concerne, qu'il était alors *décédé?* . . . .

. . . .

. . . .

» Je crois donc, ajoute notre auteur, que, même dans ce cas, le traité devrait être maintenu (1). »

Cette théorie me paraît pleine d'erreurs et d'inexactitudes. Je la réfuterai dans un instant, en faisant connaître quels sont, suivant moi, les principes auxquels il est indispensable de se rattacher. Mais, avant d'exposer dans son ensemble ce que je crois être le meilleur système, je veux achever d'indiquer celui de M. Demolombe.

Nous venons de voir comment il explique la validité des pactes faits sur la succession d'un absent durant la présomption d'absence. Etudions maintenant ce qu'il dit relativement à la *déclaration d'absence.* D'après M. Demolombe, les héritiers présomptifs « peuvent.... faire entre eux les arrangements, les traités qu'ils jugent convenables. En vain on dirait : tout pacte sur une succession non ouverte est déclaré nul; or, la succession de l'absent n'est pas ouverte; donc les envoyés ne peuvent pas encore traiter, transiger sur les droits qu'ils prétendent y avoir.

» Il est très-vrai, sans doute, que la succession n'est pas ouverte par l'absence, la succession véritable, la succession proprement dite! mais l'absence *déclarée*

(1) Demolombe, *Traité de l'absence*, n° 131.

n'en produit pas moins une situation qui se rapproche, à beaucoup d'égards et de très-près, de la succession même ; aussi les art. 791, 1130 *et 1600 ne sont-ils pas alors applicables.* On ne rencontre pas ici, en effet, les deux motifs principaux sur lesquels ils sont fondés, savoir : le défaut d'objet et l'immoralité d'un pacte sur une succession future. Le défaut d'objet? Mais les biens sont là, mis par la loi elle-même et dès actuellement à la portée des divers ayants droit. L'immoralité de la convention, le *votum mortis* qu'elle témoigne? Pas davantage ; c'est la loi elle-même encore qui appelle les héritiers et tous les autres intéressés, et il faut bien, en vérité, qu'ils puissent faire entre eux tous ces traités, tous ces arrangements. Qui veut la fin, veut les moyens ; comment pourraient-ils arriver à un partage, s'ils ne pouvaient pas terminer les difficultés qui s'élèvent entre eux à cette occasion? Qu'importe d'ailleurs à l'absent que ses biens se trouvent entre les mains de tel envoyé ou de tel autre, dès qu'ils sont toujours garantis de la même manière (1). »

Que si M. Demolombe, dans l'argumentation que je viens de reproduire, a réellement établi qu'en ce qui concerne les pactes faits sur sa succession, soit dans la première, soit dans la seconde période de l'absence, l'absent doit nécessairement être considéré comme mort , on comprend parfaitement qu'il n'ait pas parlé de l'envoi en possession définitif, qui est, *à fortiori*, dans les mêmes conditions.

J'ai déjà annoncé que cette opinion de M. Demolombe, du moins pour les deux premières périodes de l'absence, ne me semble pas soutenable. Il est temps

____

(1) Demolombe, *loc. supr. cit.*, n° 130.

de justifier mes prétentions, en combattant les assertions de l'honorable jurisconsulte que j'ose prendre à partie.

Je dis d'abord que, pendant la *présomption d'absence*, ce n'est pas *la mort*, mais plutôt *la vie* de l'absent qui est *présumée*; et dès lors les pactes faits à cette époque sur sa succession sont bien de vrais pactes sur succession future. Aussi je ne m'explique pas comment la Cour de cassation a pu déclarer, en 1837, « que le Code civil, au chapitre de l'absence, ne contient aucune disposition formelle et précise sur l'existence ou le décès de l'absent. »

Sans doute le mot n'y est pas. Mais qu'importe, puisqu'on y trouve la chose ? Il ressort, en effet, de toutes les dispositions de la loi que le législateur, dans la période qui nous occupe, a considéré l'absent comme vivant.

Jetons-nous les yeux sur l'exposé des motifs, nous lisons ces paroles si explicites de M. Bigot-Préameneu :

« Lorsqu'un long temps ne s'est pas écoulé depuis que l'individu s'est éloigné de son domicile, la présomption de mort ne peut résulter de cette absence : *il doit être regardé comme vivant.* . . . .

. . . .

L'éloignement fait présumer que l'absence proprement dite aura lieu ; mais, lorsqu'elle n'est encore que *présumée*, il n'est point censé que la personne éloignée soit en souffrance pour ses affaires ;..... et, lors même que cette personne n'a point laissé de procuration, on doit croire que c'est à dessein de ne pas confier le secret de sa fortune (1). »

---

(1) Discours de M. Bigot-Préameneu au Corps législatif.

M. Dalloz est donc pleinement dans le vrai, lorsqu'il dit en abordant cette question: « Si..... l'héritier présomptif traite pendant cette période de la succession de l'absent présumé, c'est évidemment la succession d'un homme *tenu pour vivant* qu'il aliène, et, dès lors, la convention doit tomber nécessairement sous la prohibition générale des art. 791, 1130, 1389 et 1600 du Code civil (1). » Tel est aussi le sentiment de M. Larombière sur la présomption d'absence : « Toutes les mesures, dit-il, alors ordonnées par la loi, sont exclusivement dans l'intérêt de l'absent, dont *l'absence seule et par conséquent l'existence sont présumées* (2). »

En présence de motifs aussi sérieux, quelle peut donc être encore, en ce qui concerne la présomption d'absence, la valeur du raisonnement de M. Demolombe, qui se réduit à ceci : « La loi *présume*, en ce qui concerne les héritiers présomptifs et autres ayants droit, que l'absent *est décédé lors de sa disparition ou de ses dernières nouvelles ;* car, sur le point de savoir à quelle époque leur titre s'est ouvert, il est certain que c'est à cette époque même qu'il faut se reporter. »

M. Dalloz a réfuté si victorieusement cette objection, que je ne saurais mieux faire que de reproduire ce qu'il a écrit sur ce sujet: « Vainement, dit-il, on opposerait l'art. 120 du Code civil, qui, faisant un retour vers le passé, fixe à la disparition de l'absent, ou aux dernières nouvelles qu'on a reçues de lui, la qualité de ceux qui peuvent demander la possession des biens de l'absent ; vainement on dirait, en se fondant sur ce texte, que la loi a voulu placer par là, rétroactivement au moment

---

(1) Dall., *Alph.*, v° *Absence*, n° 469.
(2) *Trait. des obligat.*, art. 1130, n° 23.

de la disparition ou des dernières nouvelles de l'absent, *l'époque de la mort*. On répondrait que la rétroactivité établie par l'art. 120 est une fiction qui doit, comme toutes les fictions, se renfermer dans les limites les plus étroites. La loi n'a voulu que faire un choix entre les diverses classes d'héritiers présomptifs qui auraient des droits à la succession, suivant les époques différentes où l'on pourrait placer le décès; et ce choix a porté sur les héritiers présomptifs au moment de la disparition ou des dernières nouvelles, parce qu'il y a *certitude de l'existence de l'absent* à cette époque, tandis que depuis, tout en *le présumant vivant*, on ignore cependant s'il est décédé et le moment de la mort. Mais conclure de là que, relativement à toute autre question, l'absent...... doit être *réputé mort* à l'époque de sa disparition ou de ses dernières nouvelles, ce serait abuser de la fiction de la loi, et l'étendre, contre toutes les règles, du cas pour lequel elle a été faite à un cas qu'elle n'a pas prévu. Concluons donc que, s'il intervient...., dans la première..... période de l'absence, un pacte sur la succession de l'absent, il faut que celui qui en soutient la validité et demande qu'il soit maintenu, établisse que l'absent était réellement décédé à l'époque où on a traité, sans quoi c'est un pacte sur une succession future, et par cela même radicalement nul (1). »

Que dire des conventions faites sur la succession d'un absent durant *la seconde période* indiquée par la loi, et connue sous le nom de *déclaration d'absence?* Ce sont encore là de *véritables pactes sur succession future*, par cette raison péremptoire que le législateur ne considère pas comme ouverte la succession d'un déclaré

(1) Dall., *Alph.*, v° *Absence*, n° 171.

absent. Écoutons, en effet, le langage de M. Bigot-Préameneu sur ce sujet, et voyons s'il peut permettre d'adopter une doctrine contraire à celle que je prétends être la seule conforme aux principes de notre législation : « Si, pendant un certain nombre d'années, a dit cet orateur, on n'a point de nouvelles, on considère alors que les rapports de famille, d'amitié, d'affaires, sont tellement dans le cœur et dans l'habitude des hommes, que leur interruption absolue doit avoir des causes extraordinaires, causes parmi lesquelles se place le tribut même rendu à la nature. — Alors s'élèvent deux présomptions contraires, l'une de la mort par le défaut de nouvelles, l'autre de la vie par son cours ordinaire. *La conséquence juste de deux présomptions contraires est l'état d'incertitude* (1). »

« Quant à la seconde période, dit M. Dalloz, dont la démonstration est très-bien raisonnée, on ne saurait non plus discuter qu'elle n'a pas pour effet l'ouverture de la succession de l'absent. . . . .
. . . .
Cela, d'ailleurs, est entièrement conforme à la loi, puisque les art. 120 et suivants n'autorisent, dans le cas de déclaration d'absence, que l'envoi en possession provisoire des héritiers, à la charge de donner caution pour la sûreté de leur administration, ce qui prouve bien que l'absent déclaré est présumé vivant, la loi disposant surtout dans la prévision de son retour, en prenant des précautions pour que les héritiers présomptifs soient en mesure de lui rendre compte de la gestion de ses biens. Donc, si la succession de l'absent déclaré n'est pas plus ouverte, au moins dans le sens

(1) Discours de M. Bigot-Préameneu au Corps législatif.

absolu du mot, que celle de l'absent présumé, il est clair que le pacte dont cette succession aurait été l'objet ne saurait être plus valable dans la seconde période qu'il ne l'est dans la première. Radicalement nul aux termes des articles précités, il doit, dans l'un et l'autre cas, tomber au même titre sous la prohibition de la loi (1). »

L'opinion de M. Larombière est en tous points d'accord à celle de M. Dalloz. D'après cet auteur, lors de la déclaration d'absence « la présomption de vie s'affaiblit ; néanmoins les m   res prescrites par la loi sont encore dans l'intérêt de l   sent. . . . .

. . . .
Dans cette seconde période, la présomption de mort ne prévaut pas encore sur celle de vie. Les dispositions de la loi sont toutes combinées dans la pensée que l'absent vit encore et peut revenir Il n'y a donc pas encore de succession ouverte, ou du moins présumée ouverte, ce qui est tout un (2). »

M. Demolombe a donc commis une grave erreur lorsqu'il est venu affirmer que l'hérita, e d'un absent était, pendant la *déclaration d'absence*, un objet très-licite de conventions quelconques, nullement empreintes, suivant lui, du caractère d'immoralité qui fait prohiber les pactes sur succession future. Certaines conventions sont en effet permises à l'égard de ces biens, mais il existe une immense différence entre elles et les pactes définitifs interdits par les divers articles que j'ai signalés.

Dans la troisième et dernière période de l'absence,

(1) Dall., *Alph.*, v° *Absence*, n° 470.
(2) Larombière, *Traité des obligations*, art. 1130, n° 23.

la position faite à l'absent, au point de vue des biens par lui laissés, change complétement.

Il en est ainsi parce que « les années qui s'écoulent... rendent plus forte la présomption de la mort (1).» C'est ce qui faisait dire à M. Dalloz : « La présomption de vie s'affaiblit, la présomption de mort se fortifie, au contraire...; » et plus loin : « La supposition de la mort est arrivée à une très-grande probabilité (2). » Or, la conséquence immédiate de cette présomption est celle-ci : « La loi dispose, sous bien des rapports, comme si l'absent était réellement mort; elle donne aux héritiers le droit le plus absolu sur les biens qui leur sont transmis par l'envoi définitif; elle leur permet de les vendre ou de les donner (3). » — « Les ayants droit... ne sont plus de simples dépositaires, ils sont propriétaires et maîtres, plus que ne semble l'autoriser le caractère de leur possession, qui a commencé par un titre précaire (4). »

La présomption dont je parle, vu les droits qu'elle confère aux héritiers présomptifs de l'absent, les autorise-t-elle à faire sur sa succession toutes les conventions dont est susceptible une succession échue? Plusieurs auteurs semblent portés à le décider ainsi. Parmi eux, je citerai M. Dalloz, qui s'exprime de la manière suivante : « Si l'on se demande..... dans laquelle des trois périodes la succession de l'absent peut être présumée ouverte, et peut, par conséquent, faire l'objet d'une stipulation, *peut-être on pourra soutenir* que cet effet est produit dans la troisième, où l'on voit la

---

(1) Discours de M. Bigot-Préameneu au Corps législatif.
(2) Dall., *Alph.*, v° *Absence*, n° 161.
(3) Dall., *loc. cit.*
(4) Larombière, *Traité des obligations*, art. 1130, n° 23.

loi valider les aliénations et autoriser le partage des biens entre les héritiers présomptifs et les autres ayants droit, sans qu'ils aient à fournir caution (articles 129 et 132) (1). »

M. Larombière se prononce d'une façon beaucoup plus expresse que M. Dalloz : « Alors seulement, dit-il en parlant de la troisième période de l'absence, *il y a une succession ouverte*, sur laquelle on peut valablement stipuler. Stipuler plutôt, ce serait traiter sur les biens d'un individu présumé vivant, ou, ce qui est la même chose, d'un individu non présumé mort (2). »

Pour moi, je crois que cette théorie n'est pas exacte. Une distinction me paraît nécessaire, et j'en puise le germe dans la nature même de cette troisième période de l'absence, qui ne peut, il me semble, être bien comprise que par un examen plus approfondi.

En somme, que faut-il remarquer tout spécialement dans cette troisième période de l'absence ?

Je m'attacherai d'abord à cette vérité que « *la présomption de la mort... est toujours plus ou moins balancée par la présomption de la vie* (3). » Il est incontestable que « la présomption de la mort de l'absent, quelque forte qu'elle soit devenue, n'est toujours point la certitude absolue (4). » « La loi réserve à l'absent qui reparaît des droits..... et par là elle reconnaît virtuellement qu'elle ne dispose ainsi qu'en vertu d'une présomption plus ou moins rapprochée de la réalité (5). »

---

(1) Dall., *Alph.*, v° *Absence.*, n° 169.
(2) Larombière, *loc. supr. cit.*
(3) Discours de M. Bigot-Préameneu au Corps législatif, *loc. supr. citato.*
(4) Rapport fait au tribunat par M. Leroy (de l'Orne).
(5) Dall., *Alph.*, v° *absence*, n° 161.

D'un autre côté, dans quel but le législateur a-t-il
conféré aux héritiers de l'absent, à l'arrivée de cette
troisième période, des droits plus étendus que dans les
deux premières ?

On répond : «..... Le législateur..... ne pouvait pas
laisser indéfiniment en suspens le droit de propriété,
et.... devait, après un délai plus ou moins long, faire
enfin rentrer les biens de l'absent dans le commerce..... (1). »

En rapprochant la présomption de vie de l'absent,
qui n'est pas entièrement éteinte, puisqu'elle se révèle
par les droits qui lui sont conférés en prévision de
son retour, de la faculté accordée aux héritiers d'agir
comme propriétaires à l'égard de ses biens, je dois
aboutir logiquement à cette conclusion que les héritiers de l'absent ne peuvent, sans s'exposer à com-
mettre une violation flagrante de la loi, former d'autres conventions que celles pour lesquelles ils sont
autorisés. Or, nous le savons, par suite de l'envoi en
possession définitif, les héritiers de l'absent ont la libre
disposition des biens qui composent alors son patrimoine connu. Mais j'ai la conviction que ces mêmes
héritiers outre-passeraient les pouvoirs qu'ils tiennent
de la loi, s'ils trafiquaient *in gencre* de tous les droits
successifs pouvant résulter pour eux du décès de l'absent considéré comme une réalité.

---

(1) Marcadé, t. 1, 5ᵉ édit., p. 321. — *V.* Discours de M. Bigot-
Préamcneu au Corps législatif.

SECTION III.

CARACTÈRES CONSTITUTIFS DES PACTES SUR SUCCESSION FUTURE.

Trois conditions sont indispensables pour qu'il y ait pacte prohibé sur une succession future :

1º Le pacte doit se référer à une succession non ouverte ;

2º L'objet de la convention doit faire partie de cette succession ;

3º Lorsque le promettant ne pactise pas sur sa propre succession, il faut qu'il ait des droits successifs sur l'objet de la convention.

Ces trois conditions vont être successivement traitées dans trois paragraphes.

§ 1. *Le pacte doit se référer à une succession non ouverte.*

Ce principe paraît de prime abord tellement évident, qu'il semble que ce soit une naïveté de l'exprimer. Il est cependant facile d'établir que son énonciation n'est pas superflue. En effet, comme le dit fort bien M. Larombière, « contracter dans la prévision de l'ouverture d'une succession n'est pas toujours contracter sur une succession future..... (1). » Ainsi, une convention qui doit se réaliser au décès de telle ou telle personne n'est pas pour cela prohibée par la loi. Le décès de la personne indiquée sert seulement de terme ou de condition à la convention ; mais, par le fait, sa succession n'y est pour rien. Par exemple, je vous promets

(1) *Traité des obligations*, art. 1130, 15.

le plus beau cheval de mes écuries si vous venez à survivre à telle personne ; le prédécès de la personne dont nous parlons est la condition à laquelle je subordonne pour vous l'acquisition de mon cheval, sans que pour cela on puisse nous reprocher d'avoir fait un pacte sur la succession de cette même personne. C'est donc bien à juste titre que l'on dit qu'une convention sur succession non ouverte n'est pas prohibée par le seul motif qu'elle donne aux contractants un intérêt plus ou moins direct à la mort de quelqu'un (1). »

Que si, au contraire, j'aliène par anticipation mes droits ou une partie de mes droits à la succession de Paul, je fais réellement le pacte prohibé par l'art. 1130 C. N. Il en serait de même si je m'engageais à payer telle somme au décès de Pierre, avec cette condition expresse que les biens de sa succession répondraient seuls de mon engagement.

Il y a lieu de se demander ce qu'il faudrait décider si les parties contractantes avaient cru faire un pacte sur une succession déjà ouverte. Dans ce cas, disent les auteurs, il n'y a pas convention sur une succession future, et ils donnent pour raison que la condition que nous étudions en ce moment fait complétement défaut. Dès lors qu'en agissant on a considéré la succession comme ouverte, il est certain qu'il est impossible que l'on apprécie la convention qui a été faite, de la même manière que si elle avait eu lieu en prévision d'une succession non échue, la situation étant complétement différente. Un semblable contrat est tout simplement nul faute d'objet, parce qu'il porte sur une chose qui n'existe pas, en vertu du principe *nullus viventis hœres.*

(1) Id. auct. loc. cit.

Les jurisconsultes romains avaient fait un rapprochement très-juste en plaçant sur la même ligne le pacte
se référant à la succession d'une personne vivante que
l'on croyait décédée, et la convention sur la succession
d'une personne imaginaire (1).

Que dire d'une convention formée dans une hypothèse qui est l'inverse de celle que nous venons d'examiner ?

Nous supposons, cette fois, qu'il a été fait un pacte
sur la succession d'une personne décédée que, par
erreur, on croyait vivante. En s'arrêtant à la réalité
des choses, ce pacte devrait être valable, puisqu'il se
rapporte à une succession échue. Mais on est obligé
de tenir compte de l'intention des parties, qui entache
le contrat d'un vice ineffaçable. Car « un pareil traité
aurait sans contredit tous les caractères d'un pacte
sur une succession future, et, comme contraire à l'honnêteté publique et à l'ordre, et comme manifestement
lésionnaire, il serait nul. Qu'ont en effet voulu faire
les parties ? traiter sur la succession d'une personne
vivante, faire une convention prohibée ? Si, en réalité,
ils ont traité sur une succession ouverte, c'est contre
leur intention ; on doit donc leur appliquer la loi comme
s'ils eussent fait ce qu'ils ont voulu faire (2). »

Rien n'est plus logique que cette théorie. On comprend parfaitement « qu'un pareil contrat est nul. Les
apparences le tuent, comme tout à l'heure elles sau-
vaient l'autre.

. . . .

Le vice qui l'infecte vient..... des contractants eux-

(1) L. 1 et 7, D., *de hæred. vend.*
(2) Dall., *Rec. Alph.*, v° *Obligations*, n° 139.

mêmes, et il est aussi réel que si la personne de la succession de laquelle il s'agit vivait effectivement. Si leur pacte était validé par cela seul que cette personne est décédée, autant vaudrait dire que tout pacte sur succession future est validé d'emblée à l'ouverture de cette succession, sous le prétexte que désormais il n'y a plus convention sur l'hérédité d'une personne vivante. En effet, la croyance, toute fausse qu'elle est, que l'on contracte sur une succession future, fait pénétrer jusqu'au fond du contrat le vice qui l'atteint dans son principe (1). »

Il peut arriver qu'une convention contienne à la fois deux stipulations, l'une sur une succession future, l'autre sur une succession ouverte ou sur tout autre objet parfaitement licite. Quel degré d'influence peut avoir chacune de ces deux stipulations sur l'ensemble de la convention ?

Pour répondre à cette question, il faut nécessairement faire des distinctions. Est-il facile de ne pas confondre les deux conventions, on applique purement et simplement à chacune d'elles les règles qui lui sont propres.

Ainsi on annule la convention sur succession future, et on ramène à exécution, comme parfaitement valable, celle sur succession ouverte.

Les deux pactes sont-ils, au contraire, si étroitement unis, qu'on ne puisse les distinguer l'un de l'autre, de telle sorte qu'ils semblent ne faire qu'un seul tout, moyennant un prix unique, la convention tout entière doit être considérée comme n'ayant aucune valeur. On a jugé, conformément à cette opinion, que « la re-

(1) Larombière, *Traité des obligations*, art. 1130, 31.

nonciation consentie par un héritier en faveur de son cohéritier, pour un seul et même prix, à une succession échue et à une succession à échoir, est nulle pour le tout, parce qu'il y a indivisibilité (1). »

D'après un arrêt de la Cour de Limoges, est nulle pour le tout la cession faite, pour un seul et même prix, de droits successifs échus et à échoir (2). « Considérant, avait dit le tribunal de Guéret par un jugement en date du 20 juillet 1825, que confirma la Cour susmentionnée, qu'aux termes des art. 791, 1130, 1389 et 1837, tout pacte ou traité sur une succession non encore ouverte est radicalement nul, comme contraire à l'ordre public et aux bonnes mœurs ; considérant que cette nullité frappe le contrat..... comme indivisible, puisqu'il est fait *unico pretio*, et sans distinction de la valeur des droits échus d'avec celle des droits à échoir..... » La Cour de cassation est venue confirmer sur ce point la jurisprudence des cours impériales. Tel est, en effet, le résumé d'une décision de la Cour suprême : « Lorsqu'un acte portant vente des meubles que le vendeur laissera à son décès et des immeubles qu'il possède au jour de la vente est considéré par les juges comme renfermant une stipulation sur une succession future quant aux meubles, les juges peuvent, sans violer aucune loi, l'annuler pour le tout, comme indivisible, sans distinguer entre la stipulation relative aux meubles et celle qui est relative aux immeubles (3). »

(1) Riom, 13 décembre 1828, Sir. 29, 2, 162. – Conf. Montpellier, 4 août 1832, Sir. 32, 2, 181.

(2) Limoges, 13 février 1828, Dall. 29, 2, 61.—Conf. Orléans, 21 mai 1849, Sir. 49, 2, 600.

(3) Cass. 11 nov. 1843, Sir. 44, 1, 229. — Conf. Troplong. *Vente*, n° 251.

Dans certains cas, les deux stipulations pourraient cependant être régulièrement divisées par l'offre du stipulant de porter le prix unique sur celle qui est licite. On n'annulerait alors que le pacte sur succession future (1). « Le promettant n'est plus en droit de se plaindre, du moment que la lésion présumée s'efface par une restitution complète. Le vice qui affectait le contrat étant ainsi purgé, il y aurait plus de rigueur que de justice à prétendre que, nul dès le principe, il ne peut être validé par le fait d'une seule partie, malgré la volonté contraire de l'autre (2). »

Mais, je le répète, le pacte sur succession future est parfois tellement lié à la stipulation permise qui l'accompagne, qu'on est forcé de s'incliner devant l'indivisibilité complète de la convention, et le juge ne peut que la déclarer nulle dans son entier. Aussi, d'après la Cour de cassation, dont j'indiquais, il n'y a qu'un instant, la jurisprudence à cet égard, « la renonciation faite dans un acte de donation, par un enfant du donateur, sous forme, notamment, de clause de garantie, à ses droits d'héritier réservataire sur les biens donnés, constitue un pacte sur succession future dont la nullité entraîne celle de la donation elle-même, lorsque cette renonciation a été faite pour assurer l'effet de la donation, avec laquelle elle forme ainsi un tout indivisible (3). »

Je dirai de plus, avec M. Dalloz, qu'il est certaines circonstances dans lesquelles « on pourrait..... peut-

---

(1) Cass. 17 janv. 1837, Sir. 37. 1. 24; Gren. 8 août 1832, Sir. 33, 2, 176.

(2) Larombière, *Traité des obligations.* art. 1130, 32.

(3) Dall., *Pér.*, 55. 1, 237. — Conf. Cass. 25 janvier 1853, Dall., *Pér.*, 53. 1, 13.

être proposer..... la théorie sur le principal et l'accessoire, et maintenir ou annuler le contrat, suivant que l'objet licite formerait l'objet principal de la vente, ou ne devrait, au contraire, être réputé qu'un accessoire (1). »

§ 2. L'objet de la convention doit faire partie de la succession.

On comprend sans peine que, pour qu'il y ait pacte sur succession future, il est essentiel que l'objet de la convention figure dans la succession en prévision de laquelle les parties se sont entendues. En dehors de là, nous pourrons avoir des pactes subordonnés à l'arrivée d'un décès, et rien de plus.

Or, nous avons suffisamment démontré que de semblables contrats ne ressemblent en rien aux conventions sur succession future.

Un armateur qui promettrait à un ami de lui donner un des navires qu'il possède, pour le cas où tel autre armateur, son concurrent, viendrait à décéder avant lui, ferait un de ces actes que je proclame de nouveau parfaitement valables.

Une personne qui aurait pris l'engagement de payer une somme d'argent au décès et sur ce qui lui reviendrait dans la succession de telle personne vivante, aurait fait, au contraire, un véritable pacte prohibé, comme ayant son objet dans une succession future (2). Je pourrais, afin de faire ressortir davantage la différence qui sépare les deux cas, multiplier les exemples ;

(1) Dall., *Alph.*, v° *Obligat.*, n° 452, *in fine.*
(2) Rennes, 2 déc. 1837; Dall., *Alph.*, v° *Obligat.*, 110

mais, la question me paraissant trop facile pour comporter de plus longs développements, je passe immédiatement au troisième paragraphe.

§ 3. *Lorsque le promettant ne pactise pas sur sa propre succession, il faut qu'il ait des droits successifs sur l'objet de la convention.*

Quand une convention a pour objet une chose qui se trouve dans le patrimoine d'une personne vivante, mais sur laquelle la partie qui s'engage n'a aucun droit héréditaire, nous tombons évidemment dans l'hypothèse dont je viens de parler à l'occasion du second paragraphe, celle où l'objet du contrat ne fait pas partie de la succession en prévision de laquelle on pactise. Car, nous le savons, c'est tout un que l'objet de la convention ne soit pas dans cette succession, ou qu'il y soit pour le promettant à tout autre titre qu'à titre héréditaire.

On conçoit dès lors qu'un substitué peut, du vivant du grevé, faire une convention très-permise sur les biens composant la substitution, et cela soit avec le grevé lui-même, soit avec ses cosubstitués, soit avec des personnes étrangères ; car il tient ses droits de l'instituant et est propriétaire sous condition suspensive des biens substitués, tandis que le grevé est, de son côté, propriétaire sous condition résolutoire desdits biens.

Cet exemple, emprunté à la matière des substitutions, pouvait être invoqué en droit romain et dans notre ancien droit aussi bien qu'aujourd'hui. « Il ne faut pas, disait Pothier, confondre avec une succession future la substitution ou le fidéicommis des biens d'un défunt, qui me les a laissés à la charge de les rendre à quelqu'un après ma mort. Cette substitution ou fidéicom-

mis n'est pas une succession future, elle ne fait pas
partie de ma succession future; c'est une simple dette
dont je suis tenu après ma mort envers ceux qui sont
appelés à la substitution, et dont ils peuvent traiter de
mon vivant, soit avec moi, soit entre eux (1). »

« Un mari cède, du vivant des constituants, tout ou
partie de la dot mobilière constituée à sa femme, exigi-
ble seulement à leur décès. C'est uniquement stipuler
sur une créance à terme , et non sur une succession
future (2). »

Les héritiers présomptifs d'une personne vivante se-
raient-ils tombés d'accord sur un certain mode de partage de sa future succession, nous aurions bien alors
un pacte dont l'objet appartiendrait aux parties contractantes à titre successif, et partant un pacte prohibé.

Je n'insisterai pas plus longtemps sur cette troisième
et dernière condition constitutive des pactes sur succession future , dont j'ai déjà beaucoup parlé précédemment.

SECTION IV.

SANCTION DE LA PROHIBITION DES PACTES SUR SUCCESSION FUTURE.

Il est un principe dont nous avons constaté l'existence en droit romain, et que nous trouvons expressément écrit dans notre Code, ainsi que nous l'avons déjà
fait remarquer, d'après lequel toute convention formée
contrairement aux lois, aux bonnes mœurs ou à l'ordre

(1) Pothier, *Obligations*, 132. — Conf. Ricard, *Substitutions*, § 1.
chap. ix, sect. iii, n° 2, 693 et suiv.
(2) Larombière, *Trait. des obligat.*, art. 1130, 13. — Cass. 12 août
1816, Sir. 16, 1, 602.

public, a pour *sanction* directe *la nullité* de ses effets
(art. 1131 et 1133 C. N.). Or, nous venons de démontrer que les pactes sur succession future sont formellement prohibés par la loi. Tous ceux auxquels on
essaye de donner naissance sont donc essentiellement
nuls.

Je vais consacrer cette section aux développements
que comporte cette nullité, que j'envisagerai : 1° au
point de vue de son caractère; 2° au point de vue de
ses conséquences.

§ 1. *Caractère de la nullité dont sont entachés les pactes sur succession future*.

Pour bien comprendre le caractère de cette *nullité*,
il ne faut pas confondre les contrats *nuls* avec ceux qui
sont purement *annulables*.

« Le contrat *nul* n'a aucune existence ; il a manqué
de se former; c'est le néant, un simple fait destitué
de tout effet civil. Personne ne peut l'invoquer, et il ne
peut être opposé à personne. Rien, ni le temps, ni la
volonté expresse des parties, ne peut lui donner la force
d'une convention obligatoire.

. . . .

. . . .

» Le contrat *annulable* ou *rescindable* n'a pas seulement, comme le contrat *nul*, *l'apparence* d'un contrat, il
en a la réalité. C'est un contrat vicieux, imparfait,
sans doute, mais enfin il existe, et la loi le reconnaît.
Elle lui attribue provisoirement la même force et les
mêmes effets qu'à un contrat valable et régulier, mais
en réservant , pour l'une des parties, la faculté de

l'attaquer et d'en faire prononcer la nullité en justice, ou, si elle le préfère..... de le tenir pour bon (1). »

On dit de la *nullité* dont sont entachés les contrats *nuls* qu'elle est *absolue* et *perpétuelle* : *absolue*, en ce sens que toute personne y ayant intérêt peut l'invoquer, et qu'elle peut être prononcée d'office par le juge. La *nullité* des contrats *annulables* est au contraire *relative* et *temporaire* : *relative*, parce qu'une seule des parties peut l'invoquer, et qu'elle doit être l'objet de conclusions ; *temporaire*, parce que, comme l'indique cette expression, on n'a la faculté de l'invoquer que pendant un certain temps déterminé par la loi.

Les nullités *absolues* sont aussi appelées quelquefois nullités *de plein droit*. Il ne faudrait pas induire de cette définition que les personnes qui les invoquent peuvent en recueillir les bénéfices en dehors de tout jugement. Sans doute, quand il s'agit de conventions auxquelles s'appliquent de pareilles nullités, « une action.... tendant à faire prononcer l'annulation de l'acte, et à dégager ainsi les parties des obligations auxquelles il a donné naissance, est..... complétement inutile, puisque l'acte n'a produit aucun effet juridique, aucune obligation. Il peut arriver, sans doute, que cet acte ait eu en fait des conséquences ; mais ces conséquences ne sont que des faits, et pour les faire cesser il n'est pas nécessaire de faire annuler l'acte; il suffit à la partie de faire valoir le droit qu'elle avait avant l'acte et qu'elle n'a cessé d'avoir depuis (2). »

En un mot, on comprend très-bien que la justice ne puisse être appelée à anéantir ce qui n'a pas pris nais-

(1) Mourlon, t. ii, 4e édit., p. 675 et 676.
(2) Dall., *Alph.*, v° *Obligations*, n° 2862.

sance; je veux parler des conventions pour lesquelles a été faite la maxime : *Nullum est quod nullum producit effectum.*

Mon but, en me livrant à ces explications, a été, on le conçoit, de déterminer très-clairement quelle est la *nullité* qui frappe les pactes sur succession future.

« Cette *nullité*, dit M. Dalloz, est *absolue* et *d'ordre public* (1). »

« La nullité des conventions sur succession future, écrit à son tour M. Larombière, est *radicale* et *d'ordre public;* toutes parties peuvent l'opposer indistinctement (2). » — Nous lisons enfin dans Zachariæ, au sujet de cette nullité : « C'est là..... une nullité essentiellement d'ordre public (3). »

Maintenant que nous savons à quel ordre de *nullités* nous avons affaire, il importe d'en étudier rapidement les conséquences juridiques.

§ 2. *Conséquences de la nullité des pactes sur succession future.*

Les *conséquences* de cette nullité me semblent pouvoir se diviser assez naturellement en quatre catégories.

La *prescription,* concernant le délai dans lequel la nullité d'un pacte sur succession future peut être mise en question, me paraît devoir occuper le premier rang.

Je donnerai le second au droit de *ratification* que pourraient revendiquer les parties contractantes.

Je traiterai, en troisième lieu, des suites de la *mau-*

(1) Dall., *Alph.,* v° *Obligations,* n° 161 et 2566; v° *Succession,* n° 617.
(2) Larombière, *Trait. des obligations,* art. 1130, n° 33.
(3) Zachariæ, édit. Massé et Vergé, t. III, p. 177, note 6.

vaise foi, qui préside nécessairement à de semblables contrats. Je parlerai, en terminant, des contrats *joints accessoirement* à un pacte sur succession future.

1° *De la prescription appliquée à la nullité des pactes sur succession future.*

C'est une question qui a été assez vivement controversée que celle de savoir si la prescription de dix ans, dont parle l'art. 1304 du Code civil, est applicable à la nullité qui s'attache aux pactes sur succession future. Cependant, lorsqu'on sait se rendre compte de l'esprit qui a inspiré la rédaction de l'art. 1304, et qu'on se pénètre bien du *caractère de la nullité* des pactes sur succession future, on ne peut s'empêcher de trouver fort extraordinaire que la controverse dont je parle ait jamais pu s'élever.

De quoi s'agit-il, en effet, dans cet article ? « de la demande en annulation de conventions formées sous l'influence d'un vice qui permet de les briser (1). »

D'autre part, nous savons que la *nullité* qui affecte les pactes sur succession future est la *nullité* proprement dite, cette *nullité absolue* et *perpétuelle* qui n'a rien de commun avec la nullité *relative* et *temporaire*, à laquelle se réfère le susdit article. Le législateur, « en restreignant à un maximum de dix années la durée de l'action dont il parle, constitue une exception au principe d'après lequel les actions durent en général 30 ans ; en sorte que cette disposition est une règle toute spéciale qu'il faut avoir soin de ne pas étendre au delà de son objet (2). »

Il n'est même pas très-exact de parler de *prescription*

(1) Marcadé, art. 1304, n° 832.
(2) Marcadé, *loc. jam cit.*

à propos de *nullité absolue*. M. Marcadé a exposé cette
vérité d'une façon très-saisissante : « C'est, dit cet auteur,
dans un certain sens,..... et non pas rigoureusement,
que la nullité proprement dite, et perpétuellement
opposable par exception, cesse d'être proposable par
voie d'action après 30 ans depuis l'exécution de l'acte
nul. En effet, quand un acte est vraiment nul, il n'y a
pas à proprement parler d'action à diriger contre lui;
à quelque époque et dans quelque circonstance que ce
soit, dans le cas même d'une action intentée après 40
ou 50 ans, il est toujours vrai que l'acte n'a jamais
existé, et n'a pu, dès lors, produire aucun effet. Après
35 ans depuis le payement que je vous ai fait en vertu
d'un tel acte, il reste toujours vrai que cet acte n'a
jamais eu de valeur, que mon payement, dès lors, a été
fait indûment et m'a fait votre créancier ; rien ne
change à cet égard par le laps de temps, et l'effet que
produit ce laps de temps, c'est seulement déteindre ma
créance. Ainsi, ce qui se prescrit en pareil cas, ce n'est
pas précisément une action en nullité de l'acte , ce
n'est pas le droit de faire déclarer cet acte inexistant;
c'est l'action qui était née pour moi contre vous de
l'exécution indue de cet acte (1). »

M. Troplong, dont la doctrine est identiquement la
même que celle de M. Marcadé, l'exprime dans les termes suivants : «.... Quand une convention est contraire
aux bonnes mœurs, quand elle est fondée sur une
cause qui blesse l'ordre public, on ne conçoit pas que
le laps de *dix ans* la rende inattaquable (2). » Bon nombre d'autres auteurs proclament également l'inapplica-

(1) Marcadé, art. 1304, n° 801.
(2) Troplong, *Vente*, art. 1000, n° 250.

tion de l'art. 1304 aux pactes sur succession future (1).

La jurisprudence fut longtemps tout à fait d'accord (2) avec les jurisconsultes dont je viens de faire connaître l'opinion. Le tribunal de Bastia rendit sur cette question, en 1836, une décision qui ne laisse place à aucune équivoque : « Considérant, dit-il, que si l'art. 1304 du Code civil n'autorise l'action en nullité ou en rescision que pendant dix ans à partir des époques énumérées dans cet article, il est évident que le législateur n'a entendu parler que des nullités relatives, en d'autres termes, de celles qui ne sont pas substantielles et ne vicient pas la convention au point de la faire considérer comme n'ayant jamais existé ; car, pour celles de cette espèce, la prescription de dix ans, dont fait mention l'art. 1304, ne peut être utilement invoquée (3). »

La Cour de cassation, saisie par un pourvoi dirigé contre l'arrêt de la Cour de Bastia qui avait validé la sentence des premiers juges, motiva non moins fortement l'arrêt conforme qu'elle rendit à ce sujet, malgré les conclusions contraires du ministère public :

« Attendu, dit la Cour suprême, qu'aux termes de l'art. 6 C. civ., on ne peut déroger, par des conventions particulières, aux lois qui intéressent l'ordre public ou les bonnes mœurs ; — attendu que les art. 791, 1130 et 1600 C. civ., qui prohibent les stipulations sur les successions futures, sont d'ordre public ; — attendu que l'art. 1304 C. civ. ne s'applique point au

---

(1) Dall., *Alph.* v° *Obligations*, n° 2866 ; id. auct., v° *Succession*, n° 621 ; Vazeille, *Prescription*, t. II, n° 517 ; Zachariæ, édit. Massé et Vergé, t. III, p. 177, note 0 ; Larombière sur l'art. 1301, n° 56.

(2) Nous verrons plus tard, à propos des partages d'ascendants, que cette jurisprudence paraît s'être complétement modifiée.

(3) Jugement du tribunal de Bastia du 28 mai 1836, rapporté dans Dalloz, v° *Obligations*, p. 610, note 2.

cas où il s'agit de nullités radicales et d'ordre public ; que les actes d'aliénations de droits éventuels à la succession d'une personne vivante sont considérés par la loi comme n'existant pas, comme ne pouvant avoir aucun effet légal ; — que l'art. 1304 peut d'autant moins recevoir son application en pareil cas, que le délai de la prescription ne pourrait point courir à partir de l'acte lui-même, et que cependant la loi ne déterminerait aucun autre point de départ pour la prescription de l'action ; tandis que, pour les actions en nullité prévues par l'art. 1304, elle fait courir le délai de la prescription soit du jour de l'acte, soit d'une époque qu'elle détermine par une disposition expresse, rej. (1). »

Que deviennent, en face de raisons si solides, les arguties de ceux qui s'efforcent de soutenir que l'art. 1304 s'applique aussi bien aux nullités absolues qu'aux nullités relatives, et partant à celle qui vicie les pactes sur succession future? L'argument le plus important des défenseurs de ce système se réduit à ceci : Nous trouvons dans le texte même de l'art. 1304 la preuve manifeste de sa généralité, puisqu'il y est dit en toutes lettres qu'il embrasse *tous les cas;* les nullités absolues et celles qui découlent d'une cause contraire aux bonnes mœurs doivent donc y être comprises.

Les citations que j'ai successivement empruntées à la doctrine et à la jurisprudence ont, je crois, assez

(1) C. C. 8 novembre 1812, Dall., *Pér.*, 12, 1, 109.— Conf. Limoges, 6 avril 1838, Dall., *Alph.*, v° *Obligations*, p. 610, note 1; — Bordeaux, 20 août 1828, Dall., *Alph.*, v° *Vente*, p. 161, note 1 ; — Agen, 30 août 1813, id. auct., v° *Obligations*, n° 2866 1°; — Aix, 2 juin 1810, id. auct., v° *Succession*, n° 621 6°, note 3; — C. C. 11 novembre 1813, Dall., *Pér.*, 11, 1, 38; — C. C. 11 novembre 1815, Dall., *Pér.*, 16, 1, 25.

fait justice d'un pareil raisonnement, pour que je n'essaye pas de le combattre davantage (1).

2° *Du droit de ratification à l'égard des pactes sur succession future.*

Ratifier ou *confirmer* une obligation, « c'est effacer les vices dont elle était atteinte, en renonçant à invoquer les causes d'annulation que l'on pouvait faire valoir contre elle. La *confirmation* n'est donc possible que pour les obligations *annulables*, et non pour celles qui seraient proprement *nulles, inexistantes*. La raison dit assez qu'on ne peut pas *fortifier, réparer*, corroborer d'une manière quelconque ce qui n'existe pas : le néant ne peut pas plus être confirmé qu'il ne peut être détruit : *quod nullum est confirmari nequit* (2). » — « Une idée vraie et simple, a dit aussi le tribun Jaubert, c'est qu'on ne peut confirmer et ratifier que ce qui a réellement existé, quoique manquant de force par quelque vice..... De là il résulte qu'on ne peut, en aucune manière, confirmer ni ratifier de prétendues conventions dont la loi n'a jamais reconnu l'existence (3). » De l'avis du tribun Mouricault, dans son discours au Corps législatif, « à l'égard de la *confirmation* ou *ratification*, elle ne peut jamais valider les conventions dont la loi ne reconnaît pas l'existence, et qui en conséquence ne lient personne: telles sont..... les conventions qui ont pour objet une chose hors du commerce; celles qui n'ont point de cause, ou qui n'en ont

(1) V., en ce sens, Zachariæ, édit. Aubry et Rau, t. ii, p. 140; Duvergier, *Vente*, t. 1, n° 230; Toullier, 7, n° 599.

(2) Marcadé, art. 1338, 1.

(3) Rapport du tribun Jaubert sur la troisième partie du projet, concernant la preuve des obligations et la preuve de payement (séance du 11 pluv. an XII).

qu'une fausse, ou qui n'en ont qu'une illicite (1). »

Après la longue discussion à laquelle je me suis livré au sujet de l'interprétation de l'art. 1304, il est facile de reconnaître que les *pactes sur succession future* sont bien une des sortes de conventions auxquelles s'appliquent directement ces principes de notre Code en matière de *ratification*. En un mot, la ratification, après décès, d'un pacte conclu sur une succession future, n'en peut couvrir la nullité (2), qu'il s'agisse d'une ratification *expresse* ou d'une ratification *tacite* (3). Je ne puis donc comprendre la confusion dans laquelle est tombé M. Larombière en traitant ce sujet. Cet auteur, qui a jeté tant de lumière sur l'importante question des pactes sur succession future, a certainement fait fausse route lorsqu'il a traité le point dont je m'occupe en ce moment. « Comme le vice du contrat, dit ce jurisconsulte, n'est que *temporaire*, et qu'il cesse à l'ouverture de la succession, on peut, à partir de ce moment-là, valablement confirmer l'engagement. L'indisponibilité de la chose ayant cessé, le vice du contrat peut être purgé et couvert. Que si l'on prétend rattacher, sous certains rapports, à des considérations de morale et de décence publiques la nullité des traités faits sur succession future, ces considérations cessant elles-mêmes après l'ouverture de la succession, le vice de l'acte devient susceptible de réparation (4). » M. Larombière a évidemment confondu avec la *ratification*

---

(1) Discours prononcé au Corps législatif par le tribun Mouricault (séance du 17 pluv. an XII).
(2) Dall., *Alph.*, v° *Succession*, n° 618.
(3) Id. auct., v° *Obligations*, n° 161.
(4) Larombière, *Trait. des obligations*, art. 1130, n° 20; conf. Toullier, t. 8, n° 517; Zachariæ, t. 11, p. 455.

d'un acte nul une convention nouvelle, certainement très-licite, puisqu'elle aurait alors pour objet une *succession ouverte*. C'est ce que M. Marcadé a su expliquer très-nettement, en disant : « L'ouverture de la succession, la rentrée de l'objet dans le commerce, rendra possible un traité nouveau....., mais elle ne saurait rendre possible la ratification de l'ancien, qui est juridiquement sans existence..... (1). » — Je citerai, entre bien d'autres décisions judiciaires, un arrêt de la Cour de Metz qui consacre aiusi cette doctrine : « Attendu, est-il dit dans cet arrêt, que les nullités de cette espèce ne peuvent évidemment être couvertes..... par la *ratification* prévue par l'art. 1338 ; qu'en vain l'on prétendrait que le vice dont était entaché l'acte..... a pu être effacé, au moins depuis le décès....., époque à laquelle les vendeurs étaient réellement devenus propriétaires..... ; que cette objection est sans valeur, car l'acte..... reste toujours frappé dès son origine d'une tache indélébile (2). »

A cette impossibilité de ratifier les conventions sur succession non ouverte se rattache l'une des principales différences qui séparent la vente d'une *succession future* de celle de la chose d'autrui. « On peut, dit M. Troplong, ratifier la vente de la chose d'autrui, car elle n'est pas tellement nulle, qu'elle ne puisse servir de base à une *ratification* (3). » Complétant sa pensée, ce même jurisconsulte ajoute ailleurs : « La vente *de la chose d'autrui* est susceptible de ratification.... ; elle peut être consolidée *ex post facto*, si le vendeur devient pro-

(1) Marcadé, t. IV, n° 883. — Conf. Vazeille, *Prescript.*, II, n° 517; Troplong, *Vente*, 2, 219.
(2) Metz, 10 mars 1841, D. p. 48, 1, 25.
(3) Troplong, *Vente*, n° 237.

priétaire. Mais, dans la vente d'une chose appartenant à une *succession future*, rien de tout cela n'est possible. L'ordre public milite sans cesse contre un pareil traité; il le déclare infecté d'une *nullité radicale* (1). »

3° De la *mauvaise foi*, en tant qu'elle préside à la formation des conventions *sur succession future*.

La *nullité* des pactes sur succession future étant, comme nous l'avons vu, expressément écrite dans la loi, il en résulte que nul n'est censé l'ignorer. Par conséquent, tous ceux qui font des conventions de cette nature, agissent avec la plus entière *mauvaise foi*. C'est donc faire acte de bonne justice à leur égard que de tenir compte des conditions spéciales dans lesquelles ils ont pactisé.

Nous savons que « le possesseur *de bonne foi* est celui qui se croit propriétaire, et qui a un juste motif de se croire tel parce que sa possession repose sur un titre qui lui aurait réellement transmis la propriété, s'il n'avait pas été entaché d'un vice que ce possesseur ne connait pas (2). » Cette définition suffit pour nous donner une idée exacte du possesseur *de mauvaise foi*, dont la situation est nécessairement l'opposée de celle du possesseur *de bonne foi*.

Aussi M. Larombière, en s'expliquant sur ce qui différencie la vente *d'une succession future* d'avec celle *de la chose d'autrui*, a-t-il raison de dire : « Lorsqu'il y a pacte exprès sur succession future, vente explicite d'objets dépendants d'une succession non ouverte, toutes parties ont contracté *de mauvaise foi*, puisqu'elles ont fait une convention contraire aux prohibitions de la loi, que

_____

(1) Id. auct. cod. tract., n° 217. — Conf. Marcadé sur l'art. 1600, n° 1 et 2; Duvergier, t. i, n° 228; Dall., *Alph.*, v° *Vente*, n° 511.
(2) Marcadé, t. ii, p. 101.

tout le monde est censé connaître. L'acquéreur ne peut donc invoquer contre qui que ce soit, ni contre son vendeur, ni contre les tiers, les priviléges *attachés à la bonne foi*, soit pour faire les fruits siens, soit pour obtenir des dommages-intérêts, soit pour prescrire par dix ou vingt ans. Son titre est injuste et manifestement vicieux.

» Alors, au contraire, que l'acte ne présente aucune des apparences, aucun des caractères visibles du pacte prohibé par les art. 1130 et 1600, comme il y a place pour *la bonne foi* de l'acquéreur, il peut alors poursuivre la nullité de la vente contre son vendeur, obtenir contre lui des dommages-intérêts, faire les fruits siens, prescrire contre le véritable propriétaire par dix ou vingt ans..... (1). »

4° *Des contrats joints accessoirement à un pacte sur succession future.*

On peut dire des pactes sur succession future en général ce que M. Dalloz a dit particulièrement de la vente d'une succession non ouverte : qu'ayant *une cause illicite,* ils ne peuvent être garantis par aucune obligation accessoire (2).

Les trois contrats principaux dont la nature est d'être adjoints à d'autres contrats avec lesquels ils coexistent ou qu'ils remplacent, sont la *clause pénale,* la *novation* et le *cautionnement.*

I. *Clause pénale.* — Nous lisons au Code : « La *clause pénale* est celle par laquelle une personne, pour assurer l'exécution d'une convention, s'engage à quelque chose en cas d'inexécution. » (Art. 1226 C. N.)

---

(1) Larombière, *Traité des obligations,* art. 1130, n° 25.
(2) Dall., *Alph.,* v° *Vente,* n° 510.

Le législateur déclare en même temps que « la nullité
de l'obligation principale entraîne celle de la clause pénale » (art. 1227). Ce dernier article a été ainsi commenté par M. Marcadé : « *Accessorium sequitur principale*. Quand la convention principale est nulle, il est
bien clair que la convention accessoire est nulle également ; quand la convention principale ne doit pas être
exécutée, il est bien évident qu'il n'y a pas lieu à des
dommages-intérêts pour le défaut ou le retard d'une
exécution qui n'est pas due (1). » Or, dirai-je avec
M. Dalloz : « Toute convention sur une *succession future*
est nulle de plein droit, aux termes de l'art. 1130 ; il
en résulte que la *stipulation pénale* jointe à une pareille
convention est nulle également (2). »

II. *Novation*. — La *novation* est, d'après Pothier,
« la substitution d'une dette nouvelle à une ancienne
dette (3). » Ainsi « la *novation* suppose..... deux obligations, l'une qui est éteinte, l'autre qui lui est substi-
tuée. Mais, pour que la première puisse être éteinte
par la *novation*, il faut nécessairement qu'elle ait existé
au moment de la *novation*. . . . .

. . . .

Si elle n'a pas existé, la *novation* est impossible,
et la nouvelle obligation contractée est nulle comme
étant sans cause, car c'est la première obligation qui
est la cause de la seconde.

. . . .

» Quoique l'obligation ait existé en fait, si elle n'a
pas eu d'*existence juridique* parce qu'elle était frappée
d'une *nullité radicale* et ne pouvait produire aucun effet,

(1) Marcadé, t. IV, n° 650.
(2) Dall., *Alph.*, v° *Obligations*, n° 1601.
(3) *Traité des obligations*, t. II, n° 581.

elle n'a pas pu être susceptible de *novation*, et, par suite, cette dernière, si elle avait eu lieu, ne serait pas valable. Il en serait ainsi, par exemple, d'une obligation sans cause ou sur une cause illicite..... (1). » La *novation* d'une convention sur succession future serait donc complétement nulle.

III. *Cautionnement.* — « *Le cautionnement* est un contrat par lequel un tiers promet à un créancier de lui payer ce qui lui est dû, si son débiteur ne le paye lui-même (2). »

« On ne peut pas *cautionner* une dette *qui n'a aucune existence,* car, cette dette ne pouvant pas être valablement payée, un tiers ne peut pas promettre qu'elle le sera (3) » (art. 2012 C. N.). Étant connue la nature des pactes sur succession future, on peut évidemment affirmer qu'ils ne sauraient être l'objet d'un cautionnement valable (4).

Là se termine ce que je m'étais proposé de dire sur la *prohibition* des pactes sur succession future. Je vais exposer maintenant, dans un dernier chapitre, les plus notables exceptions à cette importante règle.

(1) Dall., *Alph.*, v° *Obligations*, n°˚ 2362 et 2363.
(2) Mourlon, 1˚ édit., t. III, p. 402.
(3) Id. auct. eod. loc., p. 405.
(4) Dall., *Alph.*, v° *Obligations*, n° 126, et v° *Succession*, n° 617.

CHAPITRE II.

DES EXCEPTIONS A LA RÈGLE PROHIBITIVE DES PACTES SUR SUCCESSION FUTURE.

A côté de la *prohibition générale* des pactes sur succession future, trouvent naturellement leur place les exceptions apportées à ce principe par le législateur.

J'en signalerai huit, que j'examinerai successivement, en suivant l'ordre qu'elles occupent dans le Code de nos lois civiles.

SECTION PREMIÈRE.

1re *Exception.*— RÉDUCTION DES DROITS SUCCESSIFS DE L'ENFANT NATUREL, FAITE, DE LEUR VIVANT, PAR SES PÈRE OU MÈRE, AVEC SON CONSENTEMENT (ART. 761).

L'art. 761 C. Nap. renferme la première exception à la règle prohibitive des pactes sur succession future. Cet article est ainsi conçu : « Toute réclamation leur est interdite (aux enfants naturels où à leurs descendants) lorsqu'ils ont *reçu*, du vivant de leur père ou de leur mère, la moitié de ce qui leur est attribué par les articles précédents, avec déclaration expresse, de la part de leur père ou mère, que leur intention est de réduire l'enfant naturel à la portion qu'ils lui ont assignée. — Dans le cas où cette portion serait inférieure à la moitié de ce qui devrait revenir à l'enfant naturel, il ne pourra réclamer que le supplément nécessaire pour parfaire cette moitié. »

C'est là une disposition entièrement nouvelle, et dont on ne rencontre par conséquent aucune trace dans notre droit ancien.

L'une des questions les plus controversées qui aient été soulevées à l'occasion de l'art. 761 C. N., est justement celle qui a le plus de rapport avec la matière des pactes sur succession future.

On s'est demandé, en effet, si les père et mère de l'enfant naturel ont besoin *de son consentement* pour le réduire, moyennant une gratification faite de leur vivant, à la moitié de ses droits successifs, ou s'ils peuvent, au contraire, effectuer cette réduction malgré lui.

Dans le premier cas, il s'agirait bien d'une *renonciation à succession future*, et partant d'une *exception* à la règle générale qui interdit tous les pactes de cette nature.—Dans la seconde hypothèse, ce serait une faculté spéciale attribuée aux père et mère de l'enfant naturel, et qui n'aurait rien de commun avec les divers modes de translation de propriété et surtout de droits successifs autorisés par notre législation.

Malgré les autorités imposantes qui combattent cette solution, je suis cependant d'avis que le consentement de l'enfant est indispensable.

Cette doctrine me semble la plus conforme aux intentions des rédacteurs de l'art. 761, au texte de la loi, aux principes généraux du Code civil.

§ 1. *Intentions des rédacteurs de l'art. 761.*

La pensée des rédacteurs du Code ressort très-manifestement, selon moi, de ces paroles du tribun Siméon : « Si, pour la tranquillité et le repos des familles,

les père et mère ont eu soin d'acquitter de leur vivant leur dette envers leur enfant naturel ; si, en la payant par anticipation, ils ont déclaré ne vouloir pas qu'il vînt après eux troubler leur succession, le Code maintiendra cette disposition, lors même que ce *don anticipé* n'arriverait qu'à la moitié de la créance ; mais, si le *don* était resté au-dessous de la moitié, l'enfant pourrait en réclamer le supplément. » — Le même orateur ajoute : « Une pareille *donation* est utile et pour l'enfant naturel, qu'elle fait jouir plus tôt, et pour la famille, qu'elle débarrasse d'un créancier odieux..... (1). »

Les mots *donner*, *donation* ont, du reste, été très-souvent répétés dans tous les projets qui ont précédé la rédaction définitive de l'art. 761 (2). Le caractère du droit de réduction, conféré par l'art. 761 aux père et mère de l'enfant naturel, est donc celui d'une *donation entre-vifs*. Dès lors on ne peut contester la nécessité de l'*acceptation* de la part de l'enfant naturel donataire.

Ceux qui prétendent que le *consentement* de l'enfant naturel n'est pas requis par la loi ont cru pouvoir argumenter de ces paroles du tribun Chabot, de l'Allier: « Il était convenable de laisser aux pères et mères cette faculté, *qui retiendra les enfants dans les devoirs de la piété filiale;* mais aussi cette faculté devait avoir des limites, pour que les pères et mères n'eussent pas le pouvoir de priver entièrement les enfants naturels de leurs droits (3). » Ces interprètes de l'opinion du

(1) Discours prononcé au Corps législatif par le tribun Siméon, l'un des orateurs chargés de présenter le vœu du tribunat sur la loi relative aux successions (séance du 29 germinal an XI).

(2) Fenet, t. ii, p. 131 et 561.

(3) Rapport fait au tribunat par Chabot (de l'Allier), au nom de la section de législation, sur la loi relative aux successions (séance du 26 germinal an XI).

tribun Chabot se sont singulièrement trompés; car leur explication est en contradiction formelle avec celle qu'il a donnée lui-même. Voici, en effet, dans quels termes il attaque le système que certains au teurs ont présenté comme étant le sien : « On pourrait . répondre encore , même en recherchant l'intention du législateur, que dans l'art. 761 il ne s'est pas uniquement préoccupé des intérêts du père ou de la mère de l'enfant naturel, et qu'il a eu également en vue les intérêts de cet enfant ; qu'il a voulu pourvoir au cas où l'enfant naturel aurait, du vivant de son père ou de sa mère, besoin de quelques sommes ou de quelques biens pour un établissement avantageux; que, pour déterminer le père ou la mère à lui en faire l'avance, il a permis, en ce cas, la réduction des droits de l'enfant naturel; qu'alors il s'établit entre eux une *espèce de transaction*; que le père ou la mère, en accordant la somme ou la portion de biens qui est déterminée, affranchit ses héritiers légitimes d'une dette plus considérable, et que, de son côté, l'enfant naturel trouve un avantage réel et présent à la place des droits éventuels et incertains que la loi lui promettait après le décès de son père ou de sa mère.

» Et ce qui prouve, dit toujours le tribun Chabot, que telle a été l'intention du législateur dans l'art. 761, c'est qu'elle a été ainsi expliquée par M. Siméon dans le discours qu'il a prononcé, au nom du tribunat, devant le Corps législatif, pour faire adopter la loi sur les successions (1). »

Grâce à ces divers rapprochements, il ne peut donc y avoir aucun doute sur le but que se sont proposé

(1) Chabot, art. 761, n° 3.

les rédacteurs de l'art. 761. C'est ce qu'a si bien mis en lumière le savant M. Demolombe. « Ainsi, dit cet auteur, on n'a pas voulu seulement favoriser la famille légitime ; ce que l'on s'est proposé, c'est de fournir au père et à la mère un moyen de concilier les intérêts respectifs de la famille et de l'enfant naturel lui-même, qui trouvera, dans une jouissance anticipée, la compensation de la diminution de ses droits futurs, et qui aura presque toujours intérêt à *accepter*. »

§ 2. — *Texte de la loi.*

Il résulte de ce texte que toute réclamation est interdite aux enfants naturels, *lorsqu'ils ont reçu*, du vivant de leur père ou de leur mère, la moitié de ce qui leur est attribué par la loi dans la succession de ces derniers.

« Or, dit M. Demolombe, *recevoir* ne peut évidemment signifier, dans cet article, autre chose qu'*acquérir* la propriété des valeurs formant la moitié que les père ou mère transmettent à leur enfant ; d'autre part, la propriété ne peut pas s'acquérir entre-vifs, *inter partes*, sans les consentements respectifs du *tradens* et de l'*accipiens* ; donc le texte lui-même exige, en s'exprimant ainsi, le *consentement* et l'*acceptation* de l'enfant. »

A ce premier argument, qui me paraît très-judicieux, le même auteur en ajoute un second qu'il tire de la similitude d'expressions et de pensée qui existe entre les art. 760 et 761. « Il est d'autant plus certain, écrit-il, que tel est le sens du mot *reçu* dans l'art. 761, que le même mot est, de l'aveu de tous, employé dans ce sens par l'art. 760 ; et on ne saurait admettre que le législateur ait employé, dans deux articles qui se suivent, le même terme dans deux acceptions différentes et opposées ! Tout au contraire, les art. 760 et 761 règlent la même hypothèse, à savoir: celle où l'enfant naturel *a reçu des donations entre-vifs* de ses père ou mère ; et la seule différence qu'il y ait entre l'un et l'autre, c'est que le premier, l'art. 760, s'occupe du cas où les père ou mère naturels voudraient, au moyen de ces donations, *augmenter* la part de leur enfant, tandis que le second, l'art. 761, s'occupe du cas où ils voudraient, au contraire, la *diminuer*. Mais, dans l'un comme dans l'autre cas, il s'agit d'une donation entre-vifs qui doit être *acceptée par l'enfant* (1). »

« Il faut conclure des *termes* de cet article, a dit M. Chabot, auquel j'ai emprunté plusieurs citations parce que ses appréciations ont évidemment ici la plus grande portée, que la réduction ne peut avoir lieu que par une *donation entre-vifs de biens présents*, qui est *acceptée* par l'enfant naturel, c'est-à-dire en vertu d'une convention librement faite entre l'enfant naturel et son père ou sa mère (2). »

Cette doctrine aboutit à des déductions si rigoureusement vraies, qu'elle n'a pas manqué de rallier de nombreux partisans (3), qui, en présentant la même thèse avec certaines différences de forme, ont tous parfaitement démontré que rien n'est plus facile que de mettre à découvert la faiblesse des moyens avec lesquels on essaye de la combattre.

(1) Demolombe, *Successions*, t. II, n° 105.
(2) Chabot, art. 761, n° 3.
(3) Demante, Prog., t. II, n° 80; Zachariæ, édit. Massé et Vergé, t. II, p. 278; Grenier, t. III, *Donations*, n° 674; Duvergier sur Toullier, t. II, 2ᵉ partie, p. 262, note a; Marcadé, art. 761, n° 2; Merlin, *Rép.*, vᵒ *Réserve*, sect. IV, n° 18; Delvincourt, t. II, p. 22, note 8, etc., etc.

Quel est, en effet, le langage de ceux qui affirment que les père et mère d'un enfant naturel peuvent le soumettre à *la réduction* dont il est parlé dans l'art. 761, sans avoir à se préoccuper de son consentement?

« Rien dans cet article, disent les uns, ne donne à penser que *dans l'esprit du législateur* la *réduction* doive être le résultat d'une *convention* entre le père et l'enfant, et, au contraire, la discussion de l'art. 761 au conseil d'État démontre que le législateur a voulu armer le père contre le fils, et lui donner la faculté de liquider de son vivant une dette dont il ne voulait pas laisser la charge à ses héritiers (1). »

Nous connaissons, je crois, assez complétement le sentiment qui a inspiré les rédacteurs de la loi, pour qu'il soit désormais tout à fait inutile de le rechercher.

D'autres adversaires de notre système l'attaquent de la manière suivante : « Rien n'indique..... que le père *ait besoin.... du consentement du fils ;* c'eût été une condition qui eût presque toujours, ou du moins bien souvent, paralysé l'exercice du droit que la loi a voulu laisser au père. . . . .

. . . .

On a entendu donner au père le moyen d'écarter de son hérédité un individu qui ne s'y présenterait que sous un aspect fâcheux, désagréable pour les parents légitimes, et dont l'intervention pourrait jeter le trouble dans la famille. *Son consentement n'est donc pas nécessaire* (2). »

« Exiger le consentement de l'enfant, dit le jurisconsulte Pont, c'eût été autoriser le refus, et, par le

(1) Zachariæ, édit. Massé et Vergé, t. ii, p. 278, note 22.
(2) Duranton, t. vi, p. 348, n° 304.

plus étrange renversement d'idées, placer le père à la discrétion du fils, toujours libre de rendre illusoire ce droit de réduction établi par la loi. Rien de tout cela n'est assurément admissible ; il y a, dans ces résultats, une telle violation des principes de la morale, un tel oubli des convenances sociales et des justes prérogatives de la puissance paternelle, que l'on peut, à priori, affirmer qu'ils ne sont pas dans la loi (1). »

Ces objections ne sont vraiment pas sérieuses. L'acceptation de l'enfant, que l'on dit devoir être presque toujours impossible avec notre système, n'est-elle pas garantie par son intérêt. Car, au cas de refus de la part de l'enfant naturel, le père, mécontent, pourra réduire son enfant à la réserve. D'autre part, l'enfant auquel on ferait subir malgré lui la réduction dont parle l'art. 761 C. N. ne serait pas pour cela écarté pour toujours du règlement des affaires de la famille, puisqu'il aurait encore le droit de réclamer un supplément, ce qu'il ne manquerait pas de faire, si, mécontent, il considérait ce qu'il a reçu comme n'égalant pas la moitié à laquelle il a droit.

En résumé, le consentement de l'enfant naturel sera toujours indispensable, tant qu'on n'aura pas prouvé que ses père et mère peuvent ainsi disposer entre-vifs de leurs biens présents autrement que par donation.

D'après une opinion assez bizarre, en cas de refus de la part de l'enfant, les père et mère ne sauraient être embarrassés. Ils auront à faire des offres que le tribunal déclarera valables en ordonnant l'accomplissement des mesures énumérées par la loi, par ce motif

(1) Pont, *Revue de législation*, 1846, t. i, p. 91.

que l'enfant naturel n'a vis-à-vis de ses père et mère que les droits d'un créancier. — Cette solution a le grand défaut d'être en désaccord complet avec notre régime successoral, qui envisage, il est vrai, l'enfant naturel comme un successeur irrégulier, mais c'est bien un *successeur*, et non pas un *créancier*.

Certains défenseurs de l'opinion contre laquelle j'essaye de combattre en ce moment déclarent bien avec nous qu'il n'existe aucun moyen d'obliger l'enfant à recevoir, mais leur raisonnement ne vaut cependant pas mieux que le précédent. « Sans doute, disent-ils, l'enfant naturel a le droit de ne pas accepter la donation qui lui est faite, de même qu'il peut renoncer à ses droits sur la succession de son père; mais le défaut d'acceptation, qui équivaudrait à une renonciation, ne peut porter aucune atteinte aux droits du père (1). »

Qui ne trouverait étrange et entièrement inadmissible une pareille théorie, en présence des termes de l'art. 761, dont nous avons constaté la précision, et qui exige si formellement, pour que la *réduction* puisse s'effectuer, que l'enfant ait *reçu* la moitié de ce à quoi il peut prétendre dans la succession de ses père et mère.

Enfin, « puisque cette *réduction* ne peut s'effectuer que par le consentement réciproque de l'enfant, il y a donc là une convention, un marché sur une succession qui n'est pas encore ouverte, une renonciation de la part de l'enfant à la succession d'une personne encore vivante; or, les renonciations et stipulations de ce genre étant prohibées en principe par les art. 791 et 1130, il

(1) Zachariæ, édit. Massé et Vergé, t. ii, p. 278, note 22

s'ensuit que notre art. 761 constitue une *exception* à la règle de ces articles.... (1). »

Une exception devant être rigoureusement restreinte dans ses limites, on comprend que l'enfant naturel ne pourrait pas renoncer au droit que lui confère l'art. 761 de demander, au décès de ses père et mère, un supplément, lorsqu'il n'a pas reçu de leur vivant la moitié de ce qui devait lui advenir par la suite. Une semblable convention retomberait sous l'empire de la prohibition générale, c'est-à-dire qu'elle serait considérée comme nulle à titre de *pacte sur succession future* (2). — De même, si l'objet de la donation était *modique* au point d'être *dérisoire*, l'enfant naturel ne pourrait pas être lié par son consentement, parce que le but de l'art. 761 serait alors manqué. Il aurait donc le droit non pas seulement de compléter *la moitié* de sa portion héréditaire, mais de la réclamer *tout entière*.

§3. *Principes généraux du Code civil.*

Tout contribue à démontrer que la nécessité de *l'adhésion* de l'enfant naturel à la *réduction* désirée par ses père ou mère se concilie merveilleusement avec les principes généraux de notre Code.

Nous avons fait remarquer sur ce point que l'attribution de la propriété dont parlent les auteurs qui repoussent le consentement de l'enfant ne correspond à aucune des manières d'acquérir reconnues par notre droit. Quant à moi, je n'ai jamais compris que, pour parvenir à défendre une théorie nouvelle, on fît ainsi

(1) Marcadé, art. 761, nº 111.
(2) V. Demolombe, *Successions*, t. II, nº 114.

table rase de tout ce qui sert de fondement à la matière
que l'on traite ; car on s'expose alors à bâtir sur le sable
et, par conséquent, à ne rien édifier de solide. « Sans
doute, a dit M. Demolombe, qui a semé son commentaire de l'art. 761 de réflexions si juridiques, on com-
prendrait, en législation, un système d'après lequel le
père ou la mère aurait le pouvoir d'attribuer de son
vivant, par sa seule volonté, une portion de ses biens à
son enfant naturel; mais.... ce serait là un système tout
à fait exceptionnel, et qui s'écarterait tellement de tous
les principes, qu'il aurait besoin d'être formellement
annoncé et décrété.... (1). »

C'est en tenant compte de cette vérité que M. Marcadé a ainsi réfuté victorieusement, en peu de mots,
ceux des principaux arguments de la doctrine que j'attaque, auxquels je n'ai pas encore répondu : « On in-
voque... la grande sévérité du Code à l'endroit des bâ-
tards, pour en induire que la pensée du législateur a dû
être de permettre contre eux le mode de réduction que
nous repoussons ; mais ce raisonnement n'est qu'une
pétition de principe, et on ne peut pas argumenter du
degré prétendu de sévérité de la loi, quand c'est précisément ce degré de sévérité qui est en question. On
ajoute que le droit de réduire ainsi l'enfant, sans son
consentement, à une portion très-minime, est la conséquence naturelle de la faculté qu'a le père de le réduire même à rien, en ne le reconnaissant pas ; mais
cette idée est complétement fausse. D'une part, en
effet, le père, si l'idée était vraie, devrait être libre de
réduire l'enfant même au tiers ou au quart ; or la loi
défend de le réduire à moins de moitié. D'un autre côté,

(1) Demolombe, *Successions*, t. II, p. 178.

la faculté d'écarter entièrement l'enfant en s'abstenant de le reconnaître n'existe pas pour la mère (l'enfant pouvant faire constater judiciairement la maternité); or notre article met le père et la mère sur la même ligne (1). »

Il résulte donc des principes généraux du Code, aussi bien que du texte de l'art. 761 et des travaux préparatoires, que la réduction prévue par cet article ne peut s'effectuer que sous la forme d'une *donation entre-vifs*, laquelle est nécessairement subordonnée à *l'acceptation de l'enfant*.

Pour être complet, je dois dire que la jurisprudence de la Cour de cassation et des cours impériales est contraire à l'opinion que je viens de soutenir (2).

SECTION II.

2ᵉ *Exception.*— DES ALIÉNATIONS A CHARGE DE RENTE VIAGÈRE, A FONDS PERDU OU AVEC RÉSERVE D'USUFRUIT, A L'UN DES SUCCESSIBLES EN LIGNE DIRECTE, AVEC LE CONSENTEMENT DES COHÉRITIERS PRÉSOMPTIFS DE L'ACQUÉREUR.

On rencontre, au commencement du titre des donations et des testaments, dans l'art. 918, une seconde exception à l'interdiction des pactes sur succession future.

Le but direct de cet article est de démasquer certaines simulations à l'aide desquelles les faiblesses du

_____

(1) Marcadé, art. 761, nᵒ 11.
(2) Toulouse, 29 avril 1845, D. p. 45, 2, 165; C. C. 31 août 1817, D p. 47, 1, 324; Metz, 27 janvier 1853, D. p. 54, 2, 252.

cœur paternel pourraient chercher souvent à éluder les prohibitions de la loi (1).

Nous savons que c'est dans notre droit intermédiaire que les rédacteurs de l'art. 918 ont trouvé le germe des principes qu'il est destiné à sauvegarder. Je parle de germe, parce que de nombreuses différences séparent de notre art. 918 l'art. 20 de la loi du 17 nivôse an II, auquel je fais allusion. L'ensemble de cette loi, qui étendait jusque sur le passé le règne de l'égalité, s'opposait, pour l'avenir, à ce que les citoyens rendissent la position de quelques-uns de leurs héritiers directs ou collatéraux meilleure que celle des autres; et les contrats énumérés dans l'art. 26 n'eussent pu, avons-nous dit, devenir valables que par l'adhésion des héritiers auxquels ils auraient dû porter préjudice.

La loi du 4 germinal an VIII ayant accordé la liberté de faire des libéralités aux successibles, pourvu qu'on ne dépassât pas la quotité disponible qu'elle prit soin de déterminer, la loi du 17 nivôse an II fut par là même abrogée, et l'on dut, à partir de ce moment, appliquer le droit commun aux contrats qu'elle avait signalés dans son art. 26.

L'art. 918 n'est autre chose que la conciliation de la loi de nivôse et de celle de l'an VIII. Ainsi que l'a si bien expliqué M. Troplong, « le Code a permis....., à l'exemple de la loi de l'an VIII, les libéralités de nature à avantager un ou plusieurs enfants; mais il n'a pas voulu que l'inégalité dépassât la mesure autorisée par lui. Et comme les aliénations à *rente viagère*, à *fonds perdu* ou *avec réserve d'usufruit*, ouvrent des voies faciles

(1) V. Troplong, *Donat. et test.*, t. II, n° 846.

à la simulation, il a appliqué à son système d'égalité mitigée une présomption de fraude que la loi de l'an II avait mise au service d'un système d'égalité absolue (1). »

Le texte de l'art. 918 est ainsi conçu : « La valeur en pleine propriété des biens aliénés soit *à charge de rente viagère,* soit *à fonds perdu,* ou *avec réserve d'usufruit,* à l'un des successibles en ligne directe, sera imputée sur la portion disponible, et l'excédant, s'il y en a, sera rapporté à la masse. Cette imputation et ce rapport ne pourront être demandés par ceux des autres successibles en ligne directe qui auraient consenti à ces aliénations, ni, dans aucun cas, par les successibles en ligne collatérale. »

Tels sont, en résumé, les points principaux qui distinguent cet article de l'article 26 de la loi de nivôse :

1º Il n'y a plus de présomption de gratuité pour les aliénations dont parle l'article 918 C. N., lorsqu'elles ont lieu en ligne collatérale;

2º La loi actuelle n'exige le rapport des biens aliénés que pour ce qui excède la quotité disponible. La loi de nivôse, au contraire, prescrivait le rapport de la totalité de ces mêmes biens;

3º C'est dans l'art. 918 qu'il est fait mention pour la première fois des aliénations avec réserve d'usufruit, la loi de nivôse ne parlant en général que des aliénations à charge de rente viagère, ou des ventes à fonds perdu.

Maintenant, qu'entend-on par aliénation soit *à fonds perdu,* soit *avec réserve d'usufruit ?*

« L'aliénation à fonds perdu est celle (le mot lui-

_____

(1) Troplong, *Donat. et test.,* t. II, nº 849.

même l'indique) dans laquelle la chose aliénée n'est représentée, dans le patrimoine de l'aliénateur, par aucun équivalent que ses héritiers puissent y retrouver après lui ; et voilà comment le fonds est perdu, en ce sens que l'aliénateur, ne recevant en retour que des prestations viagères, les consommera lui-même..... au fur et à mesure des échéances. . . . . . .

» Il est clair que l'aliénation à charge de rente viagère n'est elle-même qu'une aliénation à fonds perdu ; si l'art. 918 mentionne cumulativement l'aliénation soit à charge de rente viagère, soit à fonds perdu, c'est à l'imitation de l'article 26 de la loi du 17 nivôse an II, qui mentionnait, en effet, les donations à charge de rente viagère et les ventes à fonds perdu (1). »

L'aliénation avec *réserve d'usufruit* n'a, au contraire, aucun rapport avec les aliénations à *fonds perdu*.

Le législateur, en soumettant ce genre de disposition à la présomption de gratuité de l'art. 918, a eu probablement pour motif que la réserve d'usufruit qui permet à l'aliénateur de conserver la jouissance de sa chose ferait présumer par là même que le prix stipulé n'a rien de sérieux. En outre, il est bien difficile d'apprécier exactement la valeur de ce droit viager, et l'on serait souvent fort embarrassé pour savoir si l'acte est à titre onéreux ou à titre gratuit (2).

Malgré l'avis contraire de certains auteurs, je suis convaincu que l'article 918 s'applique aussi bien aux aliénations à *titre gratuit* qu'aux aliénations à titre onéreux. C'est qu'en effet il faut bien se rappeler que l'article 26 de la loi du 17 nivôse an II comprenait les do-

(1) Demolombe, *Successions*, t. iv, n° 400.
(2) *V.* Demolombe, *Donations*, t. ii, n° 499.

nations à charge de rente viagère en même temps que les ventes à fonds perdu. Tout porte donc à croire que par biens *aliénés* les rédacteurs de l'art. 918 ont entendu parler de tous les contrats indiqués par la loi de nivôse (1).

On est d'autant plus fondé à adopter cette opinion « que la première rédaction de l'article 918, présentée au conseil d'Etat dans la séance du 28 pluviôse an XI, offrait la même division, et parlait ainsi nommément des *donations à charge de rente viagère*, et que, loin qu'on puisse induire des discussions qui ont précédé la rédaction définitive que le législateur ait voulu soustraire ce mode d'aliénation à l'application du principe posé par ledit article, il en résulte plutôt que son intention a été d'étendre cette application à toutes les aliénations faites moyennant les charges et conditions dont il s'agit.

» ..... D'ailleurs..... le but de l'art. 918 n'a pas été seulement d'atteindre les avantages *indirects* et *déguisés* qui pouvaient résulter de certains contrats passés avec des successibles en ligne directe, au préjudice d'autres successibles..... ; cette disposition a eu également pour but de prévenir les difficultés qui, lors du règlement des droits desdits successibles, pouvaient naître de la nature des charges imposées à l'aliénation.

» Ces motifs s'appliquent aussi bien aux aliénations faites à titre de donation qu'aux autres espèces d'aliénations, du moment qu'elles sont accompagnées *des charges* dont il s'agit (2). »

(1) *V.* Dall., *Alph.*, v° *Dispos. entre-vifs et test.*, n° 931.
(2) Arrêt de Douai, 30 décembre 1813, D. p. 48, 2, 190. — Conf. Cass. req., 19 août 1817, D. p., 48, 1, 202 ;—Cass. req., 6 février 1848,

Dans l'article 918, dont je viens d'essayer de donner une idée générale, le législateur de 1804, suivant encore en cela l'exemple de celui de l'an II, ne s'est pas borné à protéger les successibles contre les fraudes dont ils pourraient être les victimes ; mais il a voulu laisser aussi à l'acquéreur un moyen de sauvegarder sa bonne foi ; ce dont ne peuvent se plaindre ses cosuccessibles, puisqu'il consiste dans *l'approbation* par eux donnée au contrat qui aurait pu leur causer quelque préjudice. Or, c'est justement *cet accord de plusieurs successibles entre eux* sur une question *se référant à une succession non ouverte*, qui constitue le *pacte sur succession future*, exceptionnellement autorisé par l'art. 918.

Il me reste à m'appesantir davantage sur les points suivants :

1° Sur les causes déterminantes de ce pacte ; 2° sur les personnes qui doivent y figurer à titre de parties contractantes ; 3° sur la manière dont le consentement de chaque partie doit être formulé ; 4° sur son caractère exceptionnel ; 5° sur ses conséquences immédiates à l'égard des parties contractantes.

§ 1. *Causes déterminantes* du pacte sur succession future *autorisé par l'art.* 918.

Nous avons dit que l'art. 918 s'applique aussi bien aux aliénations à titre gratuit qu'à celles à titre onéreux. Il faut donc se placer à ce double point de vue,

---

D. p., 48, 1, 203 ; —7 décembre 1818. Dev. 19, 1, 139. — Merlin, v° *Réserve*, sect. III, § 3, n° 3 ; Grenier, t. II, n° 630 ; Zachariæ, Aubry et Rau, t. v, p. 570 ; Coin-Delisle, art. 918, n° 2 ; Saintespès-Lescot, t. II, n° 391 ; Vernet, p. 133 ; Demante, t. IV, n° 56 bis, III.

pour énumérer d'une façon complète les causes *du pacte sur succession future* permis par cet article.

1° *Aliénations à titre onéreux.* La pensée des rédacteurs de la loi me semble avoir été admirablement saisie par M. Demolombe, qui l'expose de la manière suivante : « Le législateur, en frappant d'une présomption de gratuité les aliénations dont il s'agit, a voulu prévenir les fraudes, étouffer les procès et conserver la paix dans les familles. Mais *il ne pouvait pas méconnaître* pourtant que ces *aliénations* peuvent, dans certains cas, être *sincères,* et qu'il serait infiniment regrettable qu'un père, par exemple, qui veut vendre ainsi son bien, fût contraint de donner la préférence à un étranger sur l'un de ses enfants !

» Il fallait donc qu'il y eût pour les parties *un moyen de se soustraire à la présomption ;* et le législateur l'a si bien compris, que, pour cela, il a dérogé à l'une de ses règles les plus essentielles, *à celle qui prohibe les pactes sur succession future.* C'est ainsi que, à l'exemple de la loi du 17 nivôse an II, il a décidé que ces aliénations seraient considérées, en effet, comme sincères, lorsque ceux dont elles pourraient léser les droits y auraient consenti..... (1). »

M. Troplong s'explique ainsi sur ce sujet : « Ce consentement, de la part d'individus intéressés à ce que leur auteur ne se dépouille pas gratuitement à leur préjudice, donne à l'acte une garantie et un caractère de sincérité tout à fait incontestable. C'est peut-être là *une dérogation au principe qui défend de pactiser sur la succession d'un homme vivant,* mais cette dérogation s'explique par les motifs les plus plausibles. La loi,

(1) Demolombe, *Donations,* t. ii, n° 525.

voulant prévenir les contestations, n'a pas vu de meilleur moyen que de prendre le témoignage de la famille pour établir que l'aliénation a été faite à titre
onéreux, que ce n'est pas une libéralité déguisée, et
que le cosuccessible a payé l'équivalent de ce qu'il a
reçu (1). »

En un mot, le consentement de ses cosuccessibles
est pour l'acquéreur à titre onéreux, aux cas prévus
par l'art. 918, un *remède infaillible* que lui offre le législateur pour le préserver du dommage devant résulter
pour lui de la présomption de gratuité qui pèse sur le
contrat qu'il a formé avec l'auteur commun.

2° *Aliénations à titre gratuit.* Le concours des cosuccessibles à l'aliénation a-t-il pour effet d'entraîner la
dispense de réduction dont parle le § 2 de l'art. 918,
lorsqu'au lieu d'une vente, il s'agit d'une donation ?

Telle est la question dont je me propose de donner
ici la solution.

L'affirmative ne peut être récusée en doute, dès lors
qu'il est bien démontré que l'art. 918 se rapporte à
la fois aux aliénations *à titre onéreux* et aux aliénations *à titre gratuit.*

Cependant « on pourrait objecter que le concours
des cosuccessibles à l'aliénation ne la rend irrévocable que parce qu'elle démontre que le contrat inter-
venu entre l'un d'eux et l'auteur commun, constitue
une vente sérieuse, aussi inattaquable que si elle était
intervenue avec un étranger ; d'où il résulte que lorsque l'aliénation est, en la forme et au fond, une véritable libéralité, ce concours ne saurait plus avoir pour
effet de consolider la propriété de la chose aliénée

(1) Troplong, *Donat.*, t. II, n° 851.

sur la tête du successible acquéreur, et que cette
aliénation doit être traitée comme libéralité, c'est-à-
dire soumise au moins à réduction..... Ainsi, quand
l'aliénation se produit sous l'aspect d'une donation,
le concours des successibles serait réputé non avenu,
et ne pourrait d'ailleurs être considéré *que comme un
pacte sur succession future* (1). »

Voici une réponse très-exacte faite à cet argument,
et dont j'indiquais la substance en annonçant la solution de notre difficulté qui me semblait la plus plau-
sible : «... Les aliénations prévues par l'art. 918 pouvant
se présenter sous la forme et la dénomination d'une
donation, aussi bien que sous la forme et la dénomination d'une vente ou de tout autre contrat à titre
onéreux, il faut en conclure que le consentement
des successibles les rend non recevables à les attaquer, quelles que soient la forme et la dénomination
qui leur aient été données; car il est évidemment
question, dans la dernière partie de l'art. 918, des
mêmes aliénations dont il est question dans la première partie (2). »

Cette opinion a reçu la haute sanction de la Cour
suprême, manifestée en ces termes : « ..... Considérant que l'art. 918 Code civil ne dit pas que le consentement du cosuccessible ne sera pris en considération
qu'autant que ce sont des ventes qui ont été faites;
qu'il se sert des expressions génériques *biens aliénés*,
ce qui comprend les donations *à rente viagère* ou *à
charge d'usufruit*; qu'on conçoit, en effet, que le
consentement des cosuccessibles est aussi efficace

(1) Dall., *Alph.*, v° *Dispos. entre-vifs et test.*, n° 1012.
(2) Demolombe, *Donat.*, t. 11, n° 535.

dans le cas de pareilles donations que dans le cas de ventes, puisqu'il prouve que la libéralité a été sérieuse, profitable au donateur et accompagnée de charges utiles ; que, dès lors, il doit empêcher des recours fâcheux et consolider la propriété (1). »

Je terminerai ce paragraphe en disant, avec M. Dalloz : « Cette décision, qui met les *donations* dont il s'agit à l'abri de recours difficiles et fâcheux, paraît pleinement d'accord avec les termes de l'article 918 et la pensée de concorde qui a présidé à cette disposition (2). »

§ 2. *Quelles personnes doivent figurer à titre de parties contractantes dans le pacte sur succession future autorisé par l'art. 918 ?*

Les personnes dont le consentement est indispensable au successible en ligne directe qui a fait avec son auteur (3) l'un des contrats mentionnés dans l'article 918, et qui désire le rendre inattaquable, sont ses cosuccessibles au jour de l'aliénation.

Peu importe qu'ils soient plus tard remplacés par d'autres, ou que leur nombre vienne à s'augmenter : le successible acquéreur qui a fait tout ce qui dépendait de lui pour bénéficier des avantages que la loi met à sa disposition ne peut courir perpétuellement le risque de s'en voir priver. C'était là , du reste , la

---

(1) Dall., *Rec. pér.*, 48, 1, 201.
(2) Id. auct. cod. loc., note 1.
(3) Il faut remarquer que, l'article 918 parlant sans distinction de *tous les successibles en ligne directe*, s'applique aussi bien aux ascendants qu'aux descendants. *V.* Coin-Delisle, art. 918, 7 ; Levasseur, n° 172 ; Dall., v° *Dispos. entre-vifs et test.*, chap. iii, sect. iii, art. 1, n° 35.

doctrine de la loi de nivôse, dont nous avons retrouvé déjà tant de traces dans l'art. 918.

Vainement on a cherché à équivoquer sur le sens du mot *successible*, en prétendant qu'on ne se trouve en présence de successibles qu'à l'ouverture de la succession; car il est certain que les dispositions très-précises de la loi ne permettent pas d'avoir le moindre doute sur le véritable sens du mot *successibles*. « Dans les art. 846 et 847, la loi, voulant parler des parents qui se trouvent en rang utile pour succéder au moment du décès, mais qui n'y étaient pas au temps de la donation, a bien soin de dire *qui se trouvent successibles au jour de l'ouverture de la succession;* ici, au contraire, elle parle de biens *aliénés à l'un des successibles*, ce qui fait bien entendre des parents qui se trouvent *successibles (présomptivement)* le jour où se fait l'aliénation (1). »

Mais il ne faudrait pas s'imaginer que si, entre plusieurs successibles existant au moment de l'aliénation, quelques-uns seulement avaient donné leur consentement, ceux qui auraient refusé leur adhésion fussent liés par les premiers; car, le droit des héritiers à réserve étant très-divisible, le fait de l'un ne peut certainement causer aucun préjudice aux autres.

(1) Marcadé, art. 918, n° 561; — Conf. Merlin, *Rép.*, v° *Réserve*, sect. III, ï III, n° 6; Toullier, t. III, n° 132; et (Bayle-Mouillard h. l., note a: — Coin-Delisle, art. 918, note 20; Saintespès-Lescot. t. II, n° 407.

§3. *Manière dont le consentement de chaque partie doit être formulé.*

L'art. 918 étant complétement muet sur le point de savoir *à quelle époque* et *dans quelle forme* le consentement des successibles peut être valablement donné, c'est le cas ou jamais d'appliquer la maxime : *Ubi lex non distinguit nec nos distinguere debemus.*

I. *Epoque à laquelle les successibles peuvent donner leur consentement.* « Leur consentement peut indifféremment *précéder, accompagner* ou *suivre* l'aliénation, notre texte n'exigeant, et n'ayant pas eu, en effet, de raison pour exiger aucune condition particulière à cet égard ; et c'est même peut-être à dessein que la rédaction de l'art. 918 a été conçue en des termes différents de ceux de l'art. 26 de la loi du 17 nivôse an II, d'où l'on aurait pu conclure qu'il était nécessaire que les autres successibles intervinssent au contrat (1). »

Cela dit, on conçoit facilement qu'il n'est pas indispensable que les successibles donnent leur consentement simultanément ; ils peuvent donc remplir cette formalité d'une manière aussi utile les uns après les autres. Une seule chose est importante, c'est que les successibles ne donnent pas leur consentement par surprise, mais en parfaite connaissance de cause (2).

II. *Forme du consentement.* Il est clair qu'en présence du silence de l'art. 918, les successibles peuvent approuver l'aliénation comme ils le jugent convenable, c'est-à-dire *expressément* ou *tacitement.* Mais le consen-

---

(1) Demolombe, *Donations*, t. 11, n° 531.
(2) *V.* Demolombe, *Donations*, t. 11, n° 530. — Dall., *Pér.*, 48, 1, 203

tement *tacite* ne devra évidemment résulter que de faits précis soumis aux preuves de droit commun (1).

§ 4. *Caractère exceptionnel du pacte autorisé par l'art. 918.*

Le pacte sur succession future permis par l'art. 918, constituant une exception, ne peut être étendu au delà de ses limites; par conséquent, on devrait appliquer les principes généraux à toutes conventions n'ayant avec celles prévues par l'art. 918 que des rapports d'analogie (2).

§ 5. *Conséquences immédiates, à l'égard des parties contrac-* *tantes, du pacte autorisé par l'art. 918.*

L'une des conséquences les plus dignes de remarque résultant du pacte sur succession future autorisé par l'art. 918, et la seule dont je veuille m'occuper ici, consiste dans l'*irrévocabilité* des engagements contractés par les successibles. « Ce serait en vain qu'après le décès de leur auteur, les cosuccessibles viendraient dire que leur consentement a été donné par complaisance ou par crainte révérentielle, *ne pater*, comme disait Dumoulin, *jus faceret;* que le père, en les déterminant, par son ascendant et son autorité domestique, à reconnaître comme onéreux un contrat qui n'était qu'à titre gratuit, a obtenu d'eux une renonciation à un droit à exercer sur une succession future. La loi ne permet pas de scruter après coup ces pactes de famille; elle en présume de plein droit la sincérité, dès l'instant

(1) Id. auct., n° 532.
(2) V. Dall., *Alph.*, v° *Dispos. entre-vifs et test.*, n° 1003.

qu'un consentement libre a été donné ; elle ne veut pas qu'un consentement demandé par elle pour éviter les procès devienne la matière d'un procès (1). » C'est là un principe très-équitable, car autrement la protection accordée par le législateur au successible acquéreur serait presque toujours illusoire.

SECTION III.

3e *Exception.*—DES PARTAGES D'ASCENDANTS.

Les partages que les ascendants ont le pouvoir de faire entre leurs enfants sont, dans une de leurs formes légales, de véritables pactes sur succession future. La forme dont je parle est celle des donations entre-vifs ; car, en dehors du droit qu'ils ont de recourir au testament, tout à fait étranger à notre matière, les ascendants ne peuvent effectuer autrement le genre de disposition objet de cette section.

Le caractère attribué par le Code Napoléon au partage entre-vifs est celui qu'avaient les *démissions de biens* dans les coutumes de Bretagne et de Normandie, à propos desquelles nous avons fait remarquer que, suivant Lebrun ; « il faisait plus d'honneur à l'homme, parce qu'il présupposait qu'il devait être constant dans ses actions (2). »

Quant aux *démissions de biens*, généralement pratiquées dans notre ancien droit, et qui étaient le plus souvent accompagnées du partage des biens démis, voici en quels termes M. Bigot-Préameneu motive leur

---

(1) Troplong, *Donat.*, t. ii, n° 851.
(2) Lebrun, *Traité des successions*, liv. i, ch. iv, sect. i, n° 17.

suppression : « C'était laisser dans les pactes de famille une incertitude qui causait les plus graves inconvénients. Le démissionnaire qui avait la propriété sous la condition de la révocation se flattait toujours qu'elle n'aurait pas lieu. Il traitait avec des tiers, il s'engageait, il dépensait, il aliénait, et la révocation n'avait presque jamais lieu sans des procès qui empoisonnaient le reste de la vie de celui qui s'était démis, et qui rendaient sa position pire que s'il eût laissé subsister sa démission (1). »

Les partages d'ascendants doivent être envisagés à un double point de vue, savoir : 1° dans les rapports des ascendants vis-à-vis de leurs descendants; 2° dans les rapports des descendants entre eux.

De la part des ascendants, le partage est une véritable disposition à titre gratuit; car, en assignant des objets déterminés à chacun de leurs descendants, les ascendants ne se bornent pas à faire ce que la loi eût fait elle-même à leur décès. Les biens recueillis par les descendants dans la succession de leur auteur eussent été dans l'indivision; tandis que, par suite du partage auquel il a procédé, ils tiennent directement de lui, et non de la loi, le lot qu'ils possèdent. En un mot, la dévolution de la succession légitime est réellement modifiée par l'ascendant qui partage ses biens : « car, ainsi que l'explique parfaitement M. Genty, il attribue à chacun d'eux *in solidum* des objets que la loi toute seule leur aurait attribués à tous en commun et par indivis. Il ne serait donc pas exact de dire qu'il n'est que l'exécuteur de la loi,

(1) Exposé des motifs de la loi relative aux donations entre-vifs et aux testaments, par Bigot-Préameneu (séance du 2 pluviôse an XI).

qu'il ne fait qu'assigner à chacun de ses héritiers ce
que la loi elle-même leur attribue. Il ajoute incontestablement à l'attribution faite par la loi, puisque les
biens qu'il partage n'auront plus, par suite du partage
qu'il en fait, le sort et la condition qu'ils auraient
d'après la disposition seule qu'en fait la loi. Ce n'est
qu'en vertu de son acte que chacun tiendra une portion divise et déterminée. Donc, et c'est là notre conclusion, cet acte constitue de sa part une espèce
particulière de disposition à titre gratuit; en le
faisant, il dispose dans une certaine mesure. Conséquemment, le pouvoir pour les ascendants de
partager leurs biens forme entre leurs mains un pouvoir de disposer. Aussi telle est bien la manière de
voir du législateur, puisqu'il soumet l'acte de partage
aux formalités, conditions et règles des dispositions
gratuites (1). »

Si l'on examine maintenant le partage relativement
aux descendants entre eux, on se trouve en présence
d'un partage de succession dont il faut faire en sorte
d'observer les règles. Il résulte de là que tous les
descendants doivent être compris dans le partage, et
qu'on doit demeurer fidèle au principe d'égalité. De
même l'art. 1077, à l'exemple de l'art. 887, prévoit le
cas où tous les biens du *de cujus* n'ont pas été compris
dans le partage, ce qui plus tard devra donner lieu
à un partage supplémentaire. Contrairement à l'ancien
droit, et conformément au droit romain, le partage peut
donc comprendre tout ou partie des biens de l'ascendant. On devrait appliquer au partage entre-vifs ce qui
a rapport aux priviléges dont parle les art. 2103 et 2109,

(1) *Traité des partages d'ascendants*, p. 81.

Pour la composition des lots et la manière de réta-
blir l'équilibre lorsqu'ils sont inégaux, autant que faire
se peut, il importe de tenir compte des prescriptions
formulées par le législateur dans les art. 832 et 833 du
Code Napoléon. Une observation identique aurait ici
sa raison d'être, en ce qui concerne la section IV du
chapitre VI du titre des successions, qui se réfère aux
effets du partage et à la garantie des lots. Relativement
à l'action en *garantie,* il est logique de déclarer qu'elle
n'appartient réellement aux descendants qu'à la mort
de l'ascendant. « Admettre immédiatement, dit Genty,
l'action en garantie, c'est la donner à des descendants
qui ne deviendront peut-être pas héritiers, et qui dès
lors n'auront jamais eu, en définitive, droit à la garantie, même contre ceux. qui le deviendront. De plus,
c'est la donner contre des descendants qui ne deviendront peut-être pas héritiers, et qui, dès lors, n'auront
jamais dû la garantie, même à ceux qui le deviendront.
Quelle est donc, en pareil cas, la base de la garantie?
Si l'ascendant était décédé, on conviendrait sans doute
que ceux des descendants qui ne seraient pas héritiers
n'auraient pas droit à la garantie, de même qu'ils n'en
seraient pas tenus. Or, comment est-il possible de
décider autrement avant la mort? Est-ce que le titre
d'héritier peut exister avant l'ouverture de la succes-
sion(1)? »

Du reste, on peut dire, en général, du partage dont
nous nous occupons, que c'est une donation entre-vifs
éventuellement destinée à valoir plus tard, s'il y a lieu,
comme partage de succession ou comme distribution
d'une portion de succession (2). Ce n'est donc qu'à la

(1) *Traité des partages d'ascendants,* p. 230.
(2) V. Genty, *Traité des partages d'ascendants,* p. 222.

mort de l'ascendant que l'on peut examiner si les règles du partage ont été suivies.

Veut-on savoir entre quelles personnes peut avoir lieu le partage ? Nous apprenons d'abord, par l'article 1075, que les ascendants de tout degré et de tout sexe peuvent partager leurs biens entre leurs descendants.

Or, les descendants qui peuvent être appelés à profiter du partage sont tous ceux qui ont des droits immédiats à la succession, et parmi eux figurent, non pas seulement les enfants légitimes, mais encore les enfants légitimés, adoptifs et naturels. L'omission d'un des enfants devenus héritiers lors du décès de l'ascendant qui a fait le partage entraîne la nullité de ce partage.

Le partage d'ascendants empruntant complétement la forme des donations entre-vifs, il faut avoir recours à toutes les formalités propres à ce genre de disposition. — La capacité des parties contractantes est particulièrement réglée sur celle qui est exigée par la loi en matière de donations entre-vifs.

Diverses actions peuvent être dirigées contre le partage d'ascendants. Les principales sont celles dont l'article 1070 nous révèle l'existence. Nous y rencontrons premièrement l'action en rescision de plus du quart, spéciale au partage de succession et, comme telle, inscrite dans l'art. 887. La loi accorde encore une action en rescision au cas où l'un des copartagés possède des avantages supérieurs au chiffre de la réserve et de la quotité disponible, qui résultent pour lui tant de donations préciputaires faites dans les limites légales, que de la part qui lui a été attribuée par le partage.

« Le législateur a pensé, dit M. Genty, que, quand le

résultat combiné du partage et des disposition par préciput formait ainsi un avantage dépassant, en fin de compte, la quotité disponible, c'est que l'ascendant s'était proposé d'éluder la loi en avantageant un enfant au delà des limites établies par elle (1).» Si l'avantage par préciput dépassait, au contraire, le chiffre de la quotité disponible, il y aurait lieu à la réduction prévue par l'art. 920.

Il me reste à me demander pourquoi le partage d'ascendants, étant un pacte sur succession future, a été exceptionnellement permis.

Les orateurs du gouvernement ont admirablement justifié l'intérêt qui sert de base à cette décision.

Comme le disait M. Bigot-Préameneu, « il est encore un... genre de dispositions qui doit avoir sur le sort des familles une grande influence : ce sont les partages faits par le père, la mère, ou les autres ascendants, entre leurs descendants ; c'est le dernier et l'un des actes les plus importants de la puissance et de l'affection des pères et mères. Ils s'en rapporteront le plus souvent à cette sage répartition que la loi elle-même a faite entre leurs enfants ; mais il restera souvent, et surtout à ceux qui ont plus de fortune, comme à ceux qui ont des biens dont le partage ne sera pas facile, ou sera susceptible d'inconvénients, de grandes inquiétudes sur les dissensions qui peuvent s'élever entre leurs enfants. Combien serait douloureuse pour un bon père l'idée que des travaux dont le produit devait rendre sa famille heureuse seront l'occasion de haines et de discordes! A qui donc pourrait-on confier avec plus d'assurance la répartition des

_____

(1) *Traité des partages d'ascendants*, p. 307.

biens entre les enfants qu'à des pères et mères, qui mieux que tous autres en connaissent la valeur, les avantages et les inconvénients; à des pères et mères, qui rempliront cette magistrature non-seulement avec l'impartialité de juges, mais encore avec ce soin, cet intérêt, cette prévoyance que l'affection paternelle peut seule inspirer (1)? »

« Le projet, suivant le tribun Favard, donne aux pères, aux mères et aux autres ascendants la *plus douce magistrature*, en leur confiant le pouvoir de faire entre leurs enfants le partage de leurs biens (2). »

M. Troplong, dont le style est toujours si imagé, nous peint le partage d'ascendants sous des couleurs d'autant plus vives qu'elles brillent du plus pur rayonnement de la vérité. D'après cet illustre magistrat, « lorsqu'un père sent le poids de l'âge et que l'heure du repos a sonné pour lui, il trouve dans ses enfants des successeurs naturels qui, en prenant ses biens par anticipation, le déchargent d'une administration pénible et assurent à ses vieux jours, au moyen d'une pension, une existence honorée et exempte de soucis. Non-seulement il s'assure par là que sa mort ne sera pas suivie de dissensions domestiques, mais de plus il jouit par avance de la paix qui lui survivra, grâce à la sagesse de ses dispositions et à sa confiance dans ses enfants.

. . . .

» Vainement la subtilité du droit opposerait-elle que

_____

(1) Exposé des motifs de la loi relative aux donations entre-vifs et aux testaments, par Bigot-Préameneu (séance du 2 floréal an XI).

(2) Discours prononcé au Corps législatif par le tribun Favard (séance du 29 floréal an XI).

les partages anticipés blessent le principe d'après
lequel on ne peut pactiser sur une succession future ;
la magistrature paternelle exercée sur le foyer domestique, pour en bannir les discordes, a un caractère si
respectable et si tutélaire, qu'il n'y a pas à craindre
avec elle les inconvénients ordinairement attachés
aux pactes sur les successions futures. Elle empêche
les débats, au lieu de les faire naître ; elle est utile à
la famille, au lieu de lui créer des embarras. Qu'y
a-t-il de plus favorable que cette intervention du père,
qui prévient heureusement l'office des experts, des
arbitres et des juges, qui dispense des formalités et
des lenteurs ordinaires, tout en conservant les droits
de chacun (1). »

Après ces belles paroles, je me garderai bien de
bégayer des considérations personnelles, qui ne
seraient évidemment qu'une très-pâle redite de ce que
je viens d'emprunter aux œuvres d'un grand maître.
Je dirai seulement que c'est surtout lorsqu'un père
de famille laisse derrière lui des mineurs ou des
interdits, que le partage d'ascendants est d'une grande
utilité ; car il évite les frais toujours si considérables
qui sont l'inévitable conséquence des licitations. Il est
bon de remarquer, en outre, que le partage d'ascendants, ne portant que sur les biens présents, ne peut
faire redouter les dangers du *votum mortis.*

Nous avons dit, en parlant des pactes sur succession
future en général, que la prescription décennale ne
s'appliquant, selon nous, qu'aux nullités relatives, ne
peut être invoquée lorsqu'il s'agit d'une action intentée
contre des pactes sur succession future. Puis, nous

(1) Troplong, *Donat. et test.*, n° 2293.

avons ajouté que, par le même motif, ces pactes ne sont pas susceptibles de ratification.

Pour les partages d'ascendants, que nous rangeons parmi les exceptions à la règle prohibitive des pactes sur succession future, la jurisprudence est unanime à décider que c'est la prescription de dix ans et non celle de trente ans qui doit être opposée aux actions en nullité ou en rescision dont ils peuvent être l'objet, et elle proclame, en conséquence, que les parties intéressées ont la faculté de ratifier ce partage en renonçant expressément ou tacitement aux actions qu'elles auraient le droit d'intenter contre eux.

Les arrêts nombreux auxquels je fais allusion. envisagent généralement les partages d'ascendants comme des donations entre-vifs, et, contrairement à ceux que nous avons précédemment cités, ils abandonnent la distinction à faire, pour l'application de l'art. 1304, entre les nullités absolues et les nullités relatives.

Ainsi, me bornant à m'occuper des plus récentes décisions, je remarque un jugement du tribunal de Cognac, rendu le 18 juin 1860, et qui consacre encore la jurisprudence que nous avons indiquée plus haut : « Attendu, dit en effet ce jugement, qu'on ne peut..... opposer la prescription, puisque trente ans ne se sont pas écoulés depuis le partage..... et que ce partage étant radicalement nul, la seule prescription qui pouvait couvrir cette nullité est la prescription trentenaire. »

Mais ce jugement fut réformé par un arrêt de la Cour de Limoges, en date du 26 mai 1864, duquel j'extrais les passages suivants : « Attendu, en droit, que la prescription de dix ans mentionnée dans l'art. 1304 du C. N. s'applique aux donations entre-vifs comme aux autres contrats. . . . .

» Attendu qu'aux termes de l'art. 1340 du C. N., les héritiers du donateur peuvent, après son décès, confirmer, ratifier, exécuter volontairement une donation nulle en la forme ; que, par suite, ils peuvent, en s'abstenant, pendant plus de dix ans, d'opposer les vices de forme que renfermerait une donation faite par leurs auteurs, se rendre non recevables à demander, après ce délai, la nullité de cette donation..... »

Enfin, l'arrêt de la Cour de Limoges fut confirmé par un arrêt de la Cour de cassation, ch. req., qui porte la date du 27 novembre 1865, et où nous trouvons considéré comme constant en droit : « que la disposition de l'art. 1304, qui déclare prescriptible par dix ans l'action en nullité d'une convention qui n'est pas limitée à un moindre temps par une loi particulière , s'applique, dans sa généralité, à l'action en nullité d'une donation entre-vifs, comme à celle formée contre toute autre convention ; qu'à la vérité, cette prescription, qui repose sur une présomption de ratification, ne peut courir contre le donateur, dont l'art. 1339 déclare la confirmation ou ratification expresse inefficace pour couvrir le vice de la donation qu'il a consentie ; mais qu'il n'en est pas de même à l'égard de ses héritiers, qui, aux termes de l'art. 1340, sont non recevables à exciper soit des vices de forme, soit de toute autre nullité, contre une donation que, depuis le décès de leur auteur, ils ont confirmée ou volontairement exécutée ; que, pouvant ainsi, à la différence du donateur, renoncer expressément à tous moyens de nullité, ils peuvent y renoncer tacitement en laissant prescrire leur action ;

» Qu'il suit de là que plus de dix ans s'étant écoulés depuis le décès de l'ascendant donateur, au moment où

la dame X''' a introduit son action contre le partage...
c'est à bon droit et par une juste application de l'article 1304 que l'arrêt attaqué l'a déclarée prescrite. »

La Cour d'Orléans, par un arrêt du 31 mars 1860, adoptant la même opinion, dit : « qu'au surplus les termes de l'art. 1304 sont généraux, et qu'ils s'appliquent à toute rescision demandée après dix ans..... (1). »

SECTION IV.

4e *Exception*. — DE L'INSTITUTION CONTRACTUELLE.

C'est au Code Napoléon que nous devons le rétablissement dans nos lois de cette convention, qui, après avoir été en si grand honneur dans notre ancien droit, fut, par haine pour les souvenirs féodaux, abolie par notre législation intermédiaire (2).

Après le grand mouvement révolutionnaire, notre société moderne s'étant assise sur des fondements entièrement nouveaux, on devine facilement que l'*institution contractuelle* ne dut être admise que par des raisons bien différentes de celles qui avaient fait sa vogue dans le passé. L'éclat de la noblesse, la splen-

(1) V. pour ces différentes décisions : D. p. 66, 1, 216; Orléans, 31 mars 1860, et C. C., ch. req., 1er mai 1861, D. p. 61, 1, 323; Conf. Poitiers, 5 mars 1862, D. p. 62, 2, 119; C. C., ch. civ., 7 janv. 1863, D. p. 63, 1, 226 ; Agen, 1er juin 1864, D. p. 64, 2, 183; Bordeaux, 9 juin 1863; C. C., ch. civ., 14 mars 1866, D. p. 66, 1, 173.

(2) On a évité avec soin d'inscrire le mot d'*institution contractuelle* dans l'art. 1082, bien qu'il fût destiné à conserver la chose, afin de ne pas donner lieu à une contradiction apparente entre cet article et l'article 893 C. N., et pour empêcher qu'on ne vît renaître toutes les incertitudes de l'ancien droit sur le point de savoir s'il fallait rattacher l'institution contractuelle aux donations ou aux testaments

deur des familles se personnifiant dans les aînés ne furent d'aucun poids sur l'esprit des législateurs de 1804. Encourager les mariages, et cela, dans toutes les classes de la société, tel fut, en effet, l'unique mobile des rédacteurs de notre Code.

A en croire M. Bigot-Préameneu, « toute loi dans laquelle on ne chercherait pas à encourager les mariages serait contraire à la politique et à l'humanité. Loin de les encourager, ce serait y mettre obstacle, si on ne donnait pas le plus libre cours aux donations, sans lesquelles ces liens ne se formeraient pas. Il serait même injuste d'assujettir les parents donateurs aux règles qui distinguent d'une manière absolue les donations entre-vifs des testaments. Le père qui marie ses enfants s'occupe de leur postérité; *la donation actuelle doit donc être presque toujours subordonnée à des dispositions sur la succession future.* Non-seulement les contrats de mariage participent de la nature des actes entre-vifs et des testaments, mais encore on doit les considérer comme des traités entre les deux familles, traités pour lesquels on doit jouir de la plus grande liberté (1). »

« Je termine, disait le tribun Favard, par les donations les plus favorables, je veux dire celles faites par contrat de mariage.....

» Il n'y a rien de plus sacré, sans doute, que tout ce qui tend à former une union aussi sainte, et à laquelle le législateur doit toute la protection qui peut en assurer la durée et la prospérité (2). »

(1) Exposé des motifs de la loi relative aux donations entre-vifs et aux testaments, par Bigot-Préameneu (séance du 2 floréal an XI).
(2) Discours prononcé au Corps législatif par le tribun Favard (séance du 2 floréal an XI).

Au point de vue où je n'ai cessé de me placer, ce qui me frappe surtout dans l'*institution contractuelle*, même telle qu'elle existe aujourd'hui, c'est « qu'il y a bien *pacte de la part de l'instituant en faveur de l'institué sur une succession future.....* (1). »

Pour apprécier l'importance de cette quatrième exception, il est évidemment indispensable d'en examiner brièvement les principaux éléments, qui peuvent se réduire à deux, savoir : 1° l'indication des personnes appelées à figurer, comme parties intéressées, dans une convention de cette nature; 2° la connaissance de sa forme, de ses limites et de ses effets. Je parlerai, en troisième lieu, d'un certain nombre de conventions qui ont une grande analogie avec l'*institution contractuelle*.

§ 1. *Quelles personnes peuvent figurer, comme parties intéressées, dans une institution contractuelle.*

Pour répondre fructueusement à cette question, je crois qu'il faut la diviser, et se demander d'abord quels peuvent être les auteurs d'une institution contractuelle, pour rechercher ensuite quels sont ceux qui sont appelés par la loi à profiter d'un pareil bienfait.

I. *Par qui peut être faite une institution contractuelle.*— L'art. 1082 nous apprend formellement que ce droit appartient à toute personne, parente ou non des futurs époux, pourvu qu'elle soit capable de faire une donation de biens présents. Il résulte de là qu'une institution contractuelle ne peut être faite ni par un mineur (art. 903 et 904), ni par une femme mariée non auto-

---

(1) Dall., v° *Obligation*, n° 447.

16

risée (art. 905).— Plusieurs donateurs peuvent assurer leur hérédité par le même contrat de mariage, l'article 968, qui interdit les testaments conjonctifs, ne s'étendant point aux donations (1).

II. *Au profit de qui peut avoir lieu une institution contractuelle.* — Les personnes qui peuvent bénéficier d'une disposition de ce genre sont : 1° les futurs époux, 2° les enfants qui naîtront de leur mariage.

L'*institution contractuelle* peut, au gré des instituants, s'appliquer à l'un ou à l'autre des futurs époux, ou à tous les deux à la fois (art. 1082).

Par enfants à naître du mariage, on doit entendre, disent tous les jurisconsultes, ceux-là seulement qui seront les fruits de l'union en faveur de laquelle a été faite la donation. Mais le mot *enfants* comprend, ainsi qu'on peut s'en convaincre en lisant l'article précité, tous les descendants en ligne directe, c'est-à-dire les enfants, petits-enfants, arrière-petits-enfants, etc., etc., sans qu'on puisse, comme autrefois, créer entre eux la moindre inégalité.

Il importe de remarquer que les descendants des futurs époux ne peuvent être institués directement (2). On argumente encore, pour le décider ainsi, des expressions de l'art. 1082, qui, en parlant des enfants à naître, spécifie qu'il en doit être question *dans le cas où le donateur survivrait à l'époux donataire,* idée qui a été reproduite deux fois par le législateur dans ce même article. Il suffit, du reste, de se rappeler que le but de l'institution contractuelle est d'encourager les ma-

____

(1) Duranton, n° 675.
(2) C'est une différence avec l'ancien droit, qui permettait, comme nous l'avons vu, les institutions contractuelles « en faveur des mariés *ou* descendants du mariage. »

riages, et que ce n'est que pour ce motif qu'il a été
ici dérogé aux règles ordinaires. Or, si le futur époux
ne devait pas personnellement profiter de l'institution,
elle serait presque sans influence pour déterminer le
mariage (1). » Les enfants à naître sont appelés taci-
ment et de plein droit à la succession de l'instituant,
au défaut de l'institué, en vertu d'une sorte de *substitution vulgaire.* Je dis qu'il s'agit *d'une sorte* de *substitution vulgaire;* car, à la différence *de la substitution vulgaire proprement dite,* qui ouvrirait le droit du substitué
dès lors que se serait éteint, par une cause quelconque,
celui de l'institué, la *substitution vulgaire* dont nous
nous occupons ne se réalise qu'au cas où l'institué
vient à mourir avant l'instituant. Que s'il est vrai de
dire que l'institution contractuelle est toujours présumée faite au profit des enfants de l'institué, il est
non moins exact d'ajouter que cette présomption
devrait disparaître devant une déclaration contraire
de la part de l'instituant.

§ 2. *Forme, limites et effets de l'institution contractuelle.*

L'*institution contractuelle* n'est valable qu'autant qu'elle
est faite par contrat de mariage. « Il faut, dit M. Troplong, que l'institution contractuelle soit faite par le
contrat de mariage, ou bien, avant le mariage, par un
acte séparé, mais qui se rapporte au contrat de mariage et soit censé en faire partie. Nous disons : et
soit censé en faire partie, car si cet acte séparé n'était
pas un annexe du contrat de mariage, s'il n'était qu'une
simple donation ordinaire, l'institution contractuelle

(1) Dall., *Alph.*, vº *Dispos. entre-vifs et test.*, nº 2024, *in fine.*

serait nulle. En effet, autre chose est une donation par contrat de mariage et une donation en faveur du mariage. *Une institution contractuelle ne vaut que par contrat de mariage* (1). »

M. Marcadé, parlant de l'institution contractuelle, formule ainsi en quelques mots la raison de cette doctrine : « C'est là une attribution de droits sur une succession future, une convention sur une succession non ouverte ; or, une pareille convention étant prohibée en principe (art. 1130), notre article, en la permettant dans un cas particulier, établit donc une exception au droit commun ; et, comme une exception ne peut jamais s'étendre au delà de ses termes, force est bien de s'en tenir à notre texte, qui ne permet de disposer des biens qu'on laissera en mourant que par contrat de mariage (2). »

Quant à l'étendue que peut avoir une institution contractuelle, nous lisons dans notre article 1082 qu'elle est entièrement subordonnée à la volonté de l'instituant, qui a la faculté de disposer de *tout* ou *partie* des biens qu'il laissera au jour de son décès.

Il est bon de ne pas confondre l'institution contractuelle avec la simple donation de biens à venir.

L'institution contractuelle «..... défère la totalité de la succession ou une quote-part de la succession, ou la totalité d'une espèce de biens ; elle est universelle ou à titre universel, suivant les règles appliquées aux legs par les art. 1003 et 1010 (3). »

La donation de biens à venir proprement dite

---

(1) Troplong, *Donat. et test.*, n° 2366, 3° ; art. 1396 et 1397 C. N.
(2) Marcadé, art. 1082, n° 279.
(3) Coin-Delisle, art. 1082, 14.

« consiste soit dans une somme fixe, soit dans un effet déterminé ou désigné par sa nature, lesquels n'appartiendront au donataire qu'autant qu'ils se trouveront dans la succession du donateur (1). »

Les effets de l'institution contractuelle sont très-dignes d'attention. Pour les exposer avec quelque clarté, il est indispensable de bien distinguer ce qui concerne l'instituant de ce qui a trait à l'institué.

L'instituant ne perd qu'un seul droit, celui de disposer *à titre gratuit* des biens qui font l'objet de l'institution; mais il en est irrévocablement privé, à moins cependant, nous dit l'art. 1083, qu'il ne s'agisse de sommes modiques à titre de récompense ou autrement. Cette faculté laissée à l'instituant n'est évidemment qu'un souvenir de celle dont nous avons constaté l'existence sous l'empire de notre ancien droit. Les mots *ou autrement* ont fait décider qu'un don postérieur à l'institution est parfaitement licite, alors même qu'il n'est pas rémunératoire, pourvu qu'il soit modique. L'instituant peut, au contraire, de même encore que dans notre ancien droit, faire toute espèce d'aliénations *à titre onéreux*. On explique cette différence entre les contrats *à titre onéreux* et ceux *à titre gratuit* par ce motif très-plausible que, dans le premier cas, l'instituant ne diminue pas son patrimoine, puisqu'il reçoit toujours un équivalent en échange de ce qu'il donne, tandis qu'il en est tout autrement dans le second.

On peut dire *de l'institué* que c'est *un héritier* dont le droit ne s'ouvre, comme pour tous les héritiers,

(1) Id.

qu'à la mort de celui dont il doit recueillir la succession.

M. Mourlon le compare à un héritier légitime réservataire. « Le droit que la donation confère à l'un et le droit que la loi confère à l'autre sont, dit ce jurisconsulte, de même nature. Le donataire de biens à venir, de même que l'héritier réservataire, n'a aucun droit sur les biens appartenant à celui auquel il doit un jour succéder; il ne peut, par conséquent, en disposer ni *à titre gratuit* ni *à titre onéreux;* son droit ne s'ouvre qu'au décès du donateur et sous la condition de survie. Comme l'héritier réservataire, il doit respecter les aliénations *à titre onéreux* qu'a faites le *de cujus;* mais il peut, comme lui, attaquer et faire réduire les donations ou legs portant atteinte à son droit (1). »

L'*institué* possède, ainsi que tous les héritiers, le droit d'*accepter* et *de renoncer* à la succession de l'instituant au moment où elle s'ouvre, et n'est pas du tout lié par l'irrévocabilité de l'institution.

Ainsi que l'exprime si bien M. Troplong, l'institué a « des droits presque semblables à ceux que les enfants ont sur le patrimoine paternel. Par une sorte d'adoption successorale, le contrat consacre pour lui le même engagement que la nature et la loi sanctionnent pour les premiers (2). » Le même jurisconsulte a raison d'ajouter que, sous certains rapports, « l'institué est dans une position meilleure que l'enfant; car le père peut donner ses biens dans la proportion de la quotité disponible, et l'instituant ne le peut pas (3). »

De même que dans l'ancien droit la promesse d'in-

---

(1) Mourlon, *Répét. écrites de Cod. Nap.*, 4ᵉ éd., t. II, p. 436.
(2) *Donat. et test.*, art. 1082, nᵒ 2317.
(3) Id.

stituer est considéré comme une véritable institution, lorsqu'on a eu soin de l'entourer de toutes les solennités prescrites pour les institutions contractuelles.

Pour terminer ce qui concerne les donations de biens à venir à titre universel et à titre particulier, je veux observer qu'elles peuvent être accompagnées, comme dans notre ancien droit, de *substitutions fidéicommissaires*, mais permises seulement lorsque les donateurs sont les pères et mères ou les frères et sœurs des donataires. (Art. 897, 1048 et 1049 C. N.)

On entend par *substitution fidéicommissaire* « la clause par laquelle les donateurs ou testateurs imposent à celui qu'ils gratifient la charge de conserver l'objet donné jusqu'à sa mort, pour le transmettre alors à une ou plusieurs personnes que les disposants gratifient ainsi en second ordre (1). »

L'exception renfermée dans les art. 897, 1048, 1049 et 1050 C. N., a été inspirée au législateur par les mêmes motifs qui l'ont déterminé à édicter la règle que nous rencontrons dans l'art. 896 C. N.

Que disait, en effet, M. Bigot-Préameneu pour justifier l'interdiction des substitutions? « Les substitutions ne conservaient des biens dans une famille qu'en sacrifiant tous ses membres pour réserver à un seul l'éclat de la fortune; une pareille répartition ne pouvait être établie qu'en étouffant tous les sentiments de cette affection qui est la première base d'une juste transmission des biens entre les parents : il ne saurait y avoir un plus grand vice dans l'organisation d'une famille que celui de tenir dans le néant tous ses membres pour donner à un seul une grande existence, de réduire

(1) Marcadé, 1048, 205.

ceux que la nature a faits égaux à implorer les secours et la bienfaisance du possesseur d'un patrimoine qui devrait être commun (1). »

L'art. 1050 du Code Napoléon, en prescrivant la plus stricte égalité entre les substitués, fait que nos *substitutions fidéicommissaires*, bien loin d'hériter de quelques-uns des inconvénients qui faisaient redouter celles de l'ancien droit, sont devenues un nouveau moyen de briser avec ce que l'on a coutume d'appeler l'*ancien régime*.

Tel fut, sur ce point, l'état de notre législation jusqu'en 1826, où, à la date du 17 mai, fut publiée une loi qui n'était autre chose qu'un retour vers le passé. Car les substitutions devenaient valables alors même que le disposant n'était ni le père ou la mère, ni le frère ou la sœur du grevé; de plus, elles pouvaient avoir lieu dans l'intérêt d'un seul des enfants du grevé, de l'*aîné* par exemple, si cela convenait à l'instituant. Enfin, il était permis de faire des substitutions graduelles comprenant deux degrés de restitution. Mais, la loi de 1826 ayant été abrogée par une loi du 7 mai 1849, la règle des articles 896 et 897 du Code Napoléon a recouvré son autorité.

§ 3. *De quelques conventions ayant une grande analogie avec l'institution contractuelle.*

I. Déclaration et reconnaissance d'héritier; promesse d'égalité.

Avant de continuer mes investigations dans le Code Napoléon, je me demande s'il résulte des principes

---

(1) Exposé des motifs de la loi relative aux donations et aux testaments, par Bigot-Préameneu (séance du 28 floréal an XI).

qu'il renferme que le législateur de 1804 a fait disparaître deux des principales conventions qui, à côté
de l'institution contractuelle, étaient spécialement autorisées dans notre ancien droit. Je veux parler de la
déclaration et reconnaissance d'héritier et de la promesse d'égalité.

Relativement à la déclaration et reconnaissance
d'héritier, j'adopterais volontiers l'opinion de M. Troplong, ainsi conçue :

« Aujourd'hui le père qui, dans le contrat de mariage de son fils, le déclarerait son héritier, ferait
une institution contractuelle proprement dite.

. . . .

» Le père assure à son fils sa part héréditaire dans
sa succession ; il s'oblige à la lui conserver comme s'il
mourait intestat ;..... il la fixe sur sa tête, et fortifie le
vœu de la loi par le lien du contrat.

. . . .

» *Déclarer un héritier, reconnaître un héritier*, c'est...
faire une *institution contractuelle*, non pas cette institution restreinte aux biens présents, qui était la suite
de la déclaration d'aîné (une telle institution est loin
de nos habitudes et de nos idées), mais une institution
ayant trait aux biens laissés au décès du donateur, et
assurant la part héréditaire *ab intestat*, sans diminution
possible par des libéralités faites au préjudice de cette
promesse (1). »

Je suis également d'avis que *la promesse d'égalité*, si
en usage dans notre ancien droit, serait parfaitement
valable dans notre droit moderne.

---

(1) Troplong, *Donat. et test.*, n° 2358. — Conf. Dall., *Alph.*, v° *Disp.
entre-vifs et test.*, n° 1087.

« L'effet de cette clause, que l'on appelle aussi quelquefois promesse de part héréditaire ou promesse de réserve à succession, est d'empêcher le disposant de faire à ses autres enfants des libéralités directes ou indirectes qui briseraient *cette égalité*, qui a été la condition du mariage. Le disposant n'est plus maître d'assigner à un autre de ses enfants une portion plus grande.

. . . .

» Le père a fait une *institution contractuelle*; à la vérité, il n'a pas donné nûment sa succession ou les biens qu'il laissera à son décès, mais il a assuré une part dans ces mêmes biens; il a donné, il a assuré d'une manière fixe à son fils la même part qu'auraient les autres enfants dans sa succession. Telle était l'ancienne jurisprudence, telle est la nouvelle (1). »

Il importe de distinguer les *promesses d'égalité* des *promesses d'également* : « les premières s'exercent sur la succession; les secondes regardent les biens présents : elles ont lieu quand un père s'engage envers l'enfant qu'il marie à l'égaler à ses frères et sœurs, dans le cas où il ferait à ceux-ci un avantage plus grand que celui qu'a reçu l'enfant marié. Cette promesse est... une donation conditionnelle de biens présents, dont l'exécution pourrait être demandée du vivant du donateur, le cas avenant... (2). »

(1) Troplong, *Donat. et test.*, n° 2376. — Conf. Delvincourt, t. ii, p. 122.
(2) Coin-Delisle, 1082, 69.

II. Donation cumulative de biens présents et à venir.

Je définirai, avec M. Marcadé, la donation cumulative de biens présents et à venir : « *une donation de biens à venir* contenant faculté pour le donataire de la transformer, au décès du donateur, en une donation ordinaire des biens qui existaient au jour du contrat (1). »

M. Dalloz, voulant exprimer aussi ce qu'il appelle *sa propre opinion* sur la donation faite cumulativement des biens présents et à venir, dit, comme M. Marcadé, « qu'il faut y voir, d'après les principes du Code Napoléon, une donation *sui generis*, véritable *institution contractuelle* tant que vit le donateur, mais susceptible, à la mort de ce dernier, de se diviser, au choix du donataire, et soumise, en vue de cette faculté d'option, à quelques formalités particulières (2). »

La donation cumulative de biens présents et à venir a été édictée dans le but d'éviter, en faveur du mariage, les difficultés qu'entraînent avec elles soit les donations de biens présents, soit les donations de biens à venir proprement dites. En effet, d'une part, la pensée d'être dépouillé actuellement et irrévocablement de l'objet de la donation est bien faite pour restreindre le nombre des donateurs de biens présents. D'un autre côté, les donations de biens à venir, n'assurant que des éventualités, peuvent souvent n'aboutir que très-faiblement à encourager les mariages ; tandis que *la donation cumulative* enlève à la situation des donataires de biens

(1) Marcadé, 5e édit., t. IV, p. 201, n° 291.
(2) Dall., *Alph.*, v° *Dispos. entre-vifs et test.*, n° 2188.

à venir tout ce qu'elle avait de précaire, en leur garantissant au moins la possession incommutable des biens présents, quand la donation a pris naissance, si, lors du décès du donateur, ils trouvent à cela quelque avantage.

Le droit d'*option*, réservé au donataire par les articles 1084 et 1085 du Code Napoléon, est subordonné à l'annexion à l'acte de donation *d'un état des dettes et charges du donateur* existantes au moment même où se réalise la donation. Le législateur n'a pas voulu qu'en l'absence de cet état, le donataire pût s'en tenir aux biens présents, parce qu'il eût été alors impossible de mettre équitablement en pratique la règle de droit : *bona non intelliguntur, nisi deducto œre alieno.* Du moins, il y aurait eu un champ trop libre pour la mauvaise foi, qui, en grossissant indéfiniment les dettes, eût été capable de porter une grave atteinte au principe d'après lequel *donner et retenir ne vaut.*

De plus, le donataire qui, parmi les biens présents, voudra conserver les biens meubles, ne pourra y parvenir qu'en faisant dresser un état estimatif, conformément aux prescriptions de l'art. 948.

Il est bon de remarquer que, même pour les biens présents, la donation cumulative est une *donation de succession;* d'où résultent les conséquences suivantes :

1° Le donateur, sans qu'il soit nécessaire de formuler aucune stipulation sur ce point, conserve l'administration et la jouissance de ses biens.

2° De même que l'institution contractuelle, la donation cumulative est présumée faite au profit des enfants à naître du mariage, pour le cas du prédécès de l'époux donataire.

3° Elle est également caduque quand l'époux donataire vient à décéder sans postérité avant le donateur.

Du reste, l'art. 1089, en plaçant sur la même ligne les art. 1082 et 1084, ne nous révèle-t-il pas quelle était dans la pensée des rédacteurs du Code civil l'analogie régnant entre ces deux articles, et quels liens intimes unissent entre elles les donations de biens à venir et les donations cumulatives de biens présents et à venir.

A tout ce que j'ai dit sur l'institution contractuelle, et qui se rapporte certainement à la donation cumulative de biens présents et à venir, j'ajouterai que ces deux sortes de donations, malgré la faveur dont elles jouissent par suite de la protection que la loi accorde toujours aux familles, ne pouvaient manquer d'être révocables pour cause de survenance d'enfants. C'est ce qui fut réglé par l'art. 960 C. N. En m'occupant de *l'institution contractuelle*, j'ai insisté sur ce point, que le seul droit ravi au donateur de biens à venir est *l'aliénation de ses biens à titre gratuit*. Je tiens à dire ici que les aliénations, soit *à titre gratuit*, soit *à titre onéreux*, effectuées par celui qui a fait une donation cumulative de biens présents et à venir, peuvent, sans distinction, être attaquées par le donataire qui, au décès du donateur, opte pour les biens présents, et c'est justement ce droit qui fait sa sécurité.

La *donation cumulative de biens présents et à venir* n'est pas, nous le savons, une disposition particulière à notre Code, puisque nous en retrouvons la trace dans l'art. 17 de l'ordonnance de 1731 ; seulement les rédacteurs du Code Napoléon se sont appliqués à résoudre les grandes controverses qui s'étaient élevées sur la saine interprétation de cette partie de l'ordonnance. Ainsi, contrairement à l'avis de Furgole et de

Lebrun, et d'accord avec l'opinion de Ricard et de Chabrol, les législateurs de 1804 ont déclaré que la donation cumulative n'aurait aucun effet définitif lors de sa formation.

Nous trouvons de plus, dans notre Code, deux innovations très-importantes apportées aux règles de l'ancien droit. La première consiste dans *cet état des dettes* que l'on est obligé d'annexer à la donation; la seconde, dans l'impossibilité d'instituer directement les enfants à naître, c'est-à-dire en franchissant les époux (1).

III. Donations de biens à venir et de biens présents et à venir, faites entre futurs époux par contrat de mariage.

L'art. 1093 du Code Napoléon nous dit que *la donation de biens à venir ou de biens présents et à venir,* faite entre époux par contrat de mariage, soit simple, soit réciproque, sera soumise aux règles établies par le chapitre précédent à l'égard des donations pareilles qui leur seront faites par un tiers, sauf *qu'elle ne sera point transmissible* aux enfants issus du mariage, en cas de décès de l'époux donataire avant l'époux donateur.

La lecture de cet article nous dispense donc de toute énumération des clauses et conditions prescrites par la loi, relativement aux donations de biens à venir ou de biens présents et à venir que les futurs époux peuvent se faire entre eux par contrat de mariage. Il suffit évidemment de renvoyer ici à tout ce que j'ai précédemment exposé sur les dispositions de cette nature faites au profit des personnes qui sont sur le point de

(1) Dall., *Alph.*, v° *Dispos. entre-vifs et test.*, n° 2130.

contracter mariage. Il existe cependant entre les donations de l'art. 1093 et celles des articles 1082 et 1084,
des différences qu'il ne faut pas perdre de vue.

1º *La substitution vulgaire*, présumée de plein droit
au bénéfice des enfants à naître du mariage, quand il
s'agit de donations ordinaires de biens à venir ou de
biens présents et à venir, cesse d'être admise par le
législateur, lorsque ces mêmes donations sont faites
par les époux entre eux. (Art. 1093.)

Ce n'est pas seulement *la substitution tacite,* mais bien
encore *la substitution expresse* qui est rigoureusement
prohibée. « La prohibition est énergiquement écrite
dans l'art. 906. Les art. 1082 et suivants lèvent cette
prohibition pour les donations faites aux époux par des
tiers, mais aucun article ne la lève pour celles que se
font ces époux entre eux. Et ce système du Code est
parfaitement rationnel ; car ici les biens que l'enfant
ne prendra pas à titre de donation par le prédécès de
l'époux donataire, il les retrouvera dans la succession
de l'époux donateur ; en sorte que la règle de l'article 906 n'a pas d'inconvénients, tandis que, dans le
cas d'un donateur étranger, l'enfant, par le prédécès de
l'époux donataire, aurait irrévocablement perdu les
biens (1). »

M. Mourlon, le commentateur pratique par excellence, donne aussi de très-bons motifs pour expliquer
l'existence de ce premier principe consacré par l'article 1093, et qui distingue les donations auxquelles il se
réfère de celles dont parlent les art. 1082 et 1084.
« La raison de cette différence entre les deux cas, dit
cet auteur, est facile à saisir: si la loi présume et tolère

(1) Marcadé, 5ᵉ édit., t. IV, p. 216, nº 323.

la substitution vulgaire au profit des enfants à naître du mariage, lorsque la donation est faite par un tiers, c'est qu'alors la substitution, outre qu'elle ne présente aucun danger, encourage au mariage en diminuant les chances de caducité auxquelles la donation est soumise. Il n'en est pas de même lorsque la donation est faite par l'un des futurs à son futur conjoint; celui des deux auquel elle est offerte n'a pas, en effet, besoin, pour être encouragé au mariage, d'être assuré que, s'il ne la recueille point lui-même, elle profitera à ses enfants; car, ceux-ci étant appelés à recueillir, en qualité d'héritiers légitimes du donateur, les biens qu'elle comprendra, il est à peu près inutile de stipuler pour eux le bénéfice de la substitution. Elle ne leur serait pas, il est vrai, absolument inutile, puisqu'elle aurait pour effet d'enlever à l'époux donateur le droit de faire, même dans la limite de la quotité disponible, des libéralités à leur préjudice; mais cette incapacité dont il eût été frappé eût porté une trop grande atteinte à sa puissance paternelle (1). »

2° En se pénétrant bien de l'esprit qui a présidé à la rédaction de l'art. 959 du Code Napoléon, on comprend facilement que les raisons qui ont fait repousser *la révocation pour cause d'ingratitude*, lorsqu'il s'agit de donations en faveur du mariage faites par des tiers, n'existent plus quand ces donations interviennent entre futurs époux. « Le donataire est ici plus coupable qu'un donataire ordinaire, car il manque tout à la fois à son devoir d'époux et à son devoir de donataire; la révocation de la donation ne sévit que contre l'époux coupable; pourquoi ne pas l'admettre (2)? » Cette in-

(1) Mourlon, 4ᵉ édit., t. ɪɪ, p. 115 et 116.
(2) *Id. auct. eod. loc.*

terprétation de l'art. 959 est confirmée par le rapprochement des art. 209 et 1518.

3° Aux termes de l'art. 960 Code Nap., les donations de biens à venir ou de biens présents et à venir, faites entre futurs époux par contrat de mariage, *ne sont pas révocables par survenance d'enfants.*

Cette exception à la règle générale est justifiée par les meilleurs arguments. Il est, en effet, très-logique de dire que révoquer les donations entre futurs époux pour survenance d'enfants, c'eût été aller directement contre le but même du mariage, car une semblable révocation eût fait des donations entre futurs époux une disposition très-dangereuse et très-immorale, puisqu'elle eût engagé l'époux donataire à n'avoir pas d'enfants. Contrairement à ce qui a lieu en matière de donations faites par des tiers aux futurs époux, les enfants du donateur n'ont ici aucun intérêt à ce que leur naissance fasse revenir entre ses mains l'objet de la donation, puisque ce qu'ils ne trouveront pas dans sa succession, ils le recueilleront dans celle du donataire.

4° Quant à la *capacité* des parties contractantes, en combinant les art. 903, 1095, 1309 et 1398, on acquiert la conviction que le mineur, qui, *d'ordinaire*, n'a aucune capacité pour aliéner, peut, par contrat de mariage, pourvu qu'il soit régulièrement assisté de tous ceux dont le consentement est requis pour la validité de son union, disposer de tout ce que la loi permet à l'époux majeur de donner à son conjoint. C'est là l'exacte application de la maxime : *Habilis ad nuptias, habilis ad nuptiarum consequentias.*

IV. Des donations de biens à venir ou de biens présents et à venir,
faites entre époux pendant le mariage.

Les époux peuvent se faire, *durant le mariage, toutes
les donations qui leur sont permises par contrat de mariage;*
ce principe est écrit dans les art. 043-947. Ce que
nous avons dit, à propos des donations de biens à venir
ou de biens présents et à venir *entre futurs époux,* relativement à la *substitution vulgaire* au profit des enfants à
naître, à la révocation des donations pour cause d'ingratitude, à la non-révocation de ces mêmes donations
pour survenance d'enfants, est également vrai *quand il
s'agit de donations entre époux.*

Pour la substitution vulgaire, en effet, nous ne trouvons dans notre Code d'exception à l'art. 006 que dans
l'art. 1082.

Les motifs que nous avons énumérés pour démontrer qu'*entre futurs époux* rien ne pouvait s'opposer
à *la révocation des donations pour cause d'ingratitude,*
subsistent, bien évidemment, *pour les donations entre
époux.*

En ce qui concerne *la révocation pour survenance d'enfants,* je me borne à indiquer qu'elle est formellement
prohibée par l'art. 1006 C. N.

Les donations de biens à venir ou de biens présents
et à venir entre époux ne sont cependant pas entièrement semblables à celles que peuvent se faire par
contrat de mariage les futurs époux.

La différence la plus importante entre ces deux
sortes de donations consiste dans *la révocabilité,* qui
forme le caractère particulier des donations entre
époux.

Rien n'est plus sage que *cette révocabilité*, ainsi expliquée par le tribun Jaubert : « *révocabilité* des donations faites pendant le mariage..... pour qu'un époux qui aurait tout donné ne soit pas exposé au mépris et à l'abandon ; pour ne pas introduire entre les époux, qui se doivent toute leur affection, des vues d'intérêt et de séduction (1) ; » ou bien encore, comme dit le tribun Favard : « ..... pour éviter l'effet des surprises qui pourraient être faites à un époux par l'autre, qui, employant à propos les ruses d'un attachement simulé, se ferait faire une donation dont il cesserait de se rendre digne..... (2). »

Le législateur a mis le plus grand soin à faire disparaître tout ce qui pourrait s'opposer à l'exercice du droit de révocation. C'est pour atteindre ce but qu'il a inscrit, en faveur de la femme, dans l'art. 1096, une dérogation expresse à l'art. 217, qui lui permet de révoquer toute donation par elle faite, sans être obligée de recourir à l'autorisation de son mari ou à celle de la justice. Pour révoquer ces donations, la femme a la même capacité que celle dont parle l'art. 226 au sujet de la révocation des testaments.

L'art. 1097 ne défend aux époux de se faire aucune donation mutuelle et réciproque par un seul et même acte que parce qu'alors chacun des conjoints serait dans l'impossibilité de révoquer sa donation à l'insu de l'autre, ce qui restreindrait singulièrement le principe de la liberté des révocations. Le législateur obéit

---

(1) Rapport fait au tribunat par le tribun Jaubert, au nom de la section de législation, sur le projet de loi relative aux donations entre-vifs et aux testaments (séance du 9 floréal an XI).

(2) Discours prononcé au Corps législatif par le tribun Favard, (séance du 29 floréal an XI).

ici à la même pensée qui lui a fait interdire, dans l'article 968, les testaments conjonctifs.

De même, « le Code (art. 1099) prononce la nullité des donations faites *sous une forme* qui tendrait à mettre obstacle au droit de révocation (1). »

La révocation des donations entre époux peut être *expresse* ou *tacite*. *Expresse*, elle peut avoir lieu à l'aide d'un testament *authentique*, *mystique* ou olographe ; les époux peuvent aussi l'effectuer par un acte exprès de révocation, dont les solennités ont été prévues et réglées par la loi du 21 juin 1843, art. 2. Malgré la grande faveur dont jouit la révocation des donations entre époux, on comprend que le législateur n'ait pas voulu la laisser se produire sous toute espèce de formes. « Il y a le même intérêt, disait M. Marchal dans la discussion de la loi de 1843, à obtenir la révocation d'une donation ou d'un testament qu'à obtenir la donation même. La révocation fait rentrer dans la main du donateur les biens qui en étaient sortis par l'acte de donation ; la révocation d'une donation peut donc être le résultat de la suggestion et de la captation de la part de ceux qui ont une expectative, un intérêt éventuel à l'annulation de la donation ou du testament, de la part des héritiers du donateur par exemple. Ainsi il y a même péril pour la révocation d'une donation que pour une libéralité testamentaire. »

Nous avons fait remarquer que la donation entre époux pouvait être l'objet, non pas seulement d'une révocation expresse, mais encore d'une révocation tacite. Cette seconde sorte de révocation résulte de tous les actes du donateur qui sont inconciliables avec la

(1) Dall., *Alph.*, v° *Dispos. entre-vifs et test.*, n° 2381.

donation qu'il a faite à son conjoint, et qui révèlent, de sa part., la ferme résolution d'anéantir sa libéralité.

L'article 1087, qui dispense de la solennité de l'acceptation les donations faites par contrat de mariage, étant tout à fait spécial à ce cas, les donations entre époux sont évidemment soumises à l'acceptation expresse du donataire.

La forme authentique est exigée pour les donations entre époux comme pour toutes les autres, afin d'assurer la liberté et la moralité du consentement du donateur.

Si je m'étais proposé de faire un exposé complet de la matière des donations entre époux, je devrais maintenant m'étendre assez longuement sur tout ce qui regarde la quotité disponible, et m'expliquer sur les questions nombreuses et difficiles soulevées par l'interprétation des divers articles qui s'y rapportent.

Mais, comme je n'ai abordé les donations entre époux qu'accessoirement, et en tant qu'elles ont quelques relations avec la théorie des pactes sur succession future, je dirai seulement, en renvoyant aux articles 1094 et 1098, que la quotité disponible entre époux varie suivant que l'époux donateur laisse comme héritiers un ou plusieurs ascendants, ou des enfants issus de son mariage avec le donataire, ou des enfants d'un premier mariage.

SECTION V.

3ᵉ *Exception.*—DE LA CONSTITUTION EN DOT, PAR LA FEMME QUI SE MARIE, DE SES BIENS PRÉSENTS ET A VENIR, OU DE SES BIENS A VENIR SEULEMENT.

La *dot*, nous dit l'art. 1540 C. N., sous ce régime (le régime dotal) comme sous celui du chapitre II (le régime de communauté), est le bien que la femme apporte au mari pour supporter les charges du mariage.

Aux termes de l'art. 1542, la constitution de *dot* peut frapper tous les biens présents et à venir de la femme, ou une partie de ses biens présents et à venir, ou même un objet individuel.

Il est bon de remarquer que la constitution de dot par la femme est un *contrat à titre onéreux*, la jouissance des biens dotaux n'étant laissée au mari que pour lui aider à supporter les charges du mariage.

On ne peut donc pas confondre la *dot* que se constitue la femme qui va contracter mariage, avec les DONATIONS entre futurs époux, sur lesquelles nous venons de nous expliquer. Voilà pourquoi nous avons cru devoir consacrer une section spéciale à l'exception contenue dans notre article 1542. Il n'est question dans cet article que des biens *présents et à venir* de la femme ; mais il résulte cependant de son esprit qu'il s'applique aussi aux *biens à venir seulement.*

« On s'est demandé, dit M. Dalloz, si la femme, qui peut se constituer en dot ses biens présents et à venir, peut se constituer ses biens à venir seulement, en tout ou en partie. La femme pouvant, même sous le régime dotal, se réserver tous ses biens comme paraphernaux (C. N. 1575), peut, à plus forte raison, se réserver comme tels ses biens présents, ce qu'elle fait en constituant seulement ses biens à venir (C. N. 1574) (1). »

Les biens à venir, sur lesquels la loi permet à la femme de pactiser ainsi, ne sont certainement ceux d'aucune succession *particulière* et *déterminée*, bien que cependant celle des père et mère de la constituante doive être tout d'abord présente à sa pensée.

« La fille elle-même peut bien..... se constituer ses biens à venir, dans lesquels sera nécessairement comprise la succession particulière du père ou de la mère, le tout par exception au principe de l'art. 1130 ; mais précisément parce que ce sont des exceptions, elles doivent être renfermées dans leurs termes, et non étendues. Il y aurait quelque chose d'immoral à permettre à une femme de stipuler sur une succession particulière d'une personne nommément désignée, ce qui n'a pas lieu lorsque la stipulation porte sur tous les biens à venir de la femme en général, ou sur ceux provenant de successions, mais sans les désigner (2). »

Nous avons donc conservé, pour la constitution en dot de biens à venir, la distinction faite par les Romains entre les successions déterminées et indéterminées.

(1) Dall. *Alph.*, v° *Contrat de mariage*, n° 3236. — Duranton, t. 15, n° 350; Rodière et Pont, t. 11, n° 386.
(2) Id. auct. cod. tract., n° 3337.

SECTION VI.

§ 1. *Sociétés dans lesquelles on peut faire entrer les
biens à venir, mais* en jouissance seulement.

Trois motifs principaux, indiqués très-clairement par
M. le conseiller d'État Treilhard, ont amené le législateur à interdire, dans l'art. 1837, la mise en société *de
la propriété des biens à venir.* « Si les actes de société,
dit cet orateur, peuvent déguiser des actes de donation,
la prohibition de comprendre les biens à venir dans ces
derniers doit entraîner, avec une conséquence inévitable, la prohibition de les comprendre dans les premiers. — S'il doit y avoir une égalité de mises dans la
société, dans quelle classe pourrait-on ranger celle
qui se formerait entre deux hommes, aujourd'hui peut-
être égaux en fortune, mais dont l'un n'aurait aucune
perspective d'augmentation pour la suite, pendant
que l'autre aurait des perspectives immenses, pro-
chaines, immanquables; et peut-on se dissimuler que,
dans ce cas, l'égalité ne serait qu'apparente, mais que
l'inégalité serait monstrueuse? — Enfin, il faut que
tout ce qui entre dans la société, au moment où elle
se forme, puisse être connu et apprécié; c'est le seul
moyen d'assurer une répartition de profits proportion-
née aux apports, et de se soustraire aux désastreux
effets d'une société léonine ou quasi-léonine. — Nous
n'avons pu voir dans la société de biens à venir, dit
toujours M. Treilhard, aucun avantage réel qui pût

compenser les inconvénients qu'elle entraînerait après elle, et nous avons prévenu, en la prohibant, les surprises et les fraudes dont elle serait presque toujours suivie (1). »

Les graves raisons qui ont motivé la rédaction de l'art. 1837, relativement à la propriété des biens à venir, perdent beaucoup de leur importance lorsqu'il ne s'agit que de la jouissance de ces mêmes biens; on conçoit que, sur ce dernier point, la plus entière liberté ait pu être laissée aux parties. Or, c'est justement cette latitude qui constitue notre sixième exception. Il ne faut cependant pas oublier que la faculté de mettre en société *la jouissance des biens à venir* ne peut jamais s'appliquer qu'à des successions indéterminées. Ces principes ont été fort bien exposés par M. Larombière, dans les termes suivants : « ...... Si les parties peuvent faire entrer dans leur société les biens qui peuvent leur arriver par succession, mais *pour la jouissance seulement*, elles peuvent aussi les en exclure en totalité ou en partie, dire conséquemment que les biens de cette nature ne tomberont dans la société que pour un tiers ou un quart, par exemple. Mais elles ne peuvent, spécifiant davantage la convention, déclarer que les biens à provenir de telle succession non ouverte tomberont seuls dans la société, ou bien que ceux de telle autre succession future en seront seuls exclus. Si, en effet, la loi a établi en faveur des sociétés universelles une exception aux principes du droit commun, cette

---

(1) Exposé des motifs de la loi relative au contrat de société, par le conseiller d'État Treilhard (séance du 10 vent. an XII). — Conf. Rapport fait au tribunat par le tribun Boutteville, au nom de la section de législation, sur la loi relative au contrat de société 'séance du 11 vent. an XII).

exception doit être rigoureusement restreinte à ses termes. Or, la loi suppose qu'il s'agit ici d'une succession en général, de l'hérédité d'une personne incertaine, et non de celle d'une personne déterminée. On retombe donc, dans ce dernier cas, sous l'application de l'art. 1130, qui prohibe tout pacte sur succession future (1). »

§ 2. *Sociétés dans lesquelles on peut faire entrer les biens à venir aussi bien en toute propriété qu'en simple jouissance.*

L'art. 1837 contient, *in fine*, l'indication d'une seconde exception à l'art. 1130, dont la création n'a évidemment eu d'autre but que celui de donner au mariage un nouvel encouragement ; car, d'après cette disposition, la mise en société de la propriété des biens à venir n'est permise qu'entre futurs époux. « Les époux peuvent, en effet, stipuler un régime matrimonial tel, qu'il fasse tomber dans leur communauté les biens qui peuvent leur advenir par legs ou succession ; la plus grande latitude leur est abandonnée sur ce point. Ainsi, la communauté peut comprendre soit seulement *la jouissance* de ces biens, soit *la propriété pleine*, soit encore *la propriété des biens mobiliers*, soit *celle des biens immobiliers*, soit *de tous*, quelle qu'en soit la valeur (2). »

« Dans les contrats de mariage, dit M. Dalloz, et sous les divers régimes d'association conjugale, il est

(1) Larombière, *Traité des obligations*, art. 1130, n° 35. — Conf. Dall. *Rec.*, *Alph.* v° *Obligations*, n° 459. — Troplong, *Société*, n° 109.
(2) Id auct. cod. tract., n° 36.

permis de faire entrer ou d'exclure les biens provenant de succession ou de legs, ce qui constitue un véritable pacte sur les successions futures, et une..... exception (1). »

La distinction déjà plusieurs fois exposée entre les successions *déterminées* et *indéterminées* est le lien commun qui unit entre elles les deux exceptions monumentées dans l'art. 1837. « ..... Les époux, écrit M. Larombière, au milieu de la liberté que la loi leur donne pour la rédaction de leurs conventions matrimoniales, ne pourraient pas stipuler que les biens à provenir *de telle succession éventuelle* seront exclus de leur communauté, ou que *tels autres* y seront admis. Leurs stipulations sur successions futures ne seront valables qu'à la condition de n'en désigner aucune spécialement. Elles ne peuvent donc poser dans leur contrat de mariage qu'un principe général qui régisse LES SUCCESSIONS FUTURES INDÉTERMINÉES, sur lesquelles elles n'ont pas le droit de traiter d'une manière spéciale et directe (2). »

Il existe cependant un cas dans lequel on peut mettre en société des biens faisant partie d'une succession déterminée: c'est lorsqu'ils se trouvent compris dans une donation en faveur du mariage (3).

---

(1) Dall., *Rec. Alph.*, v° *Obligations*, n° 160.
(2) Larombière, *loc. supr. cit.*
(3) V. Dall., *loc. jam. cit.*; Duranton, t. xv, n° 317; Zacharie, t. iii, p. 566, note 1 ; Larombière, art. 1130, 38.

SECTION VIII.

8e *exception.* — DE L'HYPOTHÈQUE DES BIENS A VENIR.

Le législateur, dans l'art. 2130 C. N., s'est proposé de venir en aide aux débiteurs honnêtes et malheureux, en leur fournissant un moyen d'augmenter leur crédit qui est une véritable dérogation aux prescriptions si formelles de l'art. 2129 C. N.

D'une part, en effet, la loi nous dit que l'hypothèque ne peut grever les biens à venir, et, de l'autre, elle déclare que, « néanmoins, si les biens présents et libres du débiteur sont *insuffisants* pour la sûreté de la créance, il peut, *en exprimant* cette insuffisance, consentir que chacun des biens *qu'il acquerra par la suite* y demeure affecté *à mesure des acquisitions.* »

Une lecture attentive de cet article suffit pour convaincre qu'il se rattache, aussi lui, au grand principe de la spécialité. En effet, l'hypothèque des biens à venir n'est ici exceptionnellement autorisée qu'à ces trois conditions : 1° que les biens présents soient insuffisants; 2° que l'insuffisance soit déclarée; 3° que le débiteur consente que chacun des immeubles qu'il acquerra par la suite demeure affecté à la créance à mesure des acquisitions.

Exiger que le contrat hypothécaire porte tout d'abord sur les biens présents, c'est évidemment se montrer fidèle à notre théorie *de la spécialité* en matière d'hypothèques conventionnelles.

Mais il y a plus, le créancier ne pouvant, en vertu du contrat dont nous parlons, prendre inscription sur les biens à venir de son débiteur qu'au fur et à mesure de chaque acquisition, nous nous trouvons en présence d'hypothèques tout à fait spéciales quant à leur inscription, et qui, sous ce rapport, diffèrent complétement des hypothèques légales et judiciaires.

La dérogation la plus importante de l'article 2130 à l'article 2120 se réduit donc à ceci : que le débiteur se trouvant dans les conditions que nous venons d'énumérer peut, par son consentement anticipé et sans convention nouvelle, donner à son créancier le droit d'inscrire hypothèque sur ses biens à venir, à mesure qu'ils entrent en sa possession. — Un pareil contrat est bien *un pacte sur succession future*. « On a souvent reproché à cette disposition de la loi son immoralité prétendue. Qui donc, a-t-on dit, peut se faire un moyen de crédit de ses biens à venir? En général, le fils de famille, qui escompte ainsi par avance la succession de ses parents. Et qui peut consentir à prêter sur des gages aussi éventuels? Trop souvent des usuriers, qui cherchent dans l'énormité de l'intérêt ou dans des stipulations frauduleuses l'équivalent des risques auxquels ils sont exposés (1). » Lors de l'enquête administrative qui fut faite en 1841 au sujet du régime hypothécaire, les Cours d'appel se prononcèrent cependant, avec une grande majorité, pour notre disposition, en répondant ainsi aux quelques objections que nous venons de citer : « Quel a pu être, disaient-elles, le motif pour autoriser celui qui s'engage, à hypothéquer des biens futurs, si ce n'est de procurer à chacun, soit pour seconder son industrie, soit pour subvenir à

_____

(1) *Commentaire des privilèges et hypothèques*, par Paul Pont, t. II, n° 631.

ses besoins ou réparer des malheurs, tous les moyens qu'il peut avoir d'inspirer la confiance? Non-seulement ses biens actuels, mais encore sa bonne conduite, sa probité, son travail, ses talents, les biens que l'ordre de la nature doit lui transmettre, composent l'actif qu'il peut offrir pour gage. — Depuis plus de vingt siècles qu'il est permis d'hypothéquer ses biens présents et à venir, on n'avait point entendu dire que cette faculté fût immorale ni dangereuse. On s'effraye des abus auxquels une telle faculté peut donner lieu, en ce qu'elle livre à la cupidité des créanciers peu délicats les dissipateurs, qu'elle invite en quelque sorte à spéculer sur des successions futures! Mais l'hypothèque judiciaire attachée par la loi aux jugements de reconnaissance ou vérification de signature est bien autrement dangereuse sous ce rapport.

. . . .

» En tout cas, serait-il juste, pour empêcher quelques dissipateurs de se ruiner d'avance en hypothéquant les biens qui peuvent leur échoir un jour, de priver l'homme intelligent, laborieux et honnête, d'un moyen de crédit que l'état actuel de sa fortune ne lui permettrait pas de se procurer (1) ? »

Suivant deux arrêts, l'un de la Cour de Rouen, en date du 8 août 1820, l'autre de la Cour de Dijon, en date du 25 avril 1855, les biens à venir que l'art. 2130 permet d'hypothéquer ne pourraient jamais être ceux provenant d'une succession future; la Cour de Rouen prétend même que cet article n'a eu en vue que les acquisitions à titre onéreux. « L'exception portée par

(1) Résumé, par Paul Pont, *loc. supr. cit.*, des observations des cours d'Angers, de Grenoble, de Montpellier et de Pau, consignées Dec. hyp., t. III, p. 332, 338, 339.

l'art. 2130 C. N. au principe posé dans l'art. 2129 ne peut, dit cette Cour, s'entendre des biens dont un individu a l'expectative pour lui appartenir par droit de succession, et... l'art. 2130, en donnant la faculté de consentir que les biens qui seraient acquis par la suite demeureraient affectés, à mesure des acquisitions, n'a eu en vue que les acquisitions à titre onéreux, et n'a pu prévoir la transmission de la propriété dans le cas de l'art. 711 du même Code, puisqu'il est de principe qu'on ne peut faire aucune stipulation sur une succession non ouverte, ni aliéner la succession d'une personne vivante (1)... »

Je suis loin d'approuver cette opinion; car elle me semble ne reposer sur aucun fondement sérieux. Je crois avec M. Dalloz « que la généralité des termes de l'art. 2130 ne comporte pas la distinction qu'a voulu faire la Cour de Rouen, et que, si l'on peut y voir une contradiction avec la règle posée dans les art. 791, 1130 et 1600, ce sera alors une limitation apportée à cette règle, limitation qui s'explique facilement par la faveur attachée à l'hypothèque. Le législateur, qui avait présent à l'esprit (car c'était également une règle du droit ancien) l'interdiction dont il avait frappé toute convention se rattachant, directement ou indirectement, à une succession future, n'aurait certes pas manqué de rappeler le principe par une disposition spéciale, comme il l'a fait dans l'art. 1600, au titre de la vente, s'il avait voulu étendre ce principe à l'hypothèque (2). »

___

(1) Rouen, 8 août 1820, rapport. Dall., Alph., v° *Priviléges et hypothèques*, n° 1301, note 1.

(2) Dall., *Rec. Alph., loc. supr. cit.* — Conf. Troplong, t. II, n° 310 *bis*.

Le système de la Cour de Rouen aurait, du reste, ce résultat inadmissible de rendre l'art. 2130 inapplicable aussi bien aux donations à venir qu'aux successions futures. Or, sur quel texte serait-il possible de baser cette conséquence de la théorie que nous repoussons?

Les biens à venir auxquels l'art. 2130 C. N. fait allusion comprennent donc tous les biens qui adviendront au débiteur, à quelque titre que ce soit. Mais nous pensons qu'il faut apporter à cette exception au droit commun la même restriction que nous avons signalée à propos des dernières exceptions qui précèdent, à savoir : que, conformément à la maxime *exceptiones strictissimæ interpretationis sunt*, on ne doit pas sortir des limites indiquées par le législateur dans l'art. 2130, et appliquer aux successions déterminées ce qui ne peut être vrai que pour les successions indéterminées.

J'invoquerai à l'appui de cette réflexion ces paroles de M. Bigot-Préameneu : « On ne pourrait pas hypothéquer spécialement les biens d'une succession future, mais il est juste que ces biens soient, dès le temps d'une obligation non défendue par la loi, affectés au payement, dans le cas où ils écherront (1). »

(1) *Confér. du Cod. civ.*, t. VII, p. 63.

CONCLUSION.

Le célèbre Portalis caractérise ainsi d'un trait le Code Napoléon dans son ensemble, et partant la matière des pactes sur succession future, qui, nous le savons, occupait une si large place dans notre ancien droit : « On a conservé des lois anciennes tout ce qui pouvait se concilier avec l'ordre présent des choses (1).

Le droit romain, les coutumes, le droit intermédiaire, ont fourni, en effet, leur contingent à la législation nouvelle, et la fusion de ces divers éléments s'est faite dans des conditions qui révèlent le profond savoir et la grande habileté de ceux qui l'ont opérée.

Dans le choix qui a présidé aux emprunts faits aux lois anciennes, pour ce qui concerne les pactes sur succession future, nous venons d'acquérir la conviction qu'on s'est surtout efforcé de faire disparaître tout ce qui, jusqu'alors, avait pu jeter dans la famille et dans l'État quelque perturbation. Les rédacteurs du Code Napoléon ont, au contraire, voulu mettre en honneur toutes celles d'entre les conventions dont nous nous occupons qui leur ont paru propres à réparer les maux dont avait souffert la patrie, en faisant naître pour ses enfants une nouvelle ère de prospérité. Or, s'il est vrai de dire que toutes les œuvres humaines exposent leurs auteurs à quelques déceptions, il n'est guère de succès plus brillants que ceux qui ont couronné les labeurs des savants légistes auxquels nous devons le Code Napoléon.

---

(1) Exposé des motifs de la loi relative à la réunion des lois civiles en un seul corps, sous le titre de Code civil des Français, par le conseiller d'État Portalis (séance du 28 vent. an XII).

POSITIONS.

DROIT ROMAIN.

I. Lorsque deux ou plusieurs personnes formaient un contrat de société, elles pouvaient convenir qu'à la mort d'un des associés la société continuerait d'exister avec les survivants.

II. Concilier la loi 1, § 11, D., *quod legat.*, avec la loi 73, *Princ.* D., *ad leg. falc.*

III. Explication de la loi 2, § 2, D., *de hered. vel act. vend.*

IV. Dans les Instituts de Justinien, tit. VI, § 20, *de action.*, par actions mixtes *tam in rem quam in personam*, les Romains n'entendaient pas parler d'actions à la fois *réelles* et *personnelles*.

DROIT FRANÇAIS.

CODE NAPOLÉON.

I. La donation faite à un enfant naturel par ses père ou mère de la moitié à laquelle il a droit, aux termes de l'art. 761 C. N., ne satisfait pas aux prescriptions de cet article, si elle est accompagnée d'une réserve d'usufruit, ou de la clause que l'exécution n'en aura lieu qu'au décès du donateur.

II. L'art. 918 C. N. n'est pas applicable aux aliénations avec charge de rente viagère faites au profit d'un tiers.

III. L'hypothèque conventionnelle des biens à venir, dont parle l'art. 2130 C. N., ne peut s'exercer utilement sur les biens acquis au débiteur après la convention, qu'à l'aide d'une inscription prise spécialement sur chacun de ces bien à mesure qu'ils deviennent la propriété du débiteur.

IV. La donation faite par une personne dont l'enfant unique était en état d'absence lors de la libéralité n'est révoquée ni par la réapparition de l'absent, ni par la survenance d'un second enfant.

CODE DE PROCÉDURE.

I. Les délais de l'opposition ne sont pas, comme ceux de l'appel, suspendus de plein droit par la mort de la partie condamnée.

II. De la combinaison des articles 2123 C. N. et 546 C. Pr. ne résulte pas, pour les tribunaux français, le droit de reviser le fond des jugements rendus à l'étranger, avec faculté de leur substituer une nouvelle décision.

CODE D'INSTRUCTION CRIMINELLE ET CODE PÉNAL.

I. La règle de l'absorption de la peine moindre par la peine la plus forte produit seulement l'extinction de la pénalité, et non celle du droit d'action.

II. Toute contrainte bien démontrée, n'eût-elle pour objet que des questions de fortune, suffirait pour donner lieu à l'application de l'art. 64 C. P.

CODE DE COMMERCE.

I. La constitution de dot faite par un commerçant à sa fille, dans les dix jours qui ont précédé la cessation des payements, doit être annulée.

II. Un office d'agent de change ne peut être légalement l'objet d'un contrat de société.

DROIT ADMINISTRATIF.

I. Dans les cours d'eau non navigables ni flottables, le lit et le cours d'eau sont choses communes qui n'appartiennent à personne et dont l'usage est commun à tous.

II. L'art. 815 C. N. n'est pas applicable aux biens communaux indivis avec les communes ou sections de communes.

Vu par le président de l'acte public,
ABEL PERVINQUIÈRE.

Vu par le doyen,
O. BOURBEAU.

PERMIS D'IMPRIMER :
Le Recteur,
A. MAGIN.

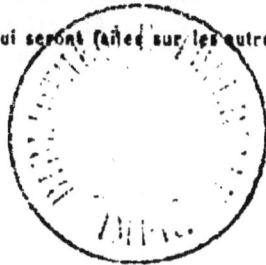

TABLE DES MATIÈRES.

PREMIÈRE PARTIE.

DROIT ROMAIN.

DEUXIÈME PARTIE.

ANCIEN DROIT FRANÇAIS.

TROISIÈME PARTIE.

––– --

DROIT INTERMÉDIAIRE.

––––

QUATRIÈME PARTIE.

–––

CODE NAPOLÉON.

Poitiers. — Typ. de A. Dupré.

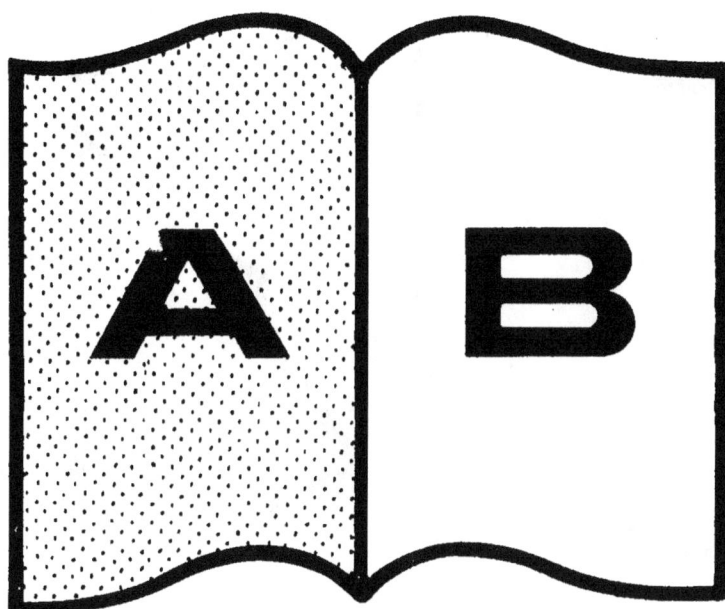

Contraste insuffisant

NF Z 43-120-14

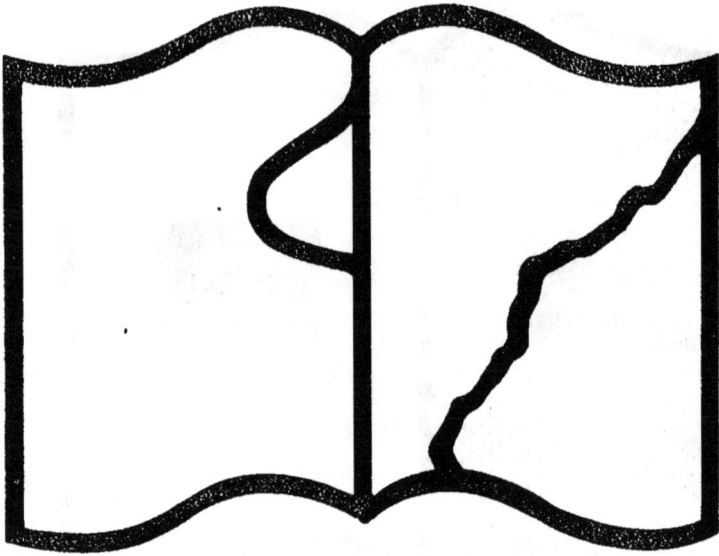

Texte détérioré — reliure défectueuse

NF Z 43-120-11

www.ingramcontent.com/pod-product-compliance
Lightning Source LLC
Chambersburg PA
CBHW032328210326
41518CB00041B/1599